ANÁLISE DAS DEMONSTRAÇÕES CONTÁBEIS

O GEN | Grupo Editorial Nacional – maior plataforma editorial brasileira no segmento científico, técnico e profissional – publica conteúdos nas áreas de ciências sociais aplicadas, exatas, humanas, jurídicas e da saúde, além de prover serviços direcionados à educação continuada e à preparação para concursos.

As editoras que integram o GEN, das mais respeitadas no mercado editorial, construíram catálogos inigualáveis, com obras decisivas para a formação acadêmica e o aperfeiçoamento de várias gerações de profissionais e estudantes, tendo se tornado sinônimo de qualidade e seriedade.

A missão do GEN e dos núcleos de conteúdo que o compõem é prover a melhor informação científica e distribuí-la de maneira flexível e conveniente, a preços justos, gerando benefícios e servindo a autores, docentes, livreiros, funcionários, colaboradores e acionistas.

Nosso comportamento ético incondicional e nossa responsabilidade social e ambiental são reforçados pela natureza educacional de nossa atividade e dão sustentabilidade ao crescimento contínuo e à rentabilidade do grupo.

José Carlos Marion

ANÁLISE DAS DEMONSTRAÇÕES CONTÁBEIS

8ª Edição

- O autor deste livro e a editora empenharam seus melhores esforços para assegurar que as informações e os procedimentos apresentados no texto estejam em acordo com os padrões aceitos à época da publicação, *e todos os dados foram atualizados pelo autor até a data de fechamento do livro*. Entretanto, tendo em conta a evolução das ciências, as atualizações legislativas, as mudanças regulamentares governamentais e o constante fluxo de novas informações sobre os temas que constam do livro, recomendamos enfaticamente que os leitores consultem sempre outras fontes fidedignas, de modo a se certificarem de que as informações contidas no texto estão corretas e de que não houve alterações nas recomendações ou na legislação regulamentadora.

- O autor e a editora se empenharam para citar adequadamente e dar o devido crédito a todos os detentores de direitos autorais de qualquer material utilizado neste livro, dispondo-se a possíveis acertos posteriores caso, inadvertida e involuntariamente, a identificação de algum deles tenha sido omitida.

- **Atendimento ao cliente:** (11) 5080-0751 | faleconosco@grupogen.com.br

- Direitos exclusivos para a língua portuguesa
  Copyright © 2019, 2023 (2ª impressão) by
  Editora Atlas Ltda.
  Uma editora integrante do GEN | Grupo Editorial Nacional
  Travessa do Ouvidor, 11
  Rio de Janeiro – RJ – 20040-040
  www.grupogen.com.br

  Reservados todos os direitos. É proibida a duplicação ou reprodução deste volume, no todo ou em parte, em quaisquer formas ou por quaisquer meios (eletrônico, mecânico, gravação, fotocópia, distribuição pela Internet ou outros), sem permissão, por escrito, da Editora Atlas Ltda.

- Capa: OFÁ Design :: Manu
- Imagem de capa: filo | iStockphoto
- Editoração eletrônica: Formato Editora e Serviços
- Ficha catalográfica

CIP-BRASIL. CATALOGAÇÃO NA PUBLICAÇÃO
SINDICATO NACIONAL DOS EDITORES DE LIVROS, RJ

M295a

Marion, José Carlos

Análise das demonstrações contábeis / José Carlos Marion. – 8. ed. – [2. Reimpr.]. – São Paulo: Atlas, 2023.

ISBN 978-85-970-2113-4

1. Contabilidade. I. Título.

19-55344　　　　　　　　　　　CDD: 657
　　　　　　　　　　　　　　　　CDU: 657

Meri Gleice Rodrigues de Souza – Bibliotecária CRB-7/6439

"Aquele que nem mesmo a seu próprio Filho poupou, antes o entregou por todos nós, como nos não dará também com ele todas as coisas? Quem intentará acusação contra os escolhidos de Deus? É Deus quem os justifica." (Romanos 8:32 e 33)

Prefácio

Um livro moderno – Análise das Demonstrações Contábeis

Como explicamos na Introdução deste livro, a **Análise das Demonstrações Contábeis** pode ser vista em três níveis: Introdutório, Intermediário e Avançado. Entramos apenas em alguns tópicos no nível avançado, dando ênfase maior para os níveis introdutório e intermediário. Isso significa que não esgotamos o tema, mas procuramos dar enfoque para os cursos de graduação.

Dentro dessa ênfase, alguns aspectos são destacados como pontos fortes deste livro:

1. ***Analisamos efetivamente as Demonstrações Contábeis*** e não só o Balanço Patrimonial e a Demonstração do Resultado do Exercício como a maioria dos autores faz. Assim, além dessas duas principais demonstrações, analisamos as Demonstrações dos Fluxos de Caixa (**modelos direto e indireto**), e a Demonstração do Valor Adicionado.

2. Iniciamos o livro dando ênfase especial para a ***reclassificação das Demonstrações Contábeis*** para fins de análise, tarefa essa esquecida pela maioria dos livros de análise. Também tratamos sobre a qualidade das Demonstrações Contábeis, identificando-as quando são boas para análise.

3. Todos os capítulos são iniciados por uma ***leitura introdutória,*** que aborda de maneira prática e real o tema do capítulo, por meio de artigos publicados pela mídia, inserindo o leitor no contexto com fatos curiosos que dispensarão maior interesse. Na parte prática são feitas questões que destacam os pontos relevantes das leituras introdutórias.

4. Na ***parte prática*** certamente está o ponto forte deste livro, entendendo-se que Análise se aprende praticando:

    4.1 *Questões sobre leitura introdutória*: destaca os pontos atraentes para despertar no leitor um forte interesse pelo capítulo.

4.2 *Questões e testes sobre o capítulo*: permite uma revisão geral dos aspectos mais relevantes do tema tratado.

4.3 *Exercícios sobre o capítulo*: envolve, na maioria das vezes, empresas reais e situações práticas de grande interesse, tirando a monotonia de fazer exercícios sem motivação.

4.4 *Exercícios de integração*: aproxima o capítulo em estudo com outros já estudados e assuntos de outras áreas. Dessa forma, evita-se ter uma visão específica da unidade fora do conjunto e contexto, o que prejudica a aprendizagem.

4.5 Os *estudos de casos* apresentados, ainda que não tenham o rigor do método de caso, visam apresentar fatos reais e marcantes do mundo dos negócios que afetam a análise.

4.6 A parte prática é concluída com um *roteiro de trabalho* de análise de uma empresa real na qual o aprendiz vai acrescentando, a cada unidade desenvolvida, novos ingredientes ao seu *kit* de análise. Ao final, essa execução prática permitirá ao aluno o exercício profissional da análise com muita segurança. *Aliás, nosso objetivo neste livro é dar condições ao leitor para exercitar profissionalmente a especialização contábil de Analista Financeiro de maneira imediata e segura.*

4.7 Como parte prática também destacamos uma harmonia neste livro com a edição "Melhores e Maiores" da revista *Exame*, estimulando o leitor a buscar informações nessa edição anual que, a nosso ver, é o melhor veículo para se conhecer e analisar empresas.

O Autor

Nota à 8ª Edição

Pelo fato de introduzirmos índices-padrão neste livro, necessariamente, teremos que atualizá-lo constantemente.

Por exemplo, no capítulo de Rentabilidade, no quadro das empresas que ganham mais na Margem (Lucratividade) ou Giro (Produtividade), atualizamos com base em uma nova realidade no início da segunda década do século XXI. Também outros indicadores-padrão foram atualizados.

Demais ajustes foram realizados, como uma breve introdução da Demonstração do Resultado Abrangente, Atualização da Demonstração do Resultado do Exercício, Nova Leitura Introdutória no Capítulo 1 abrangendo as IFRS etc.

Introduzimos também ilustrações (pausas para análises), para tornar a leitura mais agradável.

Excluímos o capítulo Análise de Demonstração de Origens e Aplicações de Recursos pelo fato de essa demonstração operativa não ser mais ensinada nos cursos de graduação.

Incluímos algumas Demonstrações Financeiras de empresas conhecidas para tornar o livro mais prático.

O Autor

Recursos pedagógicos

 LEITURA INTRODUTÓRIA

Casos reais são apresentados para contextualizar e desenvolver o conteúdo de cada capítulo.

 PAUSA PARA ANÁLISE

Exemplos reais e ilustrativos despertam o leitor para a análise de situações práticas.

 PARTE PRÁTICA

Esta seção é um convite ao leitor para que aplique, com questões, exercícios, estudos de caso, testes de múltipla escolha, os conhecimentos apreendidos no capítulo.

Material Suplementar

Este livro conta com os seguintes materiais suplementares:

- Slides (exclusivo para professores).
- Manual do professor (exclusivo para professores).
- Provas (exclusivo para professores).

O acesso ao material suplementar é gratuito. Basta que o leitor se cadastre e faça seu *login* em nosso *site* (www.grupogen.com.br), clicando em Ambiente de Aprendizagem, no *menu* superior do lado direito.

O acesso ao material suplementar online fica disponível até seis meses após a edição do livro ser retirada do mercado.

Caso haja alguma mudança no sistema ou dificuldade de acesso, entre em contato conosco (gendigital@grupogen.com.br).

Sumário

INTRODUÇÃO, 1

1 UNIVERSO DA ANÁLISE, 5

Leitura introdutória, 5

1.1 Breve histórico, 6

    1.1.1 Demonstrações Contábeis que explicam o Balanço Patrimonial, 7

1.2 Demonstrações contábeis suscetíveis de análise, 7

    1.2.1 Uma sugestão de roteiro para avaliar a qualidade e a credibilidade das Demonstrações Contábeis (DC), 9

1.3 Algumas técnicas de análise, 10

    1.3.1 Indicadores, 10

    1.3.2 Análises vertical e horizontal, 11

    1.3.3 Análise da taxa de retorno sobre investimento, 11

    1.3.4 Análise de outras demonstrações contábeis, 11

Parte prática, 12

2 ALGUNS CUIDADOS PARA A ANÁLISE, 21

Leitura introdutória, 21

2.1 Interpretações de índices, 22

    2.1.1 Exemplo de interpretação distorcida de índice, 23

2.2 Reclassificação das Demonstrações Contábeis (DC), 23

    2.2.1 Duplicatas descontadas, 24

    2.2.2 Despesa do exercício seguinte, 25

    2.2.3 *Leasing*, 27

2.3 Metodologia da análise das Demonstrações Contábeis, 27

Pausa para análise, 29

Parte prática, 31

xvi | Análise das demonstrações contábeis – *Marion*

3 DEMONSTRAÇÕES CONTÁBEIS A SEREM ANALISADAS, 43

Leitura introdutória, 43

3.1 Balanço Patrimonial, 45

    3.1.1 Algumas considerações sobre o Balanço Patrimonial até a Lei nº 11.638/2007, que alterou a Lei nº 6.404/1976 das Sociedades por Ações, 46

    3.1.2 Alterações: Lei nº 11.941/2009, 48

3.2 Demonstração do Resultado do Exercício, 49

3.3 Demonstração dos Lucros ou Prejuízos Acumulados, 50

3.4 Demonstração dos Fluxos de Caixa, 51

    3.4.1 Modelo Indireto, 51

        3.4.1.1 Explicação sobre a demonstração dos fluxos de caixa (Modelo Indireto), 52

    3.4.2 Modelo Direto, 53

        3.4.2.1 Uma breve explicação sobre a DFC (Modelo Direto), 54

        3.4.2.2 Conforme modelo internacional, destacando os fluxos das operações dos financiamentos e dos investimentos, 55

3.5 Demonstração do Valor Adicionado, 55

    3.5.1 Explicações sobre DVA, 56

3.6 Demonstração do Resultado do Exercício (DRE) e Demonstração do Resultado Abrangente (DRA), 58

Pausa para análise, 58

Parte prática, 63

4 ÍNDICES DE LIQUIDEZ, 73

Leitura introdutória, 73

4.1 Capacidade de pagamento a curto prazo, 75

    4.1.1 Índice de Liquidez Corrente (ou Liquidez Comum) (LC), 75

    4.1.2 Índice de Liquidez Seca (LS), 78

4.2 Capacidade de pagamento a longo prazo, 80

    4.2.1 Índice de Liquidez Geral (LG), 80

4.3 Capacidade de pagamento em prazo imediato, 81

    4.3.1 Liquidez Imediata (LI), 81

Parte prática, 82

5 ÍNDICES DE ENDIVIDAMENTO, 89

Leitura introdutória, 89

5.1 Quantidade da dívida (alta, razoável, baixa), 90

5.2 Qualidade da dívida (boa, razoável, ruim), 91

5.3 Alguns indicadores, 92

Sumário | **xvii**

5.4 Quantidade × qualidade da dívida, 94

5.5 Endividamento e tripé da análise, 94

Parte prática, 96

6 ÍNDICES DE ATIVIDADE, 105

Leitura introdutória, 105

6.1 Entendendo melhor a situação financeira, 106

6.2 Valores médios, 108

6.3 Índices de atividades e situação financeira, 110

6.4 Necessidade de Capital de Giro, 110

Parte prática, 112

7 ÍNDICES DE RENTABILIDADE, 121

Leitura introdutória, 121

7.1 Indicadores econômicos, 122

7.2 Aspectos a serem observados no cálculo da Rentabilidade, 123

    7.2.1 Taxa de Retorno sobre Investimentos (TRI) (do ponto de vista da empresa), 123

    7.2.2 Taxa de Retorno sobre o Patrimônio Líquido (do ponto de vista dos proprietários), 123

7.3 Rentabilidade da empresa × Rentabilidade do empresário (ROI × ROE), 124

    7.3.1 Introdução à Alavancagem Financeira, 125

7.4 Completando o tripé no nível introdutório, 126

Parte prática, 127

8 ANÁLISE DA TAXA DE RETORNO SOBRE INVESTIMENTOS (MARGEM DE LUCRO × GIRO DO ATIVO), 143

Leitura introdutória, 143

8.1 Identificação da melhor fórmula, 144

8.2 Taxa de Retorno e Margem × Giro, 145

8.3 Análise da Margem × Giro, 146

8.4 Rentabilidade e ramos de atividades, 147

8.5 A fórmula DuPont, 149

8.6 Exemplo de análise Margem × Giro, 150

8.7 Comentários finais, 155

Parte prática, 156

9 OUTROS ÍNDICES RELEVANTES, 167

Leitura introdutória, 167

9.1 Do ponto de vista do investidor, 169

9.2 Estrutura de capital, 169

xviii | Análise das demonstrações contábeis – *Marion*

9.3 Do ponto de vista da análise bancária, 170

9.4 Índices combinados, 170

Parte prática, 173

10 ANÁLISE DOS FLUXOS DE CAIXA, 183

Leitura introdutória, 183

10.1 Análise simplificada, 184

10.2 Exemplo de análise da DFC dos Fluxos de Caixa, 188

10.3 Análise da comparação dos fluxos econômicos e financeiros, 190

10.4 Índices importantes para análise da DFC, 192

10.4.1 Cobertura de juros, 193

10.4.2 Capacidade de quitar dívidas, 193

10.4.3 Taxa de retorno do caixa, 194

10.4.4 Nível de recebimento das vendas, 194

10.4.5 Capacidade de novos investimentos, 194

Parte prática, 195

11 ANÁLISE DA DEMONSTRAÇÃO DO VALOR ADICIONADO, 207

Leitura introdutória, 207

11.1 Valor Adicionado – considerações iniciais, 209

11.2 Exemplo de DVA, 211

11.2.1 Índices em que o Valor Adicionado (ou Agregado) aparece no numerador, 211

11.3 Índices em que o Valor Adicionado é destacado no denominador, 212

Parte prática, 214

12 ÍNDICES-PADRÃO, 223

Leitura introdutória, 223

12.1 Como preparar índices-padrão, 224

12.2 Conceituação dos índices, 226

12.3 Exemplo prático de índices-padrão – edição *Melhores e Maiores*, 227

12.3.1 Principais indicadores, 227

12.3.2 Conceitos utilizados, 235

12.3.3 Como usar os índices-padrão, 237

12.4 Índices-padrão "Empresas Mais", 239

12.4.1 Medir com objetividade, 239

12.4.2 Um exemplo das Maiores no setor agropecuário, 242

Parte prática, 244

Referências, 261

Introdução

NÍVEIS DE ANÁLISE DAS DEMONSTRAÇÕES CONTÁBEIS

Podemos dividir a Análise das Demonstrações Contábeis em três níveis:

A. Nível Introdutório

Um primeiro nível de análise financeira, segundo seu grau de complexidade, é INTRODUTÓRIO. Nesse caso, apenas alguns indicadores básicos são abordados.

Poderíamos dizer que só teremos condições de conhecer a situação econômico-financeira de uma empresa por meio dos três pontos fundamentais de análise: *Liquidez* (Situação Financeira), *Rentabilidade* (Situação Econômica) e *Endividamento* (Estrutura de Capital).

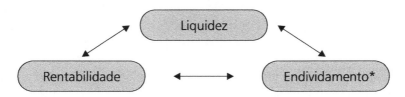

* Estrutura de capital.
Figura 1 Tripé da análise.

Tripé representa o equilíbrio ideal. Pense em dar sustento a uma filmadora (ou câmera), ou no equilíbrio profissional (conhecimento, habilidade e atitude = *cha*), ou nos três poderes (Executivo, Legislativo e Judiciário), ou nas forças armadas (exército, aeronáutica e marinha), ou na tricotomia do homem (corpo, alma e espírito), ou na Santíssima Trindade, ou nos três estados da água etc. O número três lembra-nos equidade. Daí criarmos o tripé decisorial.

Os índices básicos de *Liquidez* (Situação Financeira), *Rentabilidade* (da Empresa e do Empresário) e *Endividamento* (Quantidade e Qualidade) são suficientes para ter uma visão considerável da empresa a ser analisada.

Ainda me lembro das explicações de minha professora de ciências, há dezenas de anos, no ensino fundamental, quando explicava o funcionamento da "máquina humana", ressaltando os três aparelhos do corpo humano: o respiratório (pulmão recebendo oxigênio); o digestivo (o estômago recebendo alimentos); e o circulatório (o sangue, bombeado pelo coração, levando oxigênio e alimento a todas as células do corpo).

Assim são os três pilares principais nas decisões empresariais (tripé decisorial): a *situação financeira* (que corresponde à capacidade de pagamento da empresa, o fôlego, os pulmões); a *estrutura de capital*, o dinheiro dos proprietários ou de outros financiadores (que equivale à entrada de recursos na empresa, ou seja, ao aparelho digestivo); e a *posição econômica* (relativa ao lucro, à rentabilidade, à vida da empresa, ou seja, ao sangue, pois nele está a vida).

B. Nível Intermediário

Na abordagem do tripé (Situação Financeira, Rentabilidade e Endividamento), podemos aprofundar a análise mediante outro conjunto de indicadores que melhor explica e detalha a situação econômico-financeira da empresa.

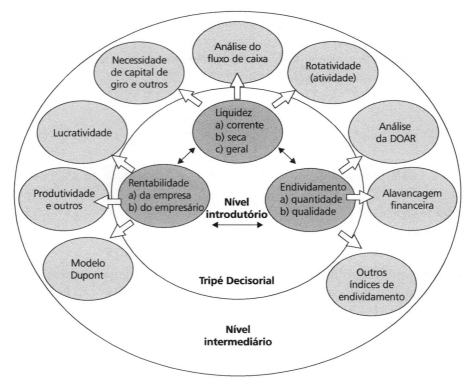

Figura 2 Níveis introdutório e intermediário.

Esse conjunto de indicadores, ainda que mais profundo que o primeiro grupo, está num nível intermediário, pois poderíamos avançar mais a análise.

Nessa proposta didática dos três níveis de análise, ressaltamos que os indicadores não são exclusivos para obter informações específicas de cada unidade do tripé. Por exemplo, a DFC (Demonstração dos Fluxos de Caixa) também traz subsídios no que se refere à situação financeira (liquidez).

C. Nível Avançado

Uma série de outros Indicadores e Instrumentos de análise poderia enriquecer ainda mais as conclusões referentes à situação econômico-financeira de uma empresa.

Sem querer esgotar todos os recursos de análise, poderíamos indicar mais algumas ferramentas para melhor analisar o tripé referido, agora, num nível mais profundo, mais avançado:

- Indicadores combinados (avaliar a empresa ponderando conjuntamente o tripé, dando-se uma nota final);
- Análise da Demonstração do Valor Adicionado (avaliar a capacidade de gerar renda e como essa renda gerada é distribuída);
- Liquidez Dinâmica (liquidez econômica, patrimonial etc.);
- Projeções das Demonstrações Contábeis e sua análise;
- Análise com ajustamento das Demonstrações Contábeis no nível geral de preços;
- Análise por meio de Dividendos por Ações e outros indicadores para as empresas de capital aberto com ações cotadas no mercado;
- Análise das variações de fluxos econômico *versus* financeiro;
- Outros modelos de análise: EVA, MVA, Balanced Scorecard etc.

APLICAÇÃO

Entendemos que o *nível Introdutório* é ideal para os cursos de Contabilidade Introdutória, propiciando ao estudante um conhecimento inicial das utilidades das Demonstrações Contábeis e que todo ensino de Contabilidade (Geral, Básica, Introdutória etc.) deveria abordar esses indicadores iniciais do tripé, evidenciando a Contabilidade como instrumento de tomada de decisão:

Nível de curso	Disciplinas	Nível de análise financeira
Graduação	Contabilidade Introdutória, Básica, Geral etc.	Introdutório
	Análise de Balanços ou Análise das Demonstrações Contábeis ou Análise Financeira Administração Financeira	Introdutório e Intermediário
Pós-graduação	*Lato sensu* (pós-graduação – especialização, MBA)	Intermediário e avançado, exceto projeções das demonstrações e nível geral de preços
	Stricto sensu (mestrado e doutorado)	Avançado, incluindo outros instrumentos de análise, além dos indicados

O *nível Intermediário* (em conjunto com o Introdutório) é normalmente aplicado aos cursos de Análise das Demonstrações Contábeis em nível de graduação, enquanto o nível Avançado seria compatível com a pós-graduação (*lato* e *stricto sensu*).

Nossa proposta neste livro é o curso de graduação com ênfase nos níveis Introdutório e Intermediário. Todavia, não haverá rigor excessivo na aplicação desses níveis.

1

Universo da Análise

 LEITURA INTRODUTÓRIA

"Adoção do IFRS no Brasil, uma verdadeira revolução contábil
A passagem de um modelo baseado em regras para outro que tem como norte princípios não é simples, principalmente porque exige a mudança de comportamento dos profissionais envolvidos.

O mercado brasileiro acabou de passar por uma verdadeira revolução contábil: a adoção nas normas contábeis emitidas pelo International Accounting Standards Board (IASB), chamadas de International Financial Reporting Standard (IFRS). A adoção desse padrão contábil exigiu e continuará exigindo muito esforço de todos os que se relacionam com a informação contábil: os contadores, que preparam a informação, os auditores, que opinam sobre a informação, os analistas, que utilizam a informação, os órgãos reguladores, que emitem os novos padrões e fiscalizam as entidades, os professores, que pesquisam e ensinam tais padrões, entre outros.

Esse processo de adoção do padrão contábil internacional já vinha sendo feito de uma forma indireta há alguns anos, por meio de emissão de padrões locais próximos às práticas internacionais. Em 2006 e 2007, o processo de convergência evoluiu consideravelmente, a partir do momento em que o Banco Central, CVM e Susep decidiram que as entidades reguladas por tais órgãos teriam que adotar as IFRS em suas demonstrações consolidadas a partir de 2010. Mas foram as alterações da Lei das S/A, iniciadas pela aprovação da Lei nº 11.638/07, e a emissão dos Pronunciamentos técnicos do Comitê de Pronunciamentos Contábeis (CPC) que tornaram a convergência no Brasil irreversível e com impactos na contabilidade individual das entidades, o que exigiu um esforço ainda maior dos profissionais.

Durante muito tempo, a contabilidade no Brasil foi vista como um modelo em que prevaleciam as normas, ou seja, o mais importante era atender às regras, mesmo que isso resultasse na produção de uma informação contábil que não refletisse a realidade econômica da entidade. Um dos exemplos mais conhecidos é a contabilização da depreciação. Se uma entidade adquirisse uma máquina e soubesse que essa máquina duraria mais de 40 anos, muito provavelmente a entidade iria depreciar o equipamento em 10 anos, pois essa era a vida útil para fins fiscais. E

> *depois de 10 anos, a máquina registrada por zero na contabilidade ainda estava a todo vapor. Mas, mesmo assim, esse viés era aceito, pois era a regra existente.*
>
> *A mudança da legislação societária trouxe consigo o descasamento entre a contabilidade societária e a fiscal, possibilitando com que a entidade possa fazer refletir na sua informação contábil a realidade econômica.*
>
> *A partir da adoção das IFRS, não há mais uma regra de depreciação, mas a aplicação de um princípio: a depreciação deve refletir o consumo dos benefícios econômicos do ativo. Em função disso, a produção da informação contábil necessita de um julgamento profissional e envolve maior subjetividade na interpretação dos princípios.*
>
> *A passagem de um modelo baseado em regras para outro baseado em princípios não é simples, principalmente porque exige uma mudança de comportamento dos profissionais envolvidos com o assunto. Entretanto, os benefícios advindos dessa mudança são muitos: a informação contábil torna-se mais compreensível, relevante, confiável e comparável, e tudo isso pode ser resumido em uma expressão: 'informação contábil de melhor qualidade!'."*
>
> **Fonte**: *Brasil Econômico*, 15 jun. 2011.

1.1 Breve histórico

É comum afirmar que a Análise das Demonstrações Contábeis é tão antiga quanto a própria Contabilidade.

Se nos reportarmos para o início provável da Contabilidade (± 4000 a.C.), em sua forma primitiva, encontraremos os primeiros inventários de rebanhos (o homem que voltava sua atenção para a principal atividade econômica: o pastoreio) e a preocupação da variação de sua riqueza (variação do rebanho).

A análise da variação da riqueza realizada entre a comparação de dois inventários em momentos distintos leva-nos a um primeiro sintoma de que aquela afirmação (análise tão antiga quanto a própria Contabilidade) é possível.

Todavia, remonta de época mais recente o surgimento da Análise das Demonstrações Contábeis de forma mais sólida, mais adulta. É no final do século XIX que observamos os banqueiros americanos solicitando as demonstrações (praticamente o Balanço) às empresas que desejavam contrair empréstimos.

E por se exigir, de início, apenas o Balanço para a Análise é que se introduz a expressão *Análise de Balanços*, que perdura até nossos dias. Com o tempo, começou-se a exigir outras demonstrações para análise e para concessão de crédito, como a Demonstração do Resultado do Exercício; todavia, a expressão *Análise de Balanços* já é tradicionalmente utilizada. Como forte argumento para a consolidação da denominação *Análise de Balanços*, salientamos que a Demonstração do Resultado do Exercício foi conhecida, em certo período, como Balanço Econômico (Balanço de Resultado). A denominação *Fluxo de Caixa* já foi conhecida como Balanço Financeiro; então, tudo era *Balanço*.

A Análise das Demonstrações Contábeis, também conhecida como Análise das Demonstrações Financeiras, desenvolve-se ainda mais com o surgimento dos Bancos

Governamentais bastante interessados na situação econômico-financeira das empresas tomadoras de financiamentos.

A abertura do Capital por parte das empresas (*Corporation*-S.A.), possibilitando a participação de pequenos ou grandes investidores como acionistas, leva-os à escolha de empresas mais bem-sucedidas, tornando-se a Análise das Demonstrações Contábeis um instrumento de grande importância e utilidade para aquelas decisões.

As operações a prazo de compra e venda de mercadorias entre empresas, os próprios gerentes (embora com enfoques diferentes em relação aos outros interessados), na avaliação da eficiência administrativa e na preocupação do desempenho de seus concorrentes, os funcionários, na expectativa de identificarem melhor a situação econômico-financeira, vêm consolidar a necessidade imperiosa da Análise das Demonstrações Contábeis.

Por outro lado, o Balanço Patrimonial continua sendo cerne da Análise Financeira. Num certo sentido, todas as demonstrações convergem para o Balanço. No item 1.1.1, a seguir, explicamos este fenômeno.

1.1.1 Demonstrações Contábeis que explicam o Balanço Patrimonial

Todas as Demonstrações Contábeis ajudam a explicar o Balanço Patrimonial, conforme podemos ver na Figura 1.1.

1.2 Demonstrações contábeis suscetíveis de análise

Indubitavelmente, todas as Demonstrações Contábeis (DC) devem ser analisadas (ver Capítulo 3):

- Balanço Patrimonial (BP);
- Demonstração do Resultado do Exercício (DRE);
- Demonstração dos Lucros ou Prejuízos Acumulados (ou Mutações do PL);
- Demonstração dos Fluxos de Caixa (DFC);
- Demonstração do Valor Adicionado (DVA).

Maior ênfase é dada para as duas primeiras demonstrações, uma vez que, por meio delas, são evidenciadas de forma objetiva a **situação financeira** (identificada no BP) e a **situação econômica** (identificada no BP e, em conjunto, na DRE).

O *primeiro passo* para a análise é averiguar se estamos de posse de todas as Demonstrações Contábeis (inclusive Notas Explicativas). Também seria desejável ter em mãos as Demonstrações Contábeis de três períodos. Com as publicações em colunas comparativas, teremos, de posse de uma única publicação, dois períodos: exercício atual e exercício anterior.

Em seguida, deveremos averiguar a credibilidade das Demonstrações Contábeis. O **parecer da auditoria** nas Demonstrações Contábeis (DC) dá uma satisfatória margem de confiabilidade para o analista (no Capítulo 19 do livro *Contabilidade empresarial*,

8 | Análise das demonstrações contábeis – Marion

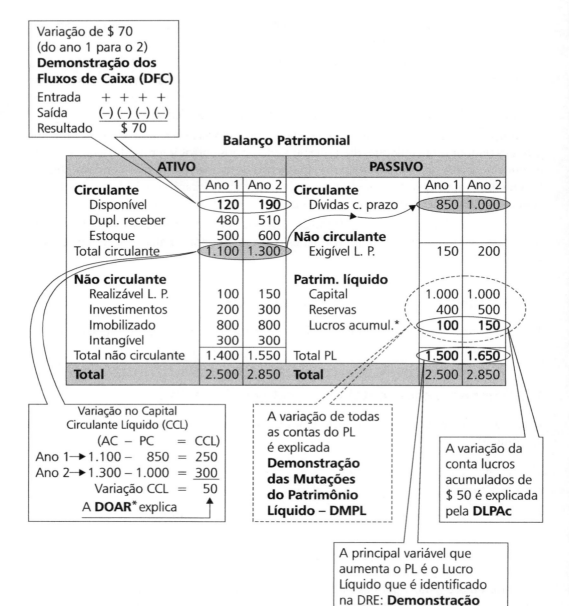

* DOAR = Demonstração de Origens e Aplicações de Recursos. Deixou de ser demonstração financeira obrigatória em 2008, por isto não tratamos esta demonstração neste livro.

Figura 1.1 Demonstrações Contábeis como explicação para o Balanço Patrimonial.

abordamos quanto à qualidade do parecer de auditoria). Todavia, não havendo parecer da auditoria, deverão ser tomados alguns cuidados, recomendando-se ao analista uma dose maior de conservadorismo. Infelizmente, nem sempre as DC refletem a realidade, principalmente nas pequenas empresas. Recentemente, num programa de treinamento a empresários do interior do Estado de São Paulo, procuramos transmitir algumas técnicas de Administração Financeira com base nas DC. No final do curso, alguns empresários nos procuraram elogiando as técnicas expostas, mas lamentando sua inaplicabilidade, pois as demonstrações de suas respectivas empresas estavam distantes da realidade econômico-financeira da empresa.

O *segundo passo* é preparar as DC de forma conveniente para a análise. Essa etapa denominamos de *Reclassificação de Itens nas Demonstrações Contábeis*.

É bem verdade que a Lei das Sociedades por Ações[1] veio trazer a tão esperada padronização das Demonstrações Contábeis para todos os tipos societários (sendo estendida pelo Imposto de Renda aos demais tipos societários), facilitando sobremaneira a reclassificação das demonstrações. Antes daquela lei, existia a incumbência adicional de o analista traduzir as demonstrações para um modelo-padrão, porquanto havia diversas formas de estruturar as demonstrações (Lei, Circulares do Banco Central, Tradição Contábil etc.).

Pelo fato de nos defrontarmos com demonstrações padronizadas, entretanto, não significa que seja dispensável um tratamento mais rigoroso de *ajustes*, de reclassificação de contas. É imprescindível a preparação das peças contábeis para uma análise mais realista. Esse assunto será visto no Capítulo 2.

1.2.1 Uma sugestão de roteiro para avaliar a qualidade e a credibilidade das Demonstrações Contábeis (DC)

Apresentamos quatro situações como subsídios ao analista no julgamento das DC:

A) *O ideal seria*:

1. Demonstrações Contábeis publicadas em jornais que atendam aos requisitos legais (Lei das Sociedades Anônimas).

2. Assinadas por contador, com Relatório da Diretoria e Notas Explicativas completas.

3. Parecer da auditoria de Pessoa Jurídica que não tenha empresa-cliente que represente mais de 2% do seu faturamento e que não esteja auditando a empresa analisada por mais de quatro anos.

B) *Situações encontradas que requerem alguns cuidados do analista*:

4. DC em que há Relatório da Diretoria sucinto demais e/ou Notas Explicativas incompletas.

5. DC com parecer da auditoria que não preencham todos os requisitos do item 3.

---

[1] Lei nº 6.404/76, atualizada pelas Leis nº 11.638/07 e nº 11.941/09.

6. DC publicadas que não atendam a todos os requisitos legais.

C) *Situações que requerem do analista profundos cuidados*:
7. DC não publicadas em jornais.
8. DC sem parecer da auditoria ou parecer com ressalva.
9. DC que não atende boa parte dos requisitos legais e outras situações não previstas nos itens A e B.

D) *Situações em que não se deveria fazer análise com base nas DC*:
10. Quando a empresa trabalha à base do Lucro Presumido, sem fazer Contabilidade (nesses casos, as DC podem ser montadas especialmente para a análise).
11. Quando há contradições nas DC ou "exageros" facilmente detectáveis.
12. Quando é facilmente identificado que a empresa não valoriza a Contabilidade e/ou as DC não refletem a realidade.

1.3 Algumas técnicas de análise

Relacionamos a seguir algumas técnicas de Análise das Demonstrações Contábeis mais atuais. Cada uma será comentada, de acordo com a evolução do texto:

- Indicadores Financeiros e Econômicos.
- Análise Horizontal e Vertical.
- Análise da Taxa de Retorno sobre Investimentos (Margem de Lucro, Giro do Ativo).
- Análise da Demonstração dos Fluxos de Caixa (DFC) e da Demonstração de Valor Adicionado (DVA).

1.3.1 Indicadores

Os indicadores (ou índices ou quocientes) significam o resultado obtido da divisão de duas grandezas. Por exemplo, se a empresa tiver $ 1.500 a receber e $ 1.000 a pagar, obteremos um índice igual a 1,50:

$$\underbrace{\frac{\textbf{Contas a receber}}{\textbf{Contas a pagar}}}_{} = \underbrace{\frac{1.500}{1.000}}_{\substack{\text{numerador} \\ \text{denominador}}} = 1,50 \quad \text{índice/quociente}$$

Essa é apenas uma primeira etapa que denominamos simplesmente de *cálculo do índice* com base numa fórmula.

A segunda etapa é a *interpretação*, isto é, o que significa o 1,50; como podemos explicá-lo.

A terceira etapa, a mais importante, é a *conceituação do índice*, ou seja, queremos saber se ele é bom, razoável, ruim etc. Tudo isso será visto nos capítulos seguintes.

1.3.2 Análises vertical e horizontal

Quando fazemos a divisão de uma grandeza por outra ($= \frac{1.500}{1.000}\downarrow$), nossos olhos leem no sentido vertical ($= \frac{1.500}{1.000}\downarrow$), daí chamarmos de Análise Vertical, considerando dados de um mesmo período (ou de um mesmo ano).

Quando comparamos os indicadores de vários períodos (vários semestres, anos...), analisamos a tendência dos índices. Nesse caso, chamamos de Análise Horizontal, pois nossos olhos leem no sentido horizontal. Por exemplo:

$$\text{Índice} \to \frac{\text{Contas a Receber}}{\text{Contas a Pagar}} = \begin{array}{ccc} \text{Ano} & \text{Ano} & \text{Ano} \\ 20X7 & 20X8 & 20X9 \\ 1,50 & 1,46 & 1,39 \end{array}$$

A tendência desse índice é piorar. Assim, fizemos uma Análise Horizontal. Essas técnicas de indicadores, análises vertical e horizontal, serão utilizadas nas Análises das Demonstrações Contábeis.

1.3.3 Análise da taxa de retorno sobre investimento

Uma empresa constituída com fins econômicos tem, como maior objetivo, a finalidade de lucro.

A empresa só terá razão de continuidade se der lucro, ou seja, retorno do investimento dos sócios (ou acionistas/quotistas). Os administradores serão bem-sucedidos se tornarem a empresa rentável. A gerência é considerada eficiente quando a administração do Ativo da empresa gerar lucro.

Esse ângulo da análise, certamente, é o mais importante de todos, daí, ser tratado como uma técnica especial para avaliação dos negócios.

1.3.4 Análise de outras demonstrações contábeis

Como vimos, a análise do Balanço Patrimonial e da Demonstração do Resultado do Exercício constitui-se parte fundamental do processo de Análise das Demonstrações Contábeis.

Todavia, a análise de outras demonstrações como DOAR, DFC e DVA enriquecem sobremaneira a interpretação da situação econômico-financeira da empresa em análise.

PARTE PRÁTICA

A. Questões sobre a leitura introdutória

(Adoção do IFRS)

1. Que tipo de esforço o profissional contábil terá que fazer para adotar o IFRS?
2. Quais as atividades que desde 2010 estão publicando informações nos moldes internacionais?
3. O que muda nas regras da depreciação?
4. O que aconteceu em relação à Contabilidade Societária e à Fiscal?

B. Questões sobre o Capítulo 1

1. "A Análise das Demonstrações Contábeis é fundamental para quem quer conhecer a situação econômico-financeira da empresa." Analise esta afirmativa.
2. Uma das técnicas de análise estudada é a análise horizontal e vertical. Como essa técnica pode auxiliar pequenas e médias empresas a evitar a insolvência?
3. A Análise das Demonstrações Contábeis surgiu com a finalidade de avaliar a variação da riqueza do homem. Como essa análise desenvolveu-se até chegar a nossos dias e quem são os interessados em conhecer os resultados dessa análise?
4. Podemos afirmar que as Demonstrações Contábeis que a análise de balanço mais dá ênfase são: o Balanço Patrimonial (BP) e a Demonstração do Resultado do Exercício (DRE), porém temos também que considerar a análise da DFC e da DVA. Por que a análise dessas demonstrações se faz necessária em conjunto com as duas primeiras demonstrações (BP e DRE)?

C. Testes abrangentes

1. A principal finalidade da análise horizontal é:
   ( ) a) Determinar a evolução de elementos das Demonstrações Contábeis e caracterizar tendências.
   ( ) b) Determinar a relação de uma conta com o todo de que faz parte.
   ( ) c) Determinar quocientes de liquidez, endividamento, rotatividade e rentabilidade.
   ( ) d) Determinar índices-padrão de crescimento das contas do balanço.
   ( ) e) N.D.A.
2. Uma empresa que apresente grandes lucros:
   ( ) a) Sempre terá plena condição de pagar suas contas em dia.
   ( ) b) Poderá, em certas circunstâncias, ter dificuldades em pagar suas contas em dia.
   ( ) c) Poderá, de acordo com a lei dos investimentos naturais, imobilizar recursos equivalentes a 1,5 vezes o lucro do exercício.
   ( ) d) Deverá manter certa quantia depositada em títulos de renda fixa para enfrentar os anos de "vacas magras".

3. A Empresa Binacional S.A. apresentava em seu Balanço Patrimonial projetado, antes do fim do ano, os seguintes valores no Circulante.

ATIVO CIRCULANTE	PASSIVO CIRCULANTE	
$ 1.200.000	$ 1.000.000	$\rightarrow \dfrac{1.200}{1.000} = 1,20$

Todavia, o seu presidente não está contente com o índice de 1,20. Ele determinou ao seu contador que o índice deverá ser igual a 2,00.

( ) a) É impossível modificar esta situação, considerando-se que estamos próximos ao final do ano.

( ) b) A única alternativa é o contador "fajutar" o Balanço Patrimonial.

( ) c) A solução seria pagar $ 800.000 da dívida a curto prazo da empresa.

( ) d) Não é possível porque o Ativo Circulante é maior que o Passivo Circulante.

4. Quando buscamos encontrar a relação percentual de um elemento com o todo de que faz parte, estamos utilizando o método de análise de balanço denominado:

( ) a) Análise por meio de quocientes.

( ) b) Análise vertical.

( ) c) Análise horizontal.

( ) d) Índices-padrão.

( ) e) N.D.A.

D. Exercícios

1. Preencha as linhas pontilhadas a seguir, fazendo uma análise vertical, considerando:

a) total do ativo igual a 100%.

Cia. Multioperacional – (Indústria de Clipes)

	Ativo	Em $	%
Circulante	Disponível	800	- - - - -
	Duplicatas a Receber	1.200	- - - - -
	Estoque	1.500	- - - - -
	Aplicações Financeiras	1.500	- - - - -
	→ **Total**	5.000	- - - - -

Não Circulante	Realizável a Longo Prazo	2.000	- - - - -
	Investimentos	2.200	- - - - -
	Imobilizado	800	- - - - -
	Intangível	1.000	
	→ **Total**	6.000	- - - - -
	Total do Ativo	11.000	100

14 | Análise das demonstrações contábeis – *Marion*

b) total de vendas igual a 100%.[2]

Demonstração do Resultado do Exercício			$	%
Receita Operacional (venda de clipes)			10.000	100
(–) CPV			(4.000)	- - - - -
→ Lucro Bruto			6.000	- - - - -
(–) Despesas Operacionais	$	%		
De Vendas	(1.500)	- - - - -		
Administrativas	(2.000)	- - - - -		
Financeiras	(300)	- - - - -		
Financeiras (Receita)	500	- - - - -		
Dividendos Recebidos	1.000	- - - - -	(2.300)	- - - - -
→ Lucro Operacional*			3.700	- - - - -
(–) Outras Despesas Operacionais			(1.000)	- - - - -
→ Lucro antes do Imposto de Renda e Contribuição Social			2.700	- - - - -
→ (–) Provisão para Imposto de Renda e Contribuição Social			(288)	- - - - -
→ Lucro Líquido			2.412	- - - - -

2. Observe a Demonstração abaixo e examine o Relatório de Análise da Cia. Bom Preço.

Cia. Bom Preço

DRE	20X1	%	20X2	%
Vendas	50.000	100	100.000	100
(–) CMV	(15.000)	(30)	(40.000)	(40)
Lucro Bruto	35.000	70	60.000	60
(–) Despesas Operacionais				
De Vendas	(5.000)	(10)	(8.000)	(8)
Depreciação	(4.000)	(8)	(6.000)	(6)
Despesas Financeiras	(1.000)	(2)	(3.000)	(3)
Lucro Operacional	25.000	50	43.000	43
(–) Imposto de Renda e Contribuição Social	(2.000)	(4)	(13.000)	(13)
Lucro Líquido	23.000	46	30.000	30

No relatório seguinte, indique o que é *Análise Horizontal, Análise Vertical, Indicadores Financeiros* e *Análise da Taxa de Retorno*.

---

[2] Pelas Normas Internacionais de Contabilidade separa-se o Lucro antes das Despesas Financeiras e após as Despesas Financeiras.

1. O lucro líquido caiu significativamente de 46% para 30% das vendas.
2. As despesas mais significativas do ano 20X2 são: 8% como Despesa de Vendas; 6% como Depreciação e 3% como Despesa Financeira.
3. A duplicação das vendas melhorou consideravelmente os indicadores financeiros da empresa, sendo que a Liquidez cresceu para 2,4.
4. Comparando o Lucro Líquido de $ 30.000 com o Ativo Final do ano 2002 de $ 300.000, o retorno de investimento foi baixo.
5. A maior queda foi no Lucro Bruto de 70% para 60%.

E. Exercícios de integração

1. Preencha as linhas pontilhadas:

Cia. Integração

Relatório da ....

....

Ativo	Passivo		Receita	_____
_____	_____		(–) Despesa	_____
_____	_____			
_____	_____			
			(–) Imp. Renda	_____
			(–) Participações	_____
			_____	
			Lucro/Prejuízo	_____

....

Lucro Exerc. Anterior	Entrada de $	_____
+ Lucro desse Exercício	Saída de $	
(–) Dividendos		_____
_____	Saldo do Caixa	....
Lucro Final		

Notas ....
....
....

16 | Análise das demonstrações contábeis – *Marion*

Assinatura do ....   Assinatura do ....   Parecer do ....

Indique ainda as Demonstrações que poderiam ser analisadas:

1. ....

2. ....

2. *Cia. Vertizional*

BALANÇO PATRIMONIAL

ATIVO	31-12-20X1	31-12-20X2
Circulante		
Disponível	39.200	20.452
Duplicatas a receber	172.480	220.000
Estoques	117.600	67.500
Outros valores a receber	62.720	37.400
	392.000	345.352
Não Circulante		
Realizável a longo prazo		
Terrenos para venda	–	60.200
Créditos de diretores	7.840	25.000
	7.840	85.200
Investimentos		
Participações em outras empresas	15.680	16.960
Terrenos para futura utilização	235.200	125.000
	250.880	141.960
Imobilizado		
Bens em operação – Líquido	68.880	49.872
Imobilizado em andamento	15.680	124.000
	84.600	173.872
Intangível		
Marcas e Patentes	48.720	53.616
Total do Não Circulante	392.000	454.648
Total do Ativo	784.000	800.000

Cap. 1 • Universo da Análise | 17

PASSIVO + PL	31-12-20X1	31-12-20X2
Circulante		
Empréstimos e financiamentos	39.200	86.400
Fornecedores	78.400	18.000
Obrigações fiscais e previdenciárias	23.520	145.000
Obrigações trabalhistas	39.200	51.000
Outras obrigações e provisões	54.880	64.000
	235.200	364.400
Não Circulante		
Exigível a longo prazo		
Empréstimos e financiamentos	156.800	24.500
Patrimônio líquido		
Capital Social	313.600	350.000
Reservas de Capital	23.520	28.000
Reservas de Lucros	54.880	33.100
	392.000	411.100
Total do Passivo + PL	784.000	800.000

DEMONSTRAÇÃO DE RESULTADO DO EXERCÍCIO

DRE	31-12-20X1	31-12-20X2
Receita Líquida	800.000	980.000
(–) Custo das Mercadorias Vendidas	(464.000)	(651.700)
Lucro Bruto	336.000	328.300
Despesas Operacionais		
(–) Vendas	(176.000)	(166.600)
(–) Administrativas	(144.000)	(147.000)
(–) Despesas Financeiras	(400)	(17.640)
+ Receitas Financeiras	800	539
Total das Despesas Operacionais	(319.600)	(330.701)
Lucro/Prejuízo Operacional	16.400	(2.401)
Outras Receitas Operacionais	–	19.600
Lucro antes do Imposto de Renda e Contr. Social	16.400	17.199
Imposto de Renda e Contr. Social	(2.460)	(2.579)
Lucro Líquido do Exercício	13.940	14.620

Pede-se:

1. Prepare a análise vertical e horizontal da Cia. Vertizional.

Vertical: quanto representa, percentualmente, cada conta em relação ao ativo total/ passivo total? Para a Demonstração do Resultado, considere Receita Líquida 100%.

Horizontal: nessa análise, indique a variação ocorrida em cada conta no período de 20X1 a 20X2.

F. Estudo de caso

1. "Os Usuários da Análise de Balanços"

O Prof. Castelo, em aula inaugural de Análise das Demonstrações Financeiras, com o tópico "A Análise de Balanços é fundamental para quem pretende relacionar-se com a empresa", discorre sobre a necessidade de todas as empresas terem uma política financeira com base nos Indicadores de uma boa análise financeira.

Em sua apostila (Análise das Demonstrações Financeiras, Prof. Anísio Castelo Branco – Senac – SP), o referido professor diz: "A Análise de Balanços permite uma visão da estratégia e dos planos da empresa analisada; permite estimar o seu futuro, limitações e potencialidades. É de primordial importância, portanto, para todos que pretendem relacionar-se com uma empresa, quer como fornecedores, financiadores, acionistas e até como empregados. A procura de um bom emprego deveria sempre começar com a análise financeira da empresa. O que adianta um alto salário inicial se as perspectivas da empresa não são boas? Por meio da análise de balanços dos últimos anos pode-se prever alguma coisa para os anos seguintes? A empresa manterá sua rentabilidade? Poderá suportar crescer à mesma taxa anual, sem ter que recorrer a nova emissão de capital?".

A aula mal estava começando e um aluno, que praticamente passou a noite viajando num ônibus do interior de São Paulo para participar dessa aula, já havia anotado várias perguntas para fazer ao Prof. Castelo, como se segue:

1. Por que o professor usa as expressões Análise de Balanços, Análise das Demonstrações Financeiras, Análise Financeira, e alguns livros abordam Análise das Demonstrações Contábeis? São todos sinônimos? Querem dizer a mesma coisa?

2. Por que a análise de empresas é importante para empregados, fornecedores de mercadorias, financiadores e acionistas? Seria a análise importante apenas para usuários externos? E as pessoas de dentro da empresa, não precisam analisá-la?

O primeiro desafio é: você conseguiria responder às perguntas que o aluno exausto pela viagem fez?

O segundo desafio é, na tentativa de ajudar a classe a absorver esse início de aula inaugural, quais outras perguntas você faria?

2. Normas fiscais e carga horária do contador

Do início do ano até 14 de setembro, data de fechamento desta edição, a legislação tributária brasileira sofreu 742 alterações. Tantas mudanças complicam ainda mais as 5.000 normas que regulam os 79 tributos existentes no Brasil. Só em julho, mês em que houve recorde nas alterações, foram 167 mudanças na lei. O levantamento feito pela IOB, empresa de informações tributárias, mostra por que o Brasil ficou mais uma vez com o posto de pior colocado no quesito pagamento de tributos do *Doing Business*, relatório elaborado anualmente pelo Banco Mundial. Divulgado dias atrás, o relatório é uma espécie de *ranking* de ambiente de negócios das nações. Neste ano, 183 países foram analisados. Segundo o relatório, as empresas que operam no Brasil gastam 2.600 horas para calcular os impostos devidos e provar que pagaram, o que lhes exige o envio de mais de uma centena de formulários aos fiscos. Em tempo: em 14 de setembro, cidadãos e empresas já haviam pago 731 bilhões de reais em tributos aos fiscos municipais, estaduais e federais, de acordo com o Impostômetro, instalado no centro da capital paulista. *Revista Exame* 17/9/2009.

Faça uma avaliação do número de normas e carga tributária. O que é pior? É correto uma empresa usar 2.600 horas para calcular os impostos?

G. Trabalho prático

O objetivo desse tópico é permitir ao estudante/leitor que desenvolva um trabalho prático à medida que os capítulos sejam estudados.

No final dos capítulos, cada aluno terá um trabalho concluído que servirá de roteiro para futuras análises.

Aliás, o curso de análise é o único da graduação de Ciências Contábeis (ou outros cursos) que prepara o estudante para o imediato exercício profissional da atividade de analista. Muitos alunos, ao cursarem essa disciplina, vão trabalhar imediatamente como analistas com bom desempenho.

Assim, esse trabalho é um "laboratório prático". Ao término das experiências, além de se estar apto, tem-se um roteiro para repetir as experiências nas empresas.

O trabalho proposto é dividido por partes. Se o participante desenvolver a parte solicitada ao final de cada capítulo, sem ser oneroso ou cansativo, estará montando um *kit* de análise muito valoroso.

Entendemos que seja um trabalho agradável e atraente. Desafiamos a cada um experimentar essa aventura de se profissionalizar numa especialização da Contabilidade.

Parte 1

Demonstrações Contábeis suscetíveis de análise

Nessa primeira etapa, você deverá conseguir as Demonstrações Contábeis de uma empresa que poderá ser:

a) Sociedade Anônima

Por meio dos jornais (como *Gazeta Mercantil*), ou das Bolsas de Valores, ou de *sites* na *Internet* (www.infoinvest.com.br ou www.cvm.gov.br), ou diversas outras fontes (empresa que você trabalha, de amigos ou da sua região...).

b) Outras empresas

Normalmente, as limitadas não publicam as Demonstrações Contábeis, tornando-se mais difícil. Embora seja possível analisar essas empresas, recomendamos as do item *a*.

O ideal, inicialmente, seria trabalhar com indústria ou comércio, evitando casos especiais como bancos, seguradoras, construtoras etc. Sugerimos também demonstrações de três períodos (três anos) para dar-se uma abrangência maior.

De posse dessas demonstrações, abra uma pasta para arquivar todo o conteúdo necessário daqui para frente. Você está começando seu "*kit* de análise". Parabéns!

2

Alguns Cuidados para a Análise

 LEITURA INTRODUTÓRIA

Em 2018/19, a Petrobras saiu da maior crise de sua história, a Operação Lava Jato. Veja, por esta transcrição de matéria jornalística publicada em 2009, que os problemas começaram dez anos antes.

"GOVERNO AUTORIZOU MANOBRA CONTÁBIL FEITA PELA PETROBRAS

Mudança permitiu que a estatal adiasse pagamento de impostos de R$ 4 bilhões

O governo e os ministros com assento no Conselho de Administração da Petrobras deram aval à decisão da empresa de alterar o sistema de cálculo do Imposto de Renda. Esse foi o instrumento encontrado pela cúpula da Petrobras para, no auge da crise, tornar viável a manutenção de um elevado nível de investimentos. "Trata-se de política de governo para manter os investimentos. É melhor do que socorrer a empresa com dinheiro do Tesouro", defendeu o senador Aloizio Mercadante (PT-SP), porta-voz do governo nas negociações de ontem para acalmar a oposição. As críticas a esse procedimento tiveram origem no fato de a estatal ter mudado o regime de declaração do imposto. O presidente da empresa, José Sérgio Gabrielli, havia explicado em reunião do Senado, em março, que a manobra era natural.

Everardo Maciel, ex-secretário da Receita e autor da MP que permite às empresas a mudança do regime de declaração do IR, acha que a Petrobras errou. "Ela não pode mudar de ideia no meio do ano", diz.

Explicação: A Petrobras, em meados de 2008, mudou a fórmula de cálculo de Imposto de Renda do regime de competência para o regime caixa. Assim, o lucro aumentou em R$ 4 bilhões pelo imposto não pago.

Por causa da desvalorização do real, a Petrobras registrou um elevado ganho com essa variação cambial sobre os Ativos da empresa no exterior, mas esse ganho não se materializou em entradas no caixa."

Fonte: O Estado de S. Paulo, 13 maio 2009.

2.1 Interpretações de índices

Os índices são relações que se estabelecem entre duas grandezas; facilitam sensivelmente o trabalho do analista, uma vez que a apreciação de certas relações ou percentuais é mais significativa (relevante) que a observação de montantes, por si só. Assim, se a empresa tiver um Ativo Circulante (AC) de $ 396.420 e um Passivo Circulante (PC) de $ 198.210, fica um tanto difícil analisar sua exata capacidade de pagamento. Todavia, se dividirmos o AC pelo PC, encontraremos um índice geral igual a $ 2,00, ou seja, para cada $ 1,00 de obrigação (passivo) há $ 2,00 de Ativo Circulante (dinheiro + valores que se transformarão em dinheiro). Essa interpretação será mais bem explicada no Capítulo 4 – Índices de Liquidez.

Ressaltamos, entretanto, que o analista deverá tomar uma série de precauções quanto à interpretação dos índices. Muitas vezes, podem dar falsa imagem de uma situação. Vamos admitir que o AC da Cia. Imaginativa seja de 100 e seu P de 50. Se dividirmos o AC pelo PC, obteremos um índice igual a 2,00. Se, porém, a empresa resolvesse pagar 49 de sua dívida, a situação seria a seguinte:

Observe que diminuímos 49 no PC, uma vez que houve pagamentos das obrigações e consequente redução da dívida. Para esse pagamento utilizamos 49 de dinheiro do AC e, assim, reduzimos o caixa da empresa. Na verdade, não houve mudança na situação financeira da empresa. Somente uma redução de 49 do AC no PC (a capacidade de pagamento da empresa é a mesma). Se dividirmos o AC pelo PC, obteremos um índice de $ 51,00, o que não significa que houve melhora na capacidade de pagamento da empresa de 25 vezes, pois a situação é a mesma. Nesse caso, houve uma manipulação, não sendo considerada má-fé.

Outra situação a que o analista deve estar atento é a base utilizada para o cálculo de diversos índices.

Exemplo: Dados da Cia. Y

Lucro em 20X0 $ 5 milhões
Lucro em 20X1 $ 4 milhões
Lucro em 20X2 $ 4,8 milhões

Poderíamos dizer que o decréscimo[1] na rentabilidade de X0 para X1 foi de 20%, e que o acréscimo[2] de X1 para X2 foi também de 20%.

---

[1] $\dfrac{4.000.000 - 5.000.000}{5.000.000} = (20\%)$

[2] $\dfrac{4.800.000 - 4.000.000}{4.000.000} = 20\%$

Todavia, seria correto tomarmos como base o ano de X0, uma vez que o primeiro cálculo (– 20%) foi realizado com essa base (veja exemplo no item 2.1.1).

$$\frac{4.800.000 - 4.000.000}{5.000.000}$$

Assim, diríamos: houve decréscimo na rentabilidade de X0 para X1 em 20% e acréscimo (recuperação) de 16% de X1 para X2.

2.1.1 Exemplo de interpretação distorcida de índice

O gerente da Cia. Lubrificação foi demitido pelo diretor-presidente, pois o lucro da empresa caiu de $ 1,0 milhão para $ 700 mil. O relatório de análise indica um decréscimo de 30%.

20X1		20X2		Decréscimo do Lucro		Involução percentual
Lucro $ 1,0 milhão	→	Lucro $ 700 mil	→	($ 300 mil)	→	(30%) ⟹ (300/1.000)

Para o ano de 20X3, foi contratado o Sr. Distorce Tudo, na qualidade de gerente. Como "resultado de seu esforço", conseguiu atingir o montante de $ 910 mil de lucro. O relatório de análise, elaborado pelo próprio gerente, indica um acréscimo de 30% e um parecer do qual consta a "satisfação" em recuperar plenamente o decréscimo do ano anterior. O relatório é elaborado da seguinte forma:

20X2		20X3		Acréscimo do lucro		Evolução percentual
Lucro $ 700 mil	→	Lucro $ 910 mil	→	$ 210 mil	→	30% ⟹ 210/700

Você concorda com o relatório acima? Como pode o lucro de uma empresa decrescer em 30% e, no ano seguinte, ser recuperado plenamente, em termos percentuais, se em 20X1 o lucro era de $ 1,0 milhão e do ano 20X3 é de $ 910 mil?

2.2 Reclassificação das Demonstrações Contábeis (DC)

Significa uma nova classificação, um novo reagrupamento de algumas contas nas Demonstrações Contábeis (DC), sobretudo no Balanço Patrimonial e na Demonstração do Resultado do Exercício. São alguns ajustes necessários para melhorar a eficiência da análise.

Por meio de agrupamento de contas nas DC, pode-se melhorar a situação econômico-financeira da empresa fazendo uso de certa "esperteza". Se uma empresa, por exemplo, dispõe vender um imóvel que até o momento estava classificado no Imobilizado Permanente (Ativo Não Circulante), classificando essa conta no Ativo Circulante, o analista terá que reclassificá-lo.

24 | Análise das demonstrações contábeis – *Marion*

Classificando-o no Ativo Circulante, evidentemente a situação financeira a curto prazo melhorará. Todavia, não é fácil vender o imóvel e receber no mesmo ano. O ideal seria Realizável a Longo Prazo, não obstante seja menos eficaz no momento de mensurar a capacidade de pagamento da empresa a curto prazo. Nesse exemplo, o analista reagrupa "Imóveis à Venda" do Circulante para o Não Circulante (Realizável a Longo Prazo).

Outras vezes, mesmo sendo o contador imparcial no agrupamento das contas, há necessidade de interferência do analista. É o caso de Receita Financeira, que legalmente é Operacional, mas na realidade deveria estar no grupo Não Operacional. Se quisermos apurar a verdadeira taxa de rentabilidade obtida pela atividade operacional, deveremos reclassificar tanto as Despesas Financeiras como as Receitas Financeiras no grupo Não Operacional.

Veremos, agora, alguns casos de reclassificação.

2.2.1 Duplicatas descontadas

(Classificada subtrativamente em Duplicatas a Receber no Ativo Circulante. Embora a classificação correta seja no Passivo Circulante, há balanços que ainda indicam como dedução de Duplicatas a Receber no Ativo Circulante.)

Duplicatas Descontadas deverão ser reclassificadas no Passivo Circulante, pois, pelas peculiaridades da operação, ainda há o risco de a empresa reembolsar o dinheiro obtido se seu cliente não liquidar a dívida no banco.

Um bom motivo para a reclassificação no Passivo Circulante é a padronização de critérios de tratamento para todas as empresas por parte do analista. Assim, se a Empresa A opera com Duplicatas Descontadas e a Empresa B com Empréstimos Bancários (com depósito de duplicatas como garantia), ambas as empresas terão no Passivo Circulante uma dívida com terceiros, embora, no caso de duplicatas descontadas, haja apenas a coobrigação.

Ainda em relação às Empresas A e B, vamos admitir que ambas tenham um Ativo Circulante de $ 2,0 milhões e um Passivo Circulante de $ 1 milhão. Então, para cada $ 1,00 de dívida há $ 2,00 de valores de Ativo Circulante para pagamento da dívida. Ambas as empresas resolvem recorrer ao mercado financeiro para um reforço de caixa na ordem de $ 200 mil: a primeira desconta duplicatas; a segunda obtém um empréstimo bancário. Sem considerar as despesas financeiras, o Circulante de cada uma seria, antes da reclassificação, o seguinte:

		Em mil
Empresa A		
Ativo Circulante		**Passivo Circulante**
	2.000	1.000
+ entrada de	$ 200	
– Dupl. Desc.	(200)	nada alterou –
	2.000	1.000

– a relação será de $ 2,00 para

$ 1,00 (nada alterou) $\dfrac{2.000}{1.000} = 2,00$

		Em mil
Empresa B		
Ativo Circulante		**Passivo Circulante**
	2.000	1.000
+ entrada de	$ 200	
	–	+ empr. banc.	200
	2.200	1.200

– a relação será de $ 1,83 para

$ 1,00 (reduziu capacidade

de pagamento) $\dfrac{2.200}{1.200} = \mathbf{1,83}$

Veja que as peculiaridades das operações levaram a Empresa B a ter menor capacidade de pagamento e maior endividamento em relação à Empresa A. Não seria justo darmos um tratamento diferenciado para situações financeiras idênticas. Por isso, **reclassificamos as duplicatas**[3] para que B fique em condição de igualdade com A, ou que todas as empresas que operem com empréstimos fiquem em condições de igualdade com aquelas que operam com descontos (tratamento padronizado).

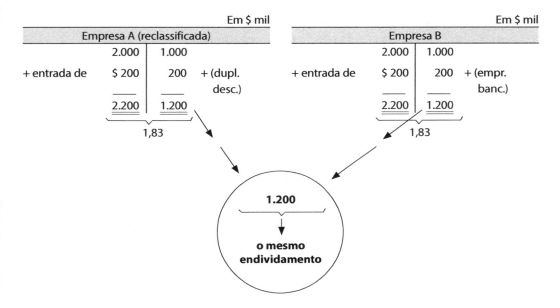

2.2.2 Despesa do exercício seguinte

(Classificada no Ativo Circulante)

No grupo do Ativo Circulante, a Despesa do Exercício Seguinte é o único grupo de contas que não se converterá em dinheiro, portanto, não servirá para pagar as dívidas da empresa.

Por se tratar de uma despesa antecipada que será consumida pela empresa, no próximo ano, ela é classificada no Ativo Circulante. No entanto, não se transformará em dinheiro.

Essa despesa reduzirá o lucro do próximo exercício e, consequentemente, o Patrimônio Líquido (PL). Por isso, os analistas mais conservadores preferem, na ocasião da análise, já deduzir do PL a despesa futura (excluindo-a do Ativo Circulante).

Essa despesa, entretanto, de maneira geral, tem valor irrelevante, imaterial em relação ao Ativo Circulante, não melhorando por si só a situação financeira da empresa, pois seu acréscimo (ao Ativo Circulante) é, sem dúvida, imaterial.

---

[3] Pelas Normas Contábeis, o correto seria classificar Duplicatas Descontadas diretamente como Passivo. Porém, algumas empresas ainda classificam como deduções no Ativo Circulante.

26 | Análise das demonstrações contábeis – *Marion*

Se houver casos em que o valor da Despesa do Exercício Seguinte seja relevante em relação ao Ativo Circulante, aí, sim, deveremos excluí-lo deste grupo, subtraindo-o do PL. Por exemplo:

Em $ mil

Ativo Circulante		Passivo Circulante		
Caixa	2.000	Diversos a Pagar	15.000	Capital de Terceiros
Duplicatas a Receber	5.000	- - - - - - - - - - - - - - - -		
Estoque	11.000	**Patrimônio Líquido**		
	18.000	Capital	10.000	
Desp. Exerc. Seg.	2.000	Reservas de Lucros	5.000	Capital de Próprio
	20.000		15.000	
Ativo Não Circulante		- - - - - - - - - - - - - - - -		
Imobilizado	10.000			
Total	30.000	**Total**	30.000	

Se não depurássemos do Ativo Circulante a Despesa do Exercício Seguinte, a relação AC/PC seria de: 1,33 (20.000/15.000). A relação Capital Próprio/Capital de Terceiros seria de: 1,00 (15.000/15.000).

Como, nesse caso, a Despesa do Exercício Seguinte é relevante (10% do Ativo Circulante), vamos excluí-la do Ativo, jogando-a com o sinal trocado (negativo) no PL. Veja que, na verdade, no ano seguinte ela irá reduzir o PL, pois é despesa para aquele ano (despesa reduz o lucro). Então, teríamos:

Em $ mil

Ativo Circulante		Passivo Circulante	
Caixa	2.000	Diversos a Pagar	15.000
Duplicatas a Receber	5.000		
Estoque	11.000	**Patrimônio Líquido**	
	18.000	Capital	10.000
		Reservas de Lucros	5.000
Ativo Não Circulante		(–) Desp. Exerc. Seg.	(2.000)
Imobilizado	10.000		13.000
Total	28.000	**Total**	28.000

A relação AC/PC passa de 1,33 para 1,20 (18.000/15.000).
A relação CP/CT passa de 1,00 para 0,87 (13.000/15.000).

Cap. 2 • Alguns Cuidados para a Análise | 27

A situação modifica-se consideravelmente. Nesse caso, o ajuste de Despesa do Exercício Seguinte, reclassificando-o com o sinal negativo para o PL, é recomendável. A seguir, **apresentamos uma situação (o que acontece na maioria das vezes) em que não há necessidade de reclassificação**, pois seu valor é irrisório em relação ao AC.

Em $ mil

Ativo Circulante		Passivo Circulante	
Caixa	250.000	Diversos a Pagar	3.500.000
Duplicatas a Receber	1.750.000		
Estoque	2.000.000	**Patrimônio Líquido**	
Desp. Exerc. Seg.	40.000	Capital	9.000.000
	4.040.000	Reservas de Lucros	2.500.000
			11.500.000
Ativo Não Circulante			
Imobilizado	10.960.000		
Total	15.000.000	**Total**	15.000.000

Veja que os índices não seriam alterados com a reclassificação de um valor imaterial.

2.2.3 *Leasing*

A Lei nº 11.638/2007, que alterou a Lei das Sociedades Anônimas, no seu art. 179, redefiniu o conteúdo do subgrupo Imobilizado como os direitos que tenham por objeto bens corpóreos destinados à manutenção das atividades da companhia ou da empresa ou exercidos com essa finalidade, inclusive os decorrentes de operações que transfiram à companhia os benefícios, riscos e controle desses bens, independentemente de ser propriedade, deverão ser contabilizados como Ativo.

Assim, o *leasing* financeiro (arrendamento mercantil) que até 2007 era tratado no Brasil como aluguel, **passa a ser contabilizado como Ativo para fins contábeis** (para fins fiscais continua sendo aluguel).

Na verdade, no sentido econômico, o *leasing* financeiro é um financiamento disfarçado de aluguel. A empresa quer adquirir um equipamento de produção. Poderá ser adquirido à vista, a prazo (financiado ou via *leasing*). Em qualquer modelo de aquisição este bem trará <u>benefícios</u> para a empresa, trará <u>riscos</u> para o seu negócio e dará à empresa <u>controle</u> sobre o bem. Desse modo, contabilmente falando, este bem será Ativo.

2.3 Metodologia da análise das Demonstrações Contábeis

Após selecionar as Demonstrações Contábeis a serem analisadas (Seção 1.2 e Capítulo 3), averiguamos a qualidade dessas demonstrações (por exemplo, se têm parecer da auditoria;

de quem é esse parecer etc.) e efetuamos a reclassificação das contas (se houver necessidade – Seção 2.2).

O passo seguinte é selecionar um conjunto de índices/indicadores que melhor se ajuste ao tipo de análise (Capítulos 4 ao 12).

Após o cálculo dos índices/indicadores, o correto é compará-los aos de outras empresas do mesmo ramo de atividade (Capítulo 12).

A sequência para a análise é apresentada na Figura 2.1.

Figura 2.1 Sequência para a análise das Demonstrações Financeiras.

"Na Medicina, por exemplo, em qualquer exame preliminar, o médico mede a temperatura, pressão, pulsação etc. Esses são os indicadores (1). O médico compara, então, cada indicador com o padrão próprio (2) desenvolvido e aprimorado e, em seguida, ponderando conjuntamente seus indicadores, elabora suas conclusões (3), mental ou formalmente, transmitindo-as ou não ao paciente, segundo sua técnica de trabalho. Em seguida, toma uma decisão (4), como internar o paciente, encaminhá-lo a outro especialista, receitar medicamentos, ou simplesmente dizer que está tudo "ok".

Caso se trate de um exame especializado, como exame radiológico, a sequência será a mesma. A etapa de decisão nem sempre estará imediatamente presente, pois poderá ser tomada por outra pessoa.

As etapas 1, 2 e 3 devem ser feitas sempre em sequência e estar perfeitamente coordenadas. Entretanto, cada uma se vale de técnicas próprias. Por exemplo, a escolha de indicadores pode recorrer a técnicas modernas de engenharia, como raio laser e ultrassom. Já a comparação com padrões se apoia na estatística, em experimentos com cobaias etc. A elaboração de diagnósticos ou conclusões distingue-se perfeitamente da etapa de comparação com padrões, pois é agora que serão devidamente ponderadas, pesadas e medidas as informações parciais obtidas nas duas etapas anteriores.

Em Direito, os elementos considerados representam os indicadores; a lei, a jurisprudência ou os comentários de juristas representam os padrões; a ponderação pela vivência e pelo conhecimento representa a etapa de elaboração de conclusões. A partir desta é que virão as decisões de condenar, absolver, entrar em acordo etc.

Em Análise de Balanços aplica-se o mesmo raciocínio científico:

- *extraem-se índices das Demonstrações Financeiras (1);*
- *comparam-se os índices com os padrões (2);*

- *ponderam-se as diferentes informações e chega-se a um diagnóstico ou conclusão (3);*
- *tomam-se decisões (4).*

Quando essa sequência não é levada em conta, fatalmente a Análise de Balanços fica prejudicada. Às vezes, por falta de padrões ou por não se saber construí-los, deixam-se de fazer comparações. A qualidade da análise, então, fica comprometida, pois como se poderão fazer afirmativas sem os elementos de referência?"[4]

Vamos admitir que a Cia. Start (Indústria de Suco de Laranja) tenha $ 1.200 de Ativo Circulante e $ 1.000 de Passivo Circulante.

Tomamos a iniciativa de escolher o indicador, dividindo o Ativo Circulante pelo Passivo Circulante. Nesse caso, o indicador será $ 1,20 ($ 1.200/1.000), induzindo que para cada $ 1,00 de dívida de curto prazo (Passivo Circulante) a Cia. Start tem $ 1,20 que será transformado em dinheiro no Ativo Circulante para o pagamento da dívida. Aparentemente, a situação de pagamento é favorável.

Todavia, ao comparar esse indicador com a média de outras indústrias de suco de laranja, o analista constata que nesse ramo de atividade é muito comum esse indicador ser maior que $ 1,60.

Sua conclusão é que o desempenho da Cia. Start é ruim, no que tange a sua capacidade de pagamento: a média das concorrentes é muito maior que $ 1,20.

Baseado nisso, o analista poderá fazer propostas para que decisões sejam tomadas para melhorar a capacidade de pagamento da empresa.

 PAUSA PARA ANÁLISE

Em 14 de abril de 2018, foram publicadas as Demonstrações Financeiras do Santos Futebol Clube. Apresentamos o Balanço Patrimonial abaixo:

Santos Futebol Clube

RELATÓRIO DA ADMINISTRAÇÃO

Senhores Associados do Santos Futebol Clube, em cumprimento ao artigo 46-A, da Lei nº 9.615/1998 e o artigo 93, parágrafo sexto alínea (f) do Estatuto Social, o Santos Futebol Clube publica suas Demonstrações Financeiras. As Demonstrações Financeiras completas, acompanhadas do Relatório dos auditores independentes sobre as demonstrações financeiras e notas emitido pela Macso Legate Auditores Independentes e notas explicativas, estão publicadas na íntegra no endereço eletrônico: www.santosfc.com.br/balancos-patimoniais/.

---

[4] A sequência metodológica apresentada aqui (itens 1, 2, 3 e 4) consta no livro *Análise financeira de balanços*, de Dante C. Matarazzo. 6. ed. São Paulo: Atlas, 2003.

30 | Análise das demonstrações contábeis – *Marion*

BALANÇO PATRIMONIAL – Em 31 de dezembro de 2017 e 2016
(Em milhares de reais, exceto quando indicado)

ATIVO	Notas	2017	2016	PASSIVO	Notas	2017	2016
Circulante				**Circulante**			
Caixa e equivalentes de caixa		2.755	1.007	Fornecedores		7.923	1.989
Aplicação Financeira		5	336	Empréstimos	8	17.024	32.672
Depósito em caução		–	–	Contas a Pagar	9	81.395	36.406
Valores a Receber, Líquidos	5	12.408	14.714	Direitos de imagem de atletas	10	19.154	20.527
Outros ativos		595	2.413	Receita Diferida	11	3.624	2.028
Total do Circulante		**15.763**	**18.470**	Obrigações Trabalhistas	14	30.961	26.857
Não Circulante				Obrigações Tributárias	15	14.832	4.960
Valores a Receber, Líquidos	5	18.895	7.144	Débitos com Terceiros	13	10.558	6.688
Depósito em caução		–	18.972	Parcelamentos de Tributos	16	9.150	8.050
Depósitos judiciais	12	6.382	4.717	**Total do Passivo Circulante**		**194.621**	**140.177**
Imobilizado	6	48.219	47.991	**Não Circulante**			
Intangível	7	88.055	81.203	Parcelamento de tributos	16	148.748	138.805
Total do Não Circulante		**161.551**	**160.027**	Direitos de imagem de atletas	10	5.657	9.110
				Débitos com Terceiros	13	180	1.744
				Provisão para demandas judiciais	12	16.448	40.030
				Contas a Pagar	9	32.605	67.527
				Receita Diferida	11	938	68
				Obrigações Tributárias	15	387	920
				Obrigações trabalhistas	14	2.187	7.494
				Total do Passivo Não Circulante		**207.150**	**265.698**
				Patrimônio Líquido (Passivo a descoberto)			
				Patrimônio Social		(258.962)	(313.660)
				Reserva de reavaliação		31.584	32.096
				Superávit do exercício		2.921	54.186
				Total do Patrimônio Líquido (Passivo a descoberto)		**(224.457)**	**(227.378)**
Total do Ativo		**177.314**	**178.497**	**Total do Passivo e Patrimônio Líquido**		**177.314**	**178.497**

Alguns cuidados para a análise:

- Tanto no Ativo como no Passivo há contas com valores irrelevantes que em nada afetam a análise. Precisamos sumarizar (sintetizar) e reagrupar as rubricas de pequeno valor em grupos maiores.
- Veja que há 16 notas explicativas indicadas. Podemos buscar essas notas na *internet* e consultar apenas as contas de valores relevantes, como a nota 7 (Intangível) – $ 88.055,00.
- Observe que o P L é negativo (descoberto). O que pode levar um clube grande a essa situação?
- O Parecer de Auditoria fala em "ressalvas" às Demonstrações Financeiras de 2017. Estas são informações indispensáveis para fins de análise. Veja as demonstrações completas via *internet*.

PARTE PRÁTICA

A. Questões sobre a leitura introdutória

O artifício contábil garantiu mais lucro à Petrobras.

1. No que tange à Petrobras, como o analista deveria analisar a empresa?
2. Ainda em relação à primeira leitura, seria possível dizer que parte dos "ganhos" deveriam ser desconsiderados para fins de análise?
3. Poderíamos dizer que toda análise deveria começar com o parecer da auditoria, ou seja, debaixo para cima? Por quê?
4. Seria a prática manobra contábil comum em muitas empresas? Comente sua resposta.

B. Questões sobre o Capítulo 2

1. Antes de iniciar a análise das Demonstrações Contábeis, o analista deve tomar uma série de precauções em relação à análise dos índices. Quais são essas precauções? O que podemos dizer a respeito do *window dressing* dos americanos quando nos referimos às precauções que os analistas devem tomar?
2. Para termos uma análise mais eficiente, é necessário reclassificarmos algumas contas no Balanço Patrimonial e na Demonstração do Resultado do Exercício. Dê exemplos de contas que devem ser reclassificadas nessas demonstrações e explique o motivo de sua reclassificação.
3. Na análise das Demonstrações Contábeis, temos três etapas que devem ser seguidas rigorosamente para que possamos tomar as decisões. Quais são essas etapas (explique cada uma) e que tipo de informações podemos extrair delas?
4. De acordo com a legislação atual no Brasil, qual é o tratamento dado ao *leasing* e como essa questão é tratada pela nova lei das Sociedades Anônimas? A CPC do *leasing* foi alterada, tendo validade a partir de 2019. Pesquise as mudanças.

C. Testes abrangentes

1. Assinale a alternativa incorreta:

   ( ) a) A receita financeira por muito tempo foi uma despesa operacional, porém, para fins de análise, devemos reclassificá-la no grupo Não Operacional ou de forma destacada, separando-a das demais.

   ( ) b) As duplicatas descontadas devem ser reclassificadas no grupo do Ativo Circulante.

   ( ) c) Reclassificar significa fazer um novo agrupamento de contas no Balanço Patrimonial e na Demonstração do Resultado do Exercício.

   ( ) d) Só reclassificaremos as despesas do exercício seguinte caso sejam relevantes.

2. Quando analisamos a conta Duplicatas Descontadas, o correto é reclassificá-la como:

   ( ) a) Ativo Circulante, uma vez que lançaremos subtrativamente.

   ( ) b) Passivo Circulante, visto que esse valor pode ser devolvido a curto prazo.

   ( ) c) Ativo Realizável a Longo Prazo, pois esse valor deverá ser recebido ao longo do tempo.

   ( ) d) Exigível a Longo Prazo.

3. Quando a empresa coloca um imóvel à venda, devemos:

   ( ) a) Reclassificá-lo no Ativo Circulante.

   ( ) b) Mantê-lo em Investimentos até a sua venda.

   ( ) c) Reclassificá-lo no Realizável a Longo Prazo (Não Circulante).

   ( ) d) N.D.A.

4. A Cia. Alfa possui, registrado em seu Realizável a Longo Prazo, a conta Capital a Integralizar. Para fins de análise, devemos reclassificá-la no:

   ( ) a) Ativo Circulante.

   ( ) b) Patrimônio Líquido, com sinal negativo.

   ( ) c) Não devemos reclassificá-la.

   ( ) d) N.D.A.

D. Exercícios

1. Reclassificar as contas para a elaboração da Análise da Cia. Alfa.

O contador da Cia. Alfa, já bastante idoso, não se atualizou e publicou as Demonstrações Financeiras no modelo anterior à Lei nº 11.941/2009. Portanto, atualizaremos conforme as exigências legais a partir de dezembro de 2008, e considerando os Pronunciamentos do CPC até 2019.

BALANÇO PATRIMONIAL
Cia. Alfa
Modelo anterior a 31-12-08

Em $ milhões

ATIVO			PASSIVO E PATRIMÔNIO LÍQUIDO		
Circulante			**Circulante**		
Disponível		200.000	Empréstimo Bancário		1.000.000
Estoques			Fornecedores		100.000
Dupl. a Receber	300.000		Outros		100.000
(–) Prov. Dev. Duv.	(10.000)		Prov. Imp. Renda		600.000
(–) Títulos Desc.	(90.000)	200.000	Prov. Dividendos		200.000
Imóveis à Venda		100.000			
Aplic. Financeiras		1.000.000	Total Circulante		2.000.000
Total Circulante		1.650.000	**Exigível a Longo Prazo**		
			Financiamentos		150.000
Realizável a Longo Prazo			**Resultado Exercícios Futuros**		
Capital a Integralizar		500.000	Adiantamento Clientes		50.000
			Adiantamento Aluguel	60.000	
Permanente			(–) Custo	(10.000)	50.000
Investimentos		1.200.000			
Imobilizado	2.100.000		Total Exercícios Futuros		100.000
(–) *Depreciação*	(750.000)	1.350.000			
Intangível	700.000		**Patrimônio Líquido**		
(–) Amortização	(250.000)	450.000	Capital		2.000.000
Diferido	1.100.000		Reserva Capital		200.000
(–) Amortização	(600.000)	500.000	Reservas de Lucros		1.200.000
Total Permanente		3.500.000	Total Patrimônio Líquido		3.400.000
Total		5.650.000	**Total**		5.650.000

Modelo considerando as atualizações pós 2010:

Modelo considerando as atualizações pós-2010.

ATIVO	PASSIVO
Circulante	**Circulante**
_____	_____
_____	_____
_____	_____
Não Circulante	**Não Circulante**
– Realizável a Longo Prazo	– Exigível a Longo Prazo
– Investimentos	**Patrimônio Líquido**
– Imobilizado	– Capital
– Intangível	– Reservas etc.

DEMONSTRAÇÃO DO RESULTADO DO EXERCÍCIO
Cia. Alfa

		Em $ milhões
Vendas Brutas		6.000.000
(–) Deduções		(400.000)
Vendas Líquidas		5.600.000
(–) CPV		(2.400.000)
Lucro Bruto		3.200.000
(–) Despesas Operacionais		
Administrativas		(800.000)
De Vendas		(500.000)
Financeiras	(250.000)	
(–) Receitas Financeiras	600.000	350.000
Outras		(150.000)
Lucro Operacional		2.100.000
(–) Despesas Não Operacionais		(100.000)
Lucro antes do IR		2.000.000
(–) Imposto de Renda		(600.000)
Lucro Líquido		1.400.000

DEMONSTRAÇÃO DOS LUCROS E PREJUÍZOS ACUMULADOS
Cia. Alfa

	Em $ milhões
Lucro Anterior	–
(+) Ajustes	–
(+) Lucro do Exercício	1.400.000
(–) Prov. Dividendos	(200.000)
Lucro Acumulado	1.200.000

No Balanço Patrimonial, temos as seguintes contas que deverão ser reclassificadas:

- Títulos descontados – passa a ser Passivo Circulante.
- Imóveis à venda – passa a ser Realizável a Longo Prazo.
- Capital a integralizar – passa a ser Patrimônio Líquido.
- Adiantamento de clientes – passa a ser Passivo Circulante.
- Adiantamento de aluguel – passa a ser Patrimônio Líquido.

Na DRE, temos:

- Despesas e Receitas Financeiras – passa a ser Não Operacional.
- Na DRE, em vez de começarmos com Vendas Brutas, partiremos das Vendas Líquidas.

Reelabore as DC de acordo com a reclassificação mencionada.

2. Sumarize as Demonstrações Contábeis da Bam-Bam do Brasil Ltda. para fins de análise, preenchendo o quadro a seguir.

Modelo considerando as atualizações pós 2010:

BALANÇOS PATRIMONIAIS

ATIVO	31-12-X1	31-12-X2	31-12-X3	PASSIVO	31-12-X1	31-12-X2	31-12-X3
Circulante				**Circulante**			
Disponível	- - - - - -	- - - - - -	- - - - - -	Fornecedores	- - - - - -	- - - - - -	- - - - - -
Contas a Receber	- - - - - -	- - - - - -	- - - - - -	Empréstimos	- - - - - -	- - - - - -	- - - - - -
Estoques	- - - - - -	- - - - - -	- - - - - -	Empr. Colig.	- - - - - -	- - - - - -	- - - - - -
Outros	- - - - - -	- - - - - -	- - - - - -	Outros	- - - - - -	- - - - - -	- - - - - -
Total Circulante				Total Circulante			
Não Circulante				**Não Circulante**			
Realizável L. P.	- - - - - -	- - - - - -	- - - - - -	Empréstimos L. P.	- - - - - -	- - - - - -	- - - - - -
Investimentos	- - - - - -	- - - - - -	- - - - -	**P. Líquido**			
Imobilizado	- - - - - -	- - - - - -	- - - - - -	Capital	- - - - - -	- - - - - -	- - - - - -
Total Não Circulante	- - - - - -	- - - - - -	- - - - - -	Reservas	- - - - - -	- - - - - -	- - - - - -
				Total PL			
Total Ativo	- - - - - -	- - - - - -	- - - - - -	Total Passivo	- - - - - -	- - - - - -	- - - - - -

Modelo considerando as atualizações pós 2010:

Considere que a DRE já está em formato ideal para análise.

BAM-BAM DO BRASIL
BALANÇOS PATRIMONIAIS

ATIVO	31-12-X1 $	31-12-X2 $	31-12-X3 $
Circulante			
DISPONÍVEL			
Caixa e Bancos	44.878	43.284	45.452
Aplicações de liquidez imediata	15.011	153.462	115.696
	59.889	196.746	161.148
CONTAS A RECEBER			
Duplicatas a receber	1.108.859	1.770.714	2.198.224
(–) Prov. p/ devedores duvidosos	(3.740)	(3.935)	(66.112)
Impostos a recuperar	24.221	5.122	4.132
Empresas Coligadas – Operacionais	1.133	2.547	8.264
Adiantamento a terceiros	47.287	47.219	28.924
Depósitos restituíveis	247.873	464.321	218.996
Outros valores	118.448	15.940	16.528
	1.544.081	2.301.928	2.408.956
ESTOQUES			
Produtos Acabados	530.587	558.759	541.292
Produtos em processo	79.813	66.894	74.376
Matérias-primas	320.826	240.030	198.336
Adiantamento Fornecedor	52.132	66.894	66.112
Mercadorias em trânsito	265.885	110.178	70.244
(–) Prov. p/ perdas em estoque	(11.650)	(39.349)	(37.188)
	1.237.593	1.003.406	913.172
Total Circulante	2.841.563	3.502.080	3.483.276
Não Circulante			
INVESTIMENTOS			
Particip. empresas coligadas	37.929	39.349	41.320
Particip. fundos de investimentos	12.245	11.805	11.983
Imóveis de uso não operacional	10.000	10.000	4.132
Outros valores	1.568	1.804	–
(–) Prov. p/ perdas	(10.329)	(11.805)	(16.115)
	51.413	51.153	41.320
IMOBILIZADO			
Bens em operação	562.195	570.563	966.888
(–) Depreciação acumulada	(148.523)	(188.876)	(359.484)
	413.672	381.687	607.404
Total Não Circulante	465.085	432.840	648.724
Total do Ativo	**3.306.648**	**3.934.920**	**4.132.000**

PASSIVO	31-12-X1	31-12-X2	31-12-X3
	$	$	$
Circulante			
Empréstimos e financiamentos	354.578	259.705	454.520
Fornecedores	536.059	55.089	33.056
Ordenados e salários a pagar	7.267	9.935	16.528
Encargos sociais a recolher	28.614	35.414	33.056
Obrigações fiscais	69.062	161.332	285.108
Adiant. de clientes	29.722	19.675	16.528
Prov. trabalhistas	21.256	7.870	8.264
Empresa coligada	32.285	1.095.777	371.880
Outros valores	14.585	11.805	24.792
	1.093.428	1.656.602	1.243.732
Não Circulante			
Exigível a Longo Prazo			
Empréstimos e financiamentos	1.210.145	1.463.790	913.172
Empresa coligada	749.091	572.279	797.476
Total dos Capitais de Terceiros	3.052.664	3.647.671	2.954.380
Patrimônio Líquido			
Capital	258.000	416.500	1.000.000
Reservas de Lucros	–	–	177.620
Prejuízos acumulados	(4.016)	(129.251)	–
Total Patrimônio Líquido	253.984	287.249	1.177.620
Total Passivo + PL	**3.306.648**	**3.934.920**	**4.132.000**

Demonstração do Resultado do Exercício	31-12-X1	31-12-X2	31-12-X3
	$	$	$
Receita Operacional Bruta	2.411.411	3.580.616	3.621.768
(–) Abat., descontos, devoluções	(65.162)	(264.879)	(268.990)
Receita Operacional Líquida	2.346.249	3.315.737	3.352.778
(–) Custo dos produtos vendidos	(1.823.756)	(2.159.111)	(1.673.257)
Lucro bruto	522.493	1.156.626	1.679.521
Despesas Operacionais			
Vendas	(327.756)	(465.480)	(536.022)
Administrativas	(282.673)	(870.090)	(695.379)
Financeiras Líquidas	(38.500)	53.709	32.596
Outras despesas	(21.500)	–	–
Soma	(670.429)	(1.281.861)	(1.198.805)
Lucro antes do IR/CS	(147.936)	(125.235)	480.716
Provisão p/ IR/CS	–	–	(173.845)
Lucro Líquido do Exercício	**(147.936)**	**(125.235)**	**306.871**

38 | Análise das demonstrações contábeis – *Marion*

3. Sumarize e reclassifique os dados da **DRE** da Bam-Bam do Brasil Ltda. nos moldes da **CPC 26**:

	20X1	20X2	20X3
= RECEITA LÍQUIDA			
(–) CUSTO DAS VENDAS			
Custo dos Produtos, Mercadorias e Serviços			
= LUCRO BRUTO			
(–) DESPESAS OPERACIONAIS			
Despesas Administrativas			
Despesas com Vendas			
Outras Despesas Gerais			
= RESULTADO OPERACIONAL ANTES DO RESULTADO FINANCEIRO			
(+/–) RESULTADO FINANCEIRO			
Receitas Financeiras			
(–) Despesas Financeiras			
(+/–) OUTRAS RECEITAS E DESPESAS OPERACIONAIS			
= RESULTADO ANTES DAS DESPESAS COM TRIBUTOS SOBRE O LUCRO			
(–) Despesa com Contribuição Social			
(–) Despesa com Imposto de Renda da Pessoa Jurídica			
= RESULTADO LÍQUIDO DO PERÍODO			

E. Exercícios de integração

1. Um inventário completo (época em que não havia números, escrita e dinheiro).

Um homem estimava que se fosse trocar ovelhas por agasalho, precisaria de pelo menos duas cabeças para suprir sua família nesse inverno. Como seu próprio rebanho havia reproduzido, separou duas novas pedrinhas correspondentes às duas ovelhas, representando aquele adicional de riqueza de sua família. Os instrumentos de caça e pesca obtidos equivaliam a três ovelhas. Toda a lã estocada correspondia a pelo menos quatro ovelhas, ou seja, conseguiria trocar seu depósito de lã por quatro cabeças. Assim, ele teria um novo conjunto de nove pedrinhas para acrescentar à contagem realizada nesse segundo inverno.

Dessa forma, a situação seria a seguinte:

1º Inverno	2º Inverno	Acréscimo do Período		
		Agasalhos	Inst. Caça/Pesca	Estoque de Lã
● ● ● ● ● ● ● ● ● ● ● ● ● ● ●	■ ■ ■ ■ ■	O O	△ △ △	△ △ △ △
1º Inventário	2º Inventário	Corresponde a 2 ovelhas	Corresponde a 3 ovelhas	Corresponde a 4 ovelhas
Total do rebanho		Resultado da produção do período		
Total da riqueza à disposição do pastor				

Modelo considerando as atualizações pós 2010:

Se houvesse números e escrita, poderíamos apresentar um relatório de riqueza do pastor, descrevendo os itens e destacando as unidades. Faça isso para fins de análise.

2. Ainda o tripé

Estamos entrando na análise do tripé da empresa: Liquidez, Endividamento e Rentabilidade.

A seguir, transcrevemos parte dos comentários das "Melhores e Maiores" da revista *Exame* de junho de 20X1, sobre o ramo confecções e têxteis, informando que a empresa "Beira Rio" foi a melhor. Leia o texto e indique as referências ao tripé da empresa.

Por exemplo, Gestão Financeira (refere-se à Liquidez); a empresa foi a quinta em Rentabilidade (óbvio, refere-se à rentabilidade) e, assim, sucessivamente.

"A aposta que deu certo.

Novas frentes no exterior e uma boa gestão financeira valeram o tricampeonato à Beira Rio.

Em 20X0, quando a Beira Rio foi escolhida pela segunda vez consecutiva a melhor empresa do setor, seu presidente, Roberto Argenta, apostou: 'No ano que vem vamos ser novamente os melhores, porque estamos sempre empenhados em nos superar.' Não deu outra. A empresa gaúcha, fabricante de calçados de Novo Hamburgo, no Vale dos Sinos, levou o tricampeonato.

O ano passado não foi particularmente marcante para a indústria de calçados. A desvalorização do real não levou a um aumento das exportações de imediato, como se esperava, e os fabricantes ainda enfrentaram as restrições impostas pela Argentina, seu principal mercado no Mercosul. As vendas internas recuaram e as

40 | Análise das demonstrações contábeis – *Marion*

matérias-primas importadas ficaram mais caras com a alta do dólar. 'Tivemos de desenvolver fornecedores locais para substituir as compras no exterior', diz Argenta.

Apesar das dificuldades iniciais, no segundo semestre a Beira Rio pisou no acelerador e conseguiu reverter as expectativas negativas. O esforço garantiu um faturamento de 142,3 milhões de dólares, o que representou uma queda de 2,7% em relação a 20X0. Mas por causa dos indicadores financeiros, a Beira Rio acabou, mais uma vez, à frente do setor. A empresa foi a primeira em liquidez e a quinta em rentabilidade, seguindo sua rígida política de fugir do endividamento e de reinvestir os lucros no negócio. A Beira Rio também optou por não aumentar a produção, mantendo a média dos últimos anos, de 140.000 pares por dia. 'Hoje é mais interessante agregar valor do que fazer volume', diz Argenta.

Na frente externa, para neutralizar as resistências argentinas e reverter a tendência de queda no preço médio dos calçados brasileiros, a Beira Rio investiu em moeda e atualizou sua linha de produtos, conseguindo abrir novos mercados, como Holanda, França, Inglaterra, Hungria, República Tcheca e Japão."

(NAIDITCH, Suzana. A aposta que deu certo. Exame – Melhores e Maiores, jun. 2000.)

F. Estudo de caso

"CVM investiga balanços das principais companhias aéreas."

O jornal O Estado de S. Paulo de 15-4-2000, por meio da jornalista Marli Lima, publica a seguinte notícia:

"A Comissão de Valores Mobiliários (CVM) iniciou ontem o estudo dos balanços de 1999 das companhias aéreas. A verificação dos dados está sendo feita pelo gerente de acompanhamento de empresas, Flávio Gori, e o resultado do trabalho deve ser divulgado na próxima semana. Se encontrar algo errado, a CVM poderá pedir a republicação dos dados com correções, a exemplo do que foi feito com a Transbrasil (empresa liquidada) em 1996, quando lançou indevidamente uma ação de indenização. Na ocasião, a empresa saiu do lucro para prejuízo.

O fato de as ações das empresas não serem líquidas dificulta o acompanhamento dos Balanços. São poucos os analistas de investimentos especializados no setor. Por conta disso, atrasos na divulgação de dados e utilização de recursos contábeis diferenciados são comuns. É o caso do lançamento do *leasing* de aviões, dividido em operacional (aluguel) e financeiro (compra). As empresas aéreas contabilizam a operação como um bem no Ativo e jogam no Passivo as despesas do financiamento. Só que parte do Passivo é corrigido em dólar e o Ativo continua em reais, o que provoca um desequilíbrio no Balanço.

Por isso, a Varig (empresa incorporada pela Gol) decidiu contabilizar o *leasing* apenas como aluguel. A medida, permitida pela CVM, é contestada pela TAM, que diz que prefere adotar práticas contábeis mundiais. Ela alega que, se fizesse o lançamento como a Varig, sairia do prejuízo para o lucro. Outro lançamento que dificulta a comparação entre as empresas é o reconhecimento de perdas cambiais, que pode ser feito em quatro anos. A TAM reconheceu toda a perda em 1999."

O fato de as empresas aéreas contabilizarem o *leasing* financeiro como Ativo é um avanço ou um retrocesso contábil?

O fato de a Varig decidir contabilizar *leasing* apenas como um aluguel pressupõe que as aeronaves oriundas de *leasing* já não serão ativadas e que não será contabilizada como Passivo a dívida global de *leasing*. Poderíamos dizer que isso é um avanço ou um retrocesso contábil? Está certa a CVM em permitir isso?

Por que a TAM alega que se contabilizasse o *leasing* apenas como uma despesa teria lucro? O que aconteceu com a TRANSBRASIL e a VARIG?

Como é classificado o *leasing* após as Leis nº 11.638/2007 e nº 11.941/2009?

G. Trabalho prático

Parte 2

Na Parte 1, você obteve Demonstrações Contábeis de três períodos de uma empresa escolhida.

Nessa etapa, dois aspectos importantes terão de ser feitos:

a) Familiarize-se com a empresa.

Leia toda a publicação das Demonstrações Contábeis. Leia o relatório de diretoria e sublinhe as informações relevantes como Produtividade, Dados estatísticos, Balanço social, Participação no mercado, Políticas da empresa etc.

Leia também as notas explicativas na parte inferior e sublinhe destacando as partes importantes.

b) Avalie a qualidade das Demonstrações Contábeis.

Veja, em primeiro lugar, se tem Parecer de Auditor Independente (externo). Avalie a qualidade, se houver, do Parecer de Auditor (leia o Capítulo 20 de nosso "Contabilidade empresarial").

Não tendo Parecer de Auditor, certamente a análise ficará comprometida. Podemos continuar a análise, mas devemos duplicar nossa atenção nos dados indicados nas Demonstrações Contábeis.

Faça um rápido relatório comentando.

3

Demonstrações Contábeis a Serem Analisadas

 LEITURA INTRODUTÓRIA

"QUER QUE DÊ QUANTO? POR QUE AS CONTAS NÃO FECHAM?
*Há algum tempo atrás, a fabricante nacional de pistões e bronzinas Metal Leve abriu o capital na Bolsa de Valores de São Paulo. Levando em conta o valor do patrimônio da empresa, constante de seu balanço, cada ação teve o preço fixado em $ 2,65, à moeda da época. Após a abertura do capital, o valor das ações se multiplicou várias vezes até estabilizar na casa dos $ 15. O caso da Metal Leve mostra como uma empresa não vale apenas pelo patrimônio que está registrado em seu balanço. Vale, principalmente, pelo que o mercado acredita **que ela pode gerar de lucro no futuro**.*

***Balanço, então, para quê?** De que serve aquela confusão de números, escondidos por trás de alíneas obscuras, notas em letra miúda no rodapé e um fraseado empolado, tocado a expressões cheias de significado como ativo ou passivo ou imobilizado? Que dizer dos créditos de liquidação duvidosa? Do realizável a longo prazo ou dos passivos circulantes? Como reagir diante de uma depreciação ou, pior, de uma amortização? Isso para não falar, nestes tempos de globalização, no **goodwill**, nas liabilities ou no equity. Pois é. Sabe-se vagamente que, no final das contas, o ativo tem de ser igual ao passivo. Sabe-se também que o que interessa mesmo é a última linha do balanço, aquela que diz se uma empresa está no azul ou no vermelho. Mas a **ciência contábil continua sendo um mistério** acessível a uns poucos iluminados.*

*Os guarda-livros (denominação antiga para os contadores) da época da Revolução Industrial já conheciam casos como o da Metal Leve, de discrepância entre o que uma empresa vale (quanto o mercado está disposto a pagar por ela) e o que está registrado no balanço. Ocorre que a **função do balanço** – sim, ele tem uma função – não é propriamente dizer quanto a empresa vale, mas saber se ela está dando lucro ou não. 'A contabilidade é fantástica para medir o lucro que aconteceu', diz o professor Eliseu Martins, da Faculdade de Economia, Administração e Contabilidade da Universidade de São Paulo (FEA-USP). 'Mas é extremamente pobre para medir o lucro futuro.'*

O que os guarda-livros de outrora não sabiam e nem podiam imaginar é que a discrepância entre o valor acionário da empresa e o valor de seus ativos se tornaria muito maior nas empresas da Nova Economia. Considere o caso da fabricante americana de equipamentos de

44 | Análise das demonstrações contábeis – *Marion*

telecomunicação Cisco. Na virada do século XX para o XXI, a empresa tinha ativos contabilizados no balanço em 14,7 bilhões de dólares, mas era avaliada pelo mercado acionário em mais de 470 bilhões de dólares, ou 32 vezes o valor declarado. No portal Yahoo! essa proporção chegava a 36 vezes (valor de mercado de 68,3 bilhões de dólares para ativos de 1,9 bilhão). Na Oracle, eram 30 vezes. Tempos atrás, depois de sua fenomenal abertura de capital na Bovespa, a Metal Leve valia aquilo que na época era uma fábula: 5,66 vezes o total dos ativos no balanço. Uma miséria em comparação com as empresas digitais de hoje.

A discrepância maior nas **empresas da Nova Economia** *ocorre por um motivo simples: os ativos mais importantes delas não são fábricas ou máquinas, declaradas como patrimônio no balanço. São marcas, clientes ou as tecnologias que desenvolvem. Eles são ativos conhecidos como intangíveis. De acordo com os critérios tradicionais, uma marca ou um software não podem ser contabilizados como ativos. Não existem contabilmente, mas têm grande valor de mercado. Eis o* **grande problema da contabilidade** *convencional aplicada a empresas baseadas no intangível: como registrar no balanço aquilo que o mercado mais valoriza?*

*'***Os ativos intangíveis*** só passam a existir contabilmente quando a empresa vende ou compra a marca ou o software. Ou seja, quando entra ou sai dinheiro do caixa. Porque os balanços são baseados no fluxo de caixa', diz Sidney Ito, sócio da empresa de auditoria KPMG. 'Isso tende a aumentar ainda mais a diferença entre o que está no balanço e o que a empresa vale no mercado.' Ou seja: o software que uma empresa desenvolveu ou uma marca que construiu não entram no balanço como patrimônio.*

Isso gera outro tipo de **distorção entre os balanços da Velha e da Nova Economia**. *Quando uma empresa constrói, digamos, uma fábrica, contabilizar todo o custo da construção no ano em que ela é concluída não faz sentido.*

A fábrica vai durar 20, 30, 50 anos, gerando receita ao longo do tempo. O bom-senso manda, então, que se imagine durante quanto tempo a fábrica vai funcionar – o que, por si só, já é difícil de fazer – e se lance o custo da construção em parcelas ao longo desses anos. Isso é conhecido no impenetrável jargão dos guarda-livros como depreciação. Suponha que a Votorantim Celulose e Papel construa uma fábrica neste ano por 70 milhões de reais e projete para ela uma vida útil de 35 anos. A empresa contabilizará como despesa no balanço deste ano 2 milhões de reais, e não 70 milhões.

Mas os **gastos com pesquisa e desenvolvimento**, *marketing, publicidade e treinamento não podem ser tratados como a fábrica, embora possam representar exatamente a mesma coisa no dia a dia de uma empresa da Nova Economia. A StarMedia, por exemplo, gastou no ano passado 33,2 milhões de dólares em pesquisa de novas tecnologias e produtos e 53,4 milhões em marketing e vendas. A empresa foi obrigada, pelas* **regras contábeis dos Estados Unidos** *(país onde está sediada), a contabilizar tudo como despesa. Isso contribuiu para seu prejuízo de 90,7 milhões de dólares em 1999. Boa parte do mito que circunda os prejuízos das empresas da Internet pode ser atribuída a essa distorção.*

Aquilo que as empresas gastam com pesquisa, desenvolvimento e marketing pode gerar benefícios por anos, talvez décadas. Pense em todas aquelas empresas com ações cotadas na Nasdaq, a bolsa eletrônica americana, com valor de mercado nas estrelas e prejuízo idem. Elas não precisam de fábricas, mas têm de construir outras coisas: **marcas***, bases de clientes, conhecimento tecnológico. Na economia da Internet, são esses os bens que determinarão o sucesso ou*

> *o fracasso. E as **regras contábeis americanas** dizem que eles devem ser lançados no balanço como despesas.*
>
> *Quanta diferença isso faz? Muita. Considere o exemplo da **Amazon.com**, uma unanimidade quando o assunto são anomalias acionárias. A empresa de Jeff Bezos publicou no balanço de 1999 um prejuízo de 720 milhões de dólares. Se os investimentos em pesquisa e desenvolvimento, marketing e publicidade fossem considerados como ativos e depreciados ao longo de cinco anos, a **Amazon.com** teria um lucro de 400 milhões de dólares. Sem poder confiar em uma única linha de um balanço de uma empresa da Nova Economia elaborado com base em critérios tradicionais, o mercado acaba valorizando demais os intangíveis e gera a discrepância existente entre a avaliação das empresas e o que elas representam de fato em termos econômicos.*
>
> **Fonte:** LOPES, Mikhail. Quer que dê quanto? Por que as contas não fecham? *Exame*, São Paulo, 17 maio 2000.
>
> **Nota do Autor:** Pelas Normas Internacionais de Contabilidade, os Gastos de Pesquisas e Desenvolvimento serão tratados como Despesa (DRE), e não Ativo.

Estamos partindo do pressuposto de que a empresa comercial Casa das Lingeries Ltda. operou 20X5 com lucro, sendo calculado apenas o Imposto de Renda. Por se tratar de um exemplo didático, não nos aprofundamos em detalhes como ICMS, Cofins, PIS, cálculo rigoroso de juros, Contribuição Social etc.

3.1 Balanço Patrimonial

(Primeira demonstração a ser analisada)

BALANÇO PATRIMONIAL
Casa das Lingeries Ltda.
(Modelo Antigo)

ATIVO	31-12-X4	31-12-X5	PASSIVO	31-12-X4	31-12-X5
Circulante			**Circulante**		
Caixa	40.000	10.000	Fornecedores	200.000	220.000
Duplicatas a Receber	150.000	220.000	Salários a Pagar	30.000	40.000
Estoques	390.000	420.000	Imposto a Pagar	60.000	6.000
	580.000	650.000	Dividendos a Pagar	50.000	14.000
				340.000	280.000
Realizável a Longo Prazo			**Exigível a Longo Prazo**		
Empréstimos a Coligadas	50.000	40.000	Financiamentos	100.000	150.000
Permanente					
Investimentos	60.000	50.000	**Patrimônio Líquido**		
Imobilizado	70.000	60.000	Capital	300.000	340.000
Intangível	30.000	30.000	Reservas de Lucros	50.000	60.000
	160.000	140.000		350.000	400.000
Total	790.000	830.000	Total	790.000	830.000

46 | Análise das demonstrações contábeis – *Marion*

3.1.1 Algumas considerações sobre o Balanço Patrimonial até a Lei nº 11.638/2007, que alterou a Lei nº 6.404/1976 das Sociedades por Ações

Podemos dizer que o Decreto de Lei nº 2.627, de 1940, foi o primeiro modelo de lei das Sociedades Anônimas. Mais próximo dos moldes europeus, dava mais ênfase aos donos da empresa, sem uma preocupação com a transparência contábil, com a clareza da informação.

Com o advento da Lei nº 6.404/1976, um modelo de lei das S.A. mais próximo do norte-americano, muitos avanços foram observados em relação ao decreto há pouco referido. A principal ênfase desta lei era o acionista brasileiro, o mercado de capitais no Brasil.

Com a chegada da Lei nº 11.638/2007, observamos a ênfase em um modelo internacional de lei societária. As perspectivas para a profissão contábil, no contexto desta lei, em um mundo globalizado, levam a um reposicionamento das práticas e comportamentos tradicionais dos profissionais de Contabilidade.

Uma nova estrutura de balanço foi apresentada com modificações introduzidas pela Lei, como a criação do grupo de Intangíveis no Permanente, Ajustes a Valor Presente, Prêmios na Emissão de Debêntures a Apropriar etc. De acordo com o art. 178, o Permanente foi dividido em Investimentos, Imobilizado, Intangível e Diferido. A lei exclui do Imobilizado os bens não corpóreos (marcas e patentes) e inclui bens que não sejam da propriedade da empresa ou exercidos com esta finalidade. Incorpora os bens decorrentes de operações que transfiram à entidade os benefícios, os riscos e o controle desses bens.

Com o advento da Lei nº 11.638/2007, no Patrimônio Líquido desaparecem as Reservas de Reavaliação, de Prêmio de Emissão de Debêntures e por Doações e Subvenções para Investimento. As Reservas de Reavaliação eram as contrapartidas de aumentos de valor atribuídos a elementos do Ativo Permanente em virtude de novas avaliações. Todavia, essa prática, que durou até 2007, deixa de existir, por força legal, por não ser uma norma internacional. Ou seja, nenhum país tem esta prática. A Lei nº 11.638/2007 visa conduzir a Contabilidade brasileira às Normas Internacionais de Contabilidade.

No lugar de Reserva de Reavaliação surgem os **Ajustes de Avaliação Patrimonial**, definidos como: serão classificados como ajustes de Avaliação Patrimonial, enquanto não computados no resultado do exercício em obediência ao Regime de Competência as contrapartidas de aumentos ou diminuições de valor atribuído a **elementos do Ativo e do Passivo**, em decorrência da sua avaliação a preço de mercado.

O art. 178 (Lei nº 11.638/2007) diz que o Patrimônio Líquido é composto de Capital Social, Reservas de Capital, Ajustes de Avaliação Patrimonial, Reservas de Lucros, Ações em Tesouraria e Prejuízos Acumulados. Logo, fica extinta a conta Lucros Acumulados, por não evidenciar uma definição do destino do lucro. Todo o resultado deverá, obrigatoriamente, ser destinado, e as parcelas do resultado a serem retidas precisarão ser contabilizadas nas reservas próprias.

Portanto, observamos uma tendência forte de convergência com os padrões Internacionais de Contabilidade, chamado de *International Financial Reporting Standards* (IFRS) e dos *International Accounting Standards* (IAS).

Outra mudança na Lei nº 11.638/2007 que convergiu para os moldes internacionais, o conceito de *Fair Value*, ou "Valor Justo" está sendo introduzido. É a definição dada para a avaliação do Ativo ou Passivo, em certas circunstâncias, pelo seu valor de mercado. É o valor pelo qual um Ativo ou Passivo pode ser comprado ou vendido em uma transação corrente.

Como vimos, prevalece a prática contábil principal que é a avaliação a preço de custo. Todavia, esse método nem sempre é o mais transparente, o mais revelador. Pense, por exemplo, nos processos de fusão, cisão e incorporação entre empresas. No momento em que há aquisição de uma empresa, o que interessa é o preço de mercado (*Fair Value*) e não o preço de custo.

A atual legislação determina (art. 183) a avaliação pelo valor de mercado (quando se tratar de aplicações destinadas às negociações ou disponíveis para venda) em instrumentos financeiros, inclusive derivativos.

Derivativos são um dos principais instrumentos financeiros. Como o próprio nome está dizendo, derivativo é quando os resultados e valores derivam ou dependem de outro ativo. É um contrato negociado entre as partes que tem um valor subjacente que pode ser um preço ou uma taxa (taxa de juros, um título, o preço de uma *commodity*, uma cotação internacional de moeda etc.), mas não o ativo em si mesmo. Exemplo: o Hedge.

Também são contabilizados a valor de mercado os Ativos Intangíveis (Incorpóreos) como marcas, concessões, ponto comercial e carteira de clientes.

O *Fair Value* já é bastante praticado na realidade contábil americana. É considerado um instrumento de transparência, pois reflete de imediato (nos relatórios) as decisões dos gestores. É como se fosse uma fotografia de um momento, mostrando a realidade "nua e crua".

Outro conceito a ser estudado é a "Redução ao Valor Recuperável de Ativos (*Impairment Test*), conhecido como teste de recuperabilidade. Avalia-se novamente o bem tangível e o intangível para se determinar o Valor Justo.

Determina o valor recuperável de Ativos de longa duração. A ideia é que um ativo permanente não pode estar evidenciado em um montante superior ao seu valor recuperável.

Assim, a empresa deverá efetuar, periodicamente, a análise dos itens que compõem o permanente (neste caso: Imobilizado, Diferido e Intangível). Por exemplo, um bem no Imobilizado tem uma vida útil econômica estimada para depreciação. Os critérios utilizados para o estabelecimento da vida útil econômica deverão ser constantemente revisados e ajustados.

A legislação em análise determina que os elementos do ativo decorrente de operações de longo prazo serão ajustados a valor presente, sendo os demais ajustados somente quando houver valor relevante.

Vamos admitir que uma venda a prazo, de valor relevante, tenha juros embutidos. Evidentemente que os juros se referem ao custo do dinheiro no tempo. Neste caso, é necessário contabilizar a operação à vista e os juros devem ser tratados como receita financeira no

48 | Análise das demonstrações contábeis – *Marion*

decorrer do tempo. O registro do valor presente ajusta os rendimentos financeiros das vendas a prazo ao Regime de Competência.

Este mesmo método deverá ser realizado, quando necessário, nas contas do passivo. Em ambos os casos (Ativo e Passivo), deve-se trabalhar com uma taxa de juros de mercado ou a que melhor se adapte à operação.

A Lei nº 6.404/1976 estabelecia a segregação dos itens Ativo e Passivo com base no exercício social ou no ciclo operacional, quando este for maior.

3.1.2 Alterações: Lei nº 11.941/2009

Conforme a Lei nº 11.941/2009, as Sociedades Anônimas e empresas de grande porte devem efetuar, com base na natureza de suas operações, a apresentação de Ativos e Passivos Circulantes e Não Circulantes em separado no próprio balanço.

Quando uma entidade fornece mercadorias ou serviços dentro de um ciclo operacional claramente identificável, a classificação separada de Ativos e Passivos Circulantes e Não Circulantes no próprio balanço oferece informações úteis, distinguindo-se o Ativo Líquido, que está continuamente circulando como Capital de Giro, daqueles usados nas operações de longo prazo da entidade.

Para outras entidades, como instituições financeiras, a apresentação dos Ativos e Passivos em ordem de liquidez proporciona informações mais importantes e confiáveis do que a classificação circulante/não circulante, uma vez que essas entidades não têm um ciclo operacional claramente identificado.

As informações sobre os prazos de realização de Ativos e liquidação de Passivos são úteis para avaliação da liquidez de uma entidade. A divulgação e a apresentação de instrumentos financeiros incluem a divulgação dos períodos de vencimento de ativos e passivos financeiros. Ativos financeiros incluem duplicatas e outras contas a receber, ao passo que Passivos financeiros incluem contas a pagar a fornecedores e outras. Informações sobre o período esperado de recuperação ou liquidação de Ativos ou Passivos não monetários são, também, muito úteis, independentemente da sua classificação como ativo ou passivo circulante ou não circulante. Por exemplo, se uma parcela dos estoques tem sua realização prevista para um prazo superior a um ano da data do balanço, ou da duração do ciclo operacional da entidade, essa parcela deve ser classificada como Ativo Não Circulante.

Um Ativo deve ser classificado como circulante quando:

a) espera-se que seja realizado, ou mantido para venda, negociação ou consumo dentro dos 12 meses seguintes à data do balanço; ou

b) é um ativo em dinheiro ou equivalente, cuja utilização não está restrita.

Todos os outros ativos, que devem incluir os créditos com entidades ligadas e administradores que não constituírem negócios usuais na exploração do objeto da entidade, devem ser classificados como não circulantes.

Cap. 3 • Demonstrações Contábeis a Serem Analisadas | **49**

O grupo de "não circulante" deverá ser desdobrado em ativo realizável a longo prazo, investimentos, ativo imobilizado e ativo intangível. Observe que desaparece o termo Permanente. Em termos econômicos e contábeis, não existe Ativo Permanente. Todos os ativos, independentemente de sua espécie, são realizáveis em moeda, seja com base no direito de recebimento (aplicações financeiras, títulos e contas a receber), seja por meio de venda (estoques) ou de sua utilização e consumo no processo produtivo. O que existe, de fato, são ativos que se realizam em prazos menores que outros. O que é importante distinguir, para fins de análise, são aqueles que vão se realizar durante os próximos 12 meses (Circulante) daqueles que possuam realização mais longa (Não Circulante).

Também desaparece o subgrupo do Diferido que era alvo de muita discussão, considerando, principalmente, a dificuldade do leigo de entender esse conceito.

No Passivo, o grupo de "Não Circulante" deverá conter, principalmente, o Exigível a Longo Prazo, desaparecendo o subgrupo Resultados dos Exercícios Futuros.

Assim, o Balanço Patrimonial da Casa das Lingeries Ltda. fica assim:

BALANÇO PATRIMONIAL

Casa das Lingeries Ltda.   (Após Lei nº 11.941/2009)

ATIVO	31-12-X4	31-12-X5	PASSIVO	31-12-X4	31-12-X5
Circulante			**Circulante**		
Caixa	40.000	10.000	Fornecedores	200.000	220.000
Duplicatas a Receber	150.000	220.000	Salários a Pagar	30.000	40.000
Estoques	<u>390.000</u>	<u>420.000</u>	Impostos a Pagar	60.000	6.000
	580.000	650.000	Dividendos a Pagar	<u>50.000</u>	<u>14.000</u>
				340.000	280.000
Não Circulante			**Não Circulante**		
Realizável a Longo Prazo	50.000	40.000	Exigível a L. P. (Financiamentos)	100.000	150.000
Investimentos	60.000	50.000			
Imobilizado	70.000	60.000	**Patrimônio Líquido**		
Intangível	<u>30.000</u>	<u>30.000</u>	Capital	300.000	340.000
	210.000	180.000	Reservas de Lucros	<u>50.000</u>	<u>60.000</u>
				350.000	400.000
Total	790.000	830.000	Total	790.000	830.000

3.2 Demonstração do Resultado do Exercício

(Segunda demonstração a ser analisada)

DEMONSTRAÇÃO DO RESULTADO DO EXERCÍCIO (SIMPLIFICADO)
Casa das Lingeries Ltda. – Exercício de 20X5

Receita Líquida[1]	800.000
(–) Custo Mercadoria Vendida	(650.000)
Lucro Bruto	150.000
(–) Despesas Operacionais	
• Vendas	(30.000)
• Administrativas	
(inclui depreciação 10.000)	(70.000)
Lucro Antes das Operações Financeiras	50.000
• Despesas Financeiras	(30.000)
• Receitas Financeiras	10.000
Lucro Antes I. Renda e C. Social	30.000
• Imposto de Renda e Contribuição Social	(6.000)
Lucro Líquido	24.000

3.3 Demonstração dos Lucros ou Prejuízos Acumulados

(Terceira demonstração a ser analisada)

DEMONSTRAÇÃO DOS LUCROS OU PREJUÍZOS ACUMULADOS (SIMPLIFICADO)
Casa das Lingeries Ltda. – Exercício de 20X5

Lucros Acumulados em 31-12-X4	50.000
(+) Lucro Líquido em 31-12-X5	24.000
Saldo à disposição dos Sócios	74.000
(–) Dividendos	(14.000)
Lucros Acumulados em 31-12-X5	60.000[2]

Por apresentar maior riqueza de informações, o ideal seria a substituição da Demonstração dos Lucros/Prejuízos Acumulados pela Demonstração das Mutações do Patrimônio Líquido. Atualmente, as companhias abertas já são obrigadas a apresentar esse tipo de

---

[1] Conforme o CPC 26, a DRE deveria começar com Receita Líquida, e não com Receita Bruta. Para fins de análise, porém, a Receita Bruta é importante para o cálculo do prazo médio de recebimento de vendas, como veremos no Capítulo 6 deste livro.

[2] Pela Lei nº 11.638/2007, para as empresas S.A. e de grande porte, o saldo desta conta deverá ser zero, ou seja, o lucro deverá ser totalmente reinvestido e/ou distribuído.

Cap. 3 • Demonstrações Contábeis a Serem Analisadas | 51

informação, por força de normatização expedida pela Comissão de Valores Mobiliários (CVM).

3.4 Demonstração dos Fluxos de Caixa

(Quarta demonstração a ser analisada)

A Demonstração dos Fluxos de Caixa (DFC) é um dos principais relatórios contábeis para fins gerenciais. No Brasil, com a modificação da Lei nº 6.404/1976 pela Lei nº 11.638/2007, tornou-se obrigatória para as companhias abertas e as de grande porte (as grandes Ltdas.).

A Lei nº 11.638/2007, que alterou a Lei nº 6.404/1976 das Sociedades Anônimas, substituiu a Demonstração das Origens e Aplicações de Recursos (DOAR) pela Demonstração dos Fluxos de Caixa. Tornou-se obrigatória para as companhias abertas e grandes sociedades.

A companhia fechada com o **Patrimônio Líquido**, na data do balanço, inferior a 2 milhões de reais não será obrigada à elaboração e publicação da Demonstração dos Fluxos de Caixa.

A Demonstração dos Fluxos de Caixa evidencia as modificações ocorridas no saldo de disponibilidades (caixa e equivalentes de caixa) da companhia em determinado período, por meio de fluxos de recebimentos e pagamentos. A DFC, por ser de linguagem e conceitos mais simples, tem melhor comunicação com a maioria dos usuários das Demonstrações Contábeis.

A Demonstração dos Fluxos de Caixa indica, no mínimo, as alterações ocorridas no exercício no saldo de caixa e equivalentes de caixa, segregadas em fluxos das operações, dos financiamentos e dos investimentos. Essa demonstração será obtida de *forma direta* (a partir da movimentação do caixa e equivalentes de caixa) ou de *forma indireta* (com base no Lucro/Prejuízo do Exercício). As práticas internacionais dispõem que essa demonstração seja segregada em três tipos de fluxos de caixa: os fluxos das atividades operacionais, das atividades de financiamento e das atividades de investimentos.

3.4.1 Modelo Indireto

DEMONSTRAÇÃO DOS FLUXOS DE CAIXA
Casa das Lingeries Ltda. – Exercício de 20X5

a) Atividades Operacionais	
Lucro líquido	24.000
(+) Despesas Econômicas (não afetam o caixa):	
Depreciação	10.000
	34.000
Ajuste por mudança no Capital de Giro	
(aumento ou redução durante o ano)	
Ativo Circulante	

Duplicatas a Receber – aumento (reduz o caixa)	(70.000)	
Estoque de *Lingeries* – aumento (reduz o caixa)	(30.000)	
	(100.000)	
Passivo Circulante		
Fornecedores – aumento (melhora o caixa)	20.000	
Salários a Pagar – aumento (melhora o caixa)	10.000	
Impostos a Recolher – redução (piora o caixa)	(54.000)	
	(24.000)	(124.000)
Fluxo de Caixa das Atividades Operacionais		(90.000)
b) **Atividades de Investimento**		
Não houve variação do Imobilizado	–	
Vendas de Ações de Coligadas	10.000	
Recebimento de Empresas Coligadas	10.000	
	20.000	
c) **Atividades de Financiamentos**		
Novos Financiamentos	50.000	
Aumento de Capital em dinheiro	40.000	
Dividendos	(50.000)	
	40.000	60.000
Redução de Caixa no ano		(30.000)
Saldo Inicial de Caixa		**40.000**
Saldo Final de Caixa	10.000	10.000

3.4.1.1 Explicação sobre a demonstração dos fluxos de caixa (Modelo Indireto)

Ajuste do Lucro Líquido referente à Despesa Não Desembolsável

Há determinados itens que reduziram o Lucro Líquido na DRE que não representam saída de dinheiro. Daí o fato de se adicionar novamente Depreciação, que é um item econômico e não financeiro. A Depreciação não significa um desembolso, mas um fato econômico.

Ajuste do Lucro Líquido no Circulante

O aumento do estoque de novas *lingeries* se faz com dinheiro, o que leva à redução do caixa.

Um maior número de duplicatas a receber significa retardar o recebimento do dinheiro que iria para o caixa e teria algum destino.

Reduções nos montantes de estoque e duplicatas a receber significam mais recursos no caixa.

Quando os clientes, por exemplo, antecipam pagamento, reduz-se o montante de duplicatas a receber e, consequentemente, aumenta-se o caixa.

Por outro lado, se há aumento de fornecedores no Passivo Circulante, há mais crédito, evita-se a saída do caixa e pode-se utilizar o dinheiro para outras finalidades. A recíproca é verdadeira.

Se há redução de imposto a recolher, o dinheiro que seria usado para essa finalidade pode ser utilizado para outros pagamentos.

Como regra geral, temos:

- Os *aumentos* no Ativo Circulante provocam uso de dinheiro (caixa); as *reduções* do Ativo Circulante produzem caixa (origem de caixa).
- Os *aumentos* do Passivo Circulante evitam saída de mais dinheiro, aumentando o caixa; as *reduções* do Passivo Circulante significam que o pagamento foi feito, reduzindo o caixa (uso de caixa).
- Para calcular as variações líquidas, basta subtrair o saldo anterior do saldo atual das contas do Circulante (Ativo e Passivo).

Atividades de Investimentos

Referem-se ao Não Circulante da empresa. Quando uma empresa compra máquinas, ações, prédios etc., reduz o caixa. Quando a empresa vende esses itens, aumenta o caixa.

Atividades de Financiamentos

Os financiamentos poderão vir dos *proprietários* (aumento de Capital em dinheiro) ou de *terceiros* (financiamentos, bancos etc.).

3.4.2 Modelo Direto

DEMONSTRAÇÃO DOS FLUXOS DE CAIXA
Casa das Lingeries Ltda. – Exercício 20X5

Saldo Inicial em 31-12-X4		40.000
Entradas		
Receita Operacional Recebida	730.000	
Receitas Financeiras	10.000	
Recebimentos de Coligadas	10.000	
Vendas Investimentos	10.000	
Novos Financiamentos	50.000	
Aumento de Capital em $	40.000	850.000
Saídas		
Compras Pagas	(660.000)	
Despesas de Vendas Pagas	(30.000)	

Despesas Administrativas	(50.000)	
Despesas Financeiras	(30.000)	
Imposto de Renda	(60.000)	
Dividendos Pagos	(50.000)	(880.000)
Saldo final em 31-12-X5		10.000

3.4.2.1 Uma breve explicação sobre a DFC (Modelo Direto)

Com base no BP e na DRE da Casa das Lingeries dá para estruturar a DFC, como segue:

Entradas

Receita Operacional Recebida	=	Receita Líquida $ 800.000 + Duplic. a Receber (X4) $ 150.000 (–) Dupl. a Receber (X5) $ 220.000 = $ 730.000
Receitas Financeiras	=	$ 10.000 (DRE)
Recebimentos de Coligadas	=	RLP X4 (–) RLP X5 = 10.000
Vendas Investimentos	=	Invest. X4 (–) Invest. X5 = 10.000
Novos Financiamentos	=	Fin. Pg. X5 – Fin. Pg. X4 = 50.000
Aumento Capital em $	=	Capital X5 – Capital X4 = 40.000

Saídas

Compras Pagas	=	Compras $ 680.000 + Fornec. (X4) $ 200.000 (–) Fornecedores (X5) $ 220.000 = $ 660.000
Desp. Vendas Pagas	=	$ 30.000 (DRE)
Desp. Administrativas	=	= $ 70.000 (DRE) (–) Deprec. $ 10.000 + Sal. Pg. (X4) $ 30.000 (–) Sal. Pg. (X5) $ 40.000 = $ 50.000
Desp. Financeiras	=	$ 30.000 (DRE)
Imp. Renda	=	$ 6.000 (DRE) + I. R. a Pagar (X4) $ 60.000 (–) I. R. a Pagar (X5) $ 6.000 = 60.000
Dividendos Pagos	=	$ 14.000 (DLPAc) + Div. Pg. (X4) $ 50.000 (–) Div. Pg. (X5) $ 14.000 = $ 50.000

Para fins de análise, seria interessante mostrar de forma mais clara e didática esse fluxo, conforme o subitem a seguir.

3.4.2.2 Conforme modelo internacional, destacando os fluxos das operações dos financiamentos e dos investimentos

DEMONSTRAÇÃO DOS FLUXOS DE CAIXA
Casa das Lingeries Ltda. – Exercício 20X5

a) **Operações**		
Receita Recebida	730.000	
(–) Caixa Despendido nas Compras	(660.000)	70.000
(–) Despesas Operacionais Pagas		
Vendas	(30.000)	
Administrativas	(50.000)	
Despesas Antecipadas		(80.000)
Caixa Gerado no Negócio		(10.000)
b) **Outras Receitas e Despesas**		
(+) Receitas Financeiras Recebidas	10.000	
(–) Despesas Financeiras Pagas	(30.000)	(20.000)
Caixa Líquido após as Operações Financeiras		(30.000)
(–) Imposto de Renda Pago		(60.000)
Caixa Líquido após o Imposto de Renda		(90.000)
c) **Atividades de Investimento**		
Não houve variação do Imobilizado		——
Vendas de Ações Coligadas	10.000	
Recebimentos de Ações Coligadas	10.000	20.000
d) **Atividades de Financiamentos**		
(+) Novos Financiamentos	50.000	
(+) Aumento de Capital em Dinheiro	40.000	
(–) Dividendos	(50.000)	40.000
Redução do Caixa no ano		(30.000)
Saldo Inicial do Caixa		**40.000**
Saldo Final do Caixa		10.000

3.5 Demonstração do Valor Adicionado

(Quinta demonstração a ser analisada)

A Lei nº 11.638/2007 introduziu para todas as companhias abertas a obrigação da elaboração e divulgação da Demonstração do Valor Adicionado. Conforme a sua importância, a demonstração deveria ser sempre efetuada por todos os interessados, daria maior transparência.

A Demonstração do Valor Adicionado evidenciará os componentes geradores do valor adicionado a sua distribuição entre empregados, financiadores, acionistas, governo e outros, bem como a parcela retida para reinvestimento.

DEMONSTRAÇÃO DO VALOR ADICIONADO
Casa das Lingeries Ltda. – Exercício de 20X5

Receita Operacional	800.000
(–) Custo da Mercadoria Vendida (Compras)	(650.000)
Valor Adicionado Bruto gerado nas Operações	150.000
(–) Depreciação	(10.000)
Valor Adicionado Líquido	140.000
(+) Receita Financeira	10.000
Valor Adicionado	150.000
Distribuição do Valor Adicionado	
Empregados (Depto. de Vendas e Administração)	(90.000)
Juros	(30.000)
Dividendos	(14.000)
Impostos	(6.000)
Outros	–
Lucro Reinvestido	(10.000)

A Demonstração do Valor Adicionado (DVA) surgiu na Europa, principalmente por influência da Inglaterra, da França e da Alemanha, e tem tido cada vez mais demanda em âmbito internacional, inclusive em virtude de expressa recomendação por parte da ONU.

A DVA evidencia quanto de riqueza uma empresa produziu, ou seja, quanto ela adicionou de valor a seus fatores de produção, e de que forma essa riqueza foi distribuída (entre empregados, governo, acionistas, financiadores de capital) e quanto ficou retido na empresa.

A DVA é uma demonstração bastante útil, inclusive do ponto de vista macroeconômico, uma vez que, conceitualmente, o somatório dos valores adicionados (ou valores agregados) de um país representa, na verdade, seu Produto Interno Bruto (PIB).

Essa informação é tão importante que, além de sua utilização pelos países europeus, alguns países emergentes só aceitam a instalação e a manutenção de uma empresa transnacional se ela demonstrar qual será o valor adicionado que irá produzir.

3.5.1 Explicações sobre DVA

O Valor Adicionado é calculado subtraindo-se da Receita Operacional os custos dos recursos adquiridos de terceiros (compras de matéria-prima, mercadorias, embalagens, energia elétrica, terceirização da produção) utilizados no processo operacional. Esse primeiro valor calculado poderia ser chamado de Valor Adicionado Bruto.

Um ponto fundamental é a depreciação que reflete a redução do Imobilizado Tangível (máquinas, instalações, veículos etc.), como a perda do potencial de uso desses ativos. Ainda que, na depreciação não ocorra desembolso (consumo parcial de Ativo Imobilizado), certamente ela o provocará no futuro, quando a empresa fará a reposição dos bens. Há, consequentemente, redução da riqueza gerada, que deverá, portanto, ser subtraída, provocando um segundo resultado, que convencionamos chamar de Valor Adicionado Líquido.

Esse resultado corresponde à riqueza gerada pela empresa. Outros acréscimos e reduções desse resultado, além do operacional, deveriam ser destacados para melhor análise dos usuários, como é o caso de Receita Financeira, Dividendos, Despesas Não Operacionais etc. A esse resultado convencionamos chamar de simplesmente Valor Adicionado.

Em seguida, a parte mais relevante dessa demonstração, temos a Distribuição do Valor Adicionado que mostra a contribuição da empresa para os vários segmentos da sociedade. Mostra qual é o tamanho da "fatia de bolo" (veja o Gráfico 3.1) para os empregados, os donos da empresa, os banqueiros, o governo, entre outros, e além da própria empresa em termos de reinvestimento.

Assim, faz-se uma análise da priorização da distribuição da empresa dos recursos por ela gerados, evidenciando sua contribuição à comunidade local, aos acionistas, à remuneração ao capital de terceiros, a toda a sociedade por meio dos impostos etc.

Gráfico 3.1 Distribuição do valor adicionado.

3.6 Demonstração do Resultado do Exercício (DRE) e Demonstração do Resultado Abrangente (DRA)

DRE
Receita (–) Custo das Vendas
Lucro Bruto (–) Despesas • de Vendas • Administrativas • Outras Despesas Operacionais + Outras Receitas Operacionais (–) Resultado da Equivalência Patrimonial
Resultado antes das Receitas e Despesas Financeiras (–) Despesas Financeiras + Receitas Financeiras
Resultado antes dos Tributos sobre o Lucro (–) Tributos sobre o Lucro (IR e CSSL)
Resultado Líquido das Operações Continuadas (–) Operações Descontinuadas (Perdas e Ganhos)
Resultado Líquido do Período

DRA[3]
Resultado Líquido do Período (–) Ajustes de Exercícios Anteriores (erros e mudanças) (–) Alguns Ganhos e Perdas da Conversão de Demonstrações Contábeis de operação no Exterior (–) Algumas Perdas e Ganhos Atuariais (–) Algumas mudanças nos Valores Justos de Instrumentos de "Hedge" e outros
Resultado Abrangente Total

PAUSA PARA ANÁLISE

KALUNGA COMÉRCIO E INDÚSTRIA GRÁFICA LTDA.

Relatório da Administração

Em cumprimento às determinações legais, apresentamos as Demonstrações Financeiras da Kalunga Comércio e Indústria Gráfica Ltda., para o exercício social encerrado em 31 de dezembro de 2017. Permanecemos à disposição para quaisquer esclarecimentos julgados necessários. São Paulo, 21 de fevereiro de 2018. **A Administração**.

---

[3] Pode estar contida (incluída) na DMPL.

Cap. 3 • Demonstrações Contábeis a Serem Analisadas | 59

Balanço patrimonial em 31 de dezembro   (Em milhares de reais)

Ativo	Nota	2017	2016	Passivo e Patrimônio Líquido	Nota	2017	2016
Circulante				**Circulante**			
Caixa e equivalentes de caixa	5	8.907	4.565	Fornecedores	12	515.979	41.778
Contas a receber	6	163.896	151.682	Empréstimos e financiamentos	13	150.330	210.468
Estoques	7	336.260	304.551	Salários e encargos sociais		7.837	7.077
Impostos a recuperar		10.328	16.717	Provisão para férias		12.322	11.138
Antecipação de tributos	8	238.300	185.081	Impostos a recolher		16.335	5.664
Demais contas a receber		524	604	Tributos parcelados	14	717	
Despesas antecipadas		626	<u>717</u>	Imposto de renda e contribuição social		887	182
		758.841	**663.917**	Adiantamento – receita a apropriar	15	7.022	5.425
				Aluguéis e outras contas a pagar		22.673	<u>22.830</u>
						734.102	**673.562**
				Não circulante			
				Empréstimos e financiamentos	13	343.678	273.994
				Empréstimos com pessoas ligadas	9	8.217	6.179
Não circulante				Tributos parcelados	14	7.935	
Partes relacionadas	9	273.440	232.685	Imposto de renda e contribuição social diferidos	18c	5.748	<u>3.344</u>
Depósito judicial		1.077	1.068			365.578	<u>283.517</u>
Intangível	10	2.649	2.937	**Total do passivo**		**1.099.680**	**957.079**
Imobilizado	11	123.144	<u>114.683</u>	Patrimônio líquido	17		
		400.310	**351.373**	Capital social		8.300	8.300
				Reserva de capital		5	5
				Ajustes de avaliação patrimonial		184	438
				Lucros acumulados		50.982	<u>49.468</u>
				Total do patrimônio líquido		**59.471**	**58.211**
Total do ativo		**1.159.151**	**1.015.290**	**Total do passivo e patrimônio líquido**		**1.159.151**	**1.015.290**

60 | Análise das demonstrações contábeis – *Marion*

As notas explicativas são parte integrante das demonstrações financeiras.

Demonstração das mutações do Patrimônio Líquido (Em milhares de reais)

Ativo	Nota	Capital Social	Reserva de Capital	Ajuste de Avaliação Patrimonial	Lucros Acumulados	Total
Em 31 de dezembro de 2015		**8.300**	**5**	**731**	**22.605**	**31.641**
Realização do ajuste de avaliação patrimonial				(293)	293	
Lucro líquido do exercício					51.570	51.570
Distribuição de lucros aos quotistas	17.b				(25.000)	(25.000)
Em 31 de dezembro de 2016		**8.300**	**5**	**438**	**49.468**	**58.211**
Realização do ajuste de avaliação patrimonial				(254)	254	
Lucro líquido do exercício					56.260	52.260
Distribuição de lucros aos quotistas	17.b				(55.000)	(55.000)
Em 31 de dezembro de 2017		**8.300**	**5**	**184**	**50.982**	**59.471**

As notas explicativas são parte integrante das demonstrações financeiras.

Demonstração do Resultado
Exercícios findos em 31 de dezembro
(Em milhares de reais, exceto lucro por quota)

	Nota	2017	2016
Receita Líquida de Vendas	20	**1.587.086**	**1.479.065**
Custo das mercadorias vendidas	21	(1.013.309)	(950.141)
Lucro bruto		**573.777**	**528.924**
(Despesas) Receitas Operacionais			
Com vendas	22	(355.193)	(320.732)
Gerais e administrativas	23	(46.123)	(33.652)
Outras receitas, líquidas	24	3.014	(277)
		(398.302)	(354.661)
Lucro Operacional		**175.475**	**174.263**
Resultado Financeiro	25		
Despesas financeiras		(166.968)	(169.441)
Receitas financeiras		77.450	72.164
		(89.518)	(97.277)

		85.957	76.986
Lucro antes do Imposto de Renda e da Contribuição Social			
Imposto de renda e contribuição social	18		
Do exercício	18a	(27.292)	(26.728)
Diferido	18b/c	(2.405)	1.312
		(29.697)	(25.416)
Lucro Líquido do Exercício		**56.260**	**51.570**
Quantidade de quotas do capital social		830.000.000	830.000.000
Lucro por quota atribuível aos quotistas da Empresa (expresso em R$ por lote de mil quotas) – básico e diluído		67,78	62,13

As notas explicativas são parte integrante das demonstrações financeiras.

Demonstração do Resultado Abrangente
Exercícios findos em 31 de dezembro (Em milhares de reais)

	2017	2016
Lucro Líquido do Exercício	**56.260**	**51.570**
Outros resultados abrangentes		
Realização do ajuste de reavaliação patrimonial – custo atribuído	254	293
Total do resultado abrangente	**56.514**	**51.863**

As notas explicativas são parte integrante das demonstrações financeiras.

Demonstração dos Fluxos de Caixa
Exercícios findos em 31 de dezembro (Em milhares de reais)

	2017	2016
Fluxos de Caixa das atividades operacionais		
Lucro Líquido antes dos tributos	**85.957**	**76.986**
Ajustes		
Depreciação e amortização	21.362	20.968
Perda (ganho) na venda de ativo imobilizado	1.160	1.705
Provisão para devedores duvidosos	(9)	852
Juros s/ empréstimos para partes relacionadas	(35.706)	(35.097)
Juros s/ empréstimos de partes relacionadas	531	812
Juros de financiamentos	60.184	67.106
Juros sobre parcelamentos de tributos	186	8
	133.665	133.340
Variações nos Ativos e Passivos		
Contas a receber	(12.205)	(259)
Estoques	(31.709)	(20.606)

Impostos a recuperar	6.347	(2.254)
Antecipação ICMS-ST	(53.219)	(19.361)
Demais contas a receber	80	(177)
Despesas antecipadas	92	234
Depósito judicial	(8)	(201)
Fornecedores	105.201	37.896
Salários e encargos sociais	760	998
Provisão para férias	1.184	1.867
Impostos a recolher	10.671	(2.191)
Adiantamento – Garantia Estendida	1.597	624
Aluguéis e outras contas a pagar	(158)	3.072
Caixa proveniente das operações	**162.298**	**132.982**
Juros pagos sobre financiamentos	(59121)	(65.607)
Imposto de renda e contribuição social pagos	(26.588)	(20.642)
Caixa líquido proveniente das atividades operacionais	**76.589**	**46.733**
Fluxos de Caixa das atividades de investimentos		
Aquisição de bens do ativo imobilizado	(30.367)	(29.142)
Aquisição de intangíveis	(1.116)	(538)
Valor da venda do ativo fixo	830	1.060
Caixa Líquido aplicado nas atividades de investimentos...	**(30.653)**	**(28.620)**
Fluxos de Caixa das atividades de financiamentos		
Empréstimos para partes relacionadas (Ativo)	(60.048)	(41.375)
Empréstimos de partes relacionadas (Passivo)	1.506	(4.202)
Novos empréstimos e financiamentos	405.694	152.386
Amortização de financiamentos	(397.211)	(126.105)
Novos parcelamentos de tributos	9.117	
Amortização de parcelamentos de tributos	(652)	(621)
Caixa Líquido aplicado nas atividades de financiamentos	**(41.594)**	**(19.917)**
Aumento (redução) líquido de caixa e equivalentes de caixa	**4.342**	**(1.804)**
Caixa e equivalentes de caixa no início do exercício	**4.565**	**6.369**
Caixa e equivalentes de caixa no final do exercício	**8.907**	**4.565**

As notas explicativas são parte integrante das demonstrações financeiras.

1. As notas explicativas poderão ser obtidas no *site* da empresa.
2. Examine cuidadosamente essas Demonstrações Financeiras nos moldes dos Pronunciamentos do CPC aprovados pelo Conselho Federal de Contabilidade.

PARTE PRÁTICA

A. Questões sobre a leitura introdutória

(Quer que dê quanto? Por que as contas não fecham?)

1. Por que o intangível é o grande culpado no momento de se comparar o valor de uma empresa pelo Balanço Patrimonial em relação ao valor de mercado?
2. Qual é a grande distorção entre Balanços Patrimoniais da velha e da nova economia?
3. Qual regra contábil, se aplicada, faria da deficitária Amazon.com uma empresa rentável?
4. No início do artigo, há expressões depreciativas à profissão como: "Balanço, para quê?", "Por que as contas não fecham?", "Ciência Contábil, um mistério" etc. Após a leitura do texto, você poderia dizer que essa linguagem jornalística é apenas para causar impacto? Na verdade, nós, contadores, temos boas defesas?

B. Questões sobre o Capítulo 3

1. Uma das demonstrações a serem analisadas é a Demonstração dos Fluxos de Caixa (DFC) que, de acordo com a Lei nº 11.638/2007, substituiu a DOAR, uma vez que tem uma linguagem mais simples e possibilita melhor comunicação com os usuários. Comente as vantagens e desvantagens dessa substituição.
2. Quando utilizamos a expressão "análise de balanços" significa que só o Balanço Patrimonial pode ser analisado? Explique.
3. Explique quais foram as mudanças introduzidas pela Lei nº 11.638/2007 em relação à DRE.
4. Analise a afirmativa: "A Contabilidade é um sistema de informação voltado para prover os usuários de dados para tomada de decisões, informações estas encontradas nas Demonstrações Contábeis".

C. Testes abrangentes

1. De acordo com a CVM, a Demonstração dos Lucros ou Prejuízos Acumulados pode ser substituída pela:
    ( ) a) Demonstração das Mutações do Resultado Líquido.
    ( ) b) Demonstração das Mutações do Ativo Líquido.
    ( ) c) Demonstração das Mutações do Patrimônio Líquido.
    ( ) d) Demonstração do Resultado do Exercício.
    ( ) e) N.D.A.
2. Assinale a alternativa correta:
    ( ) a) Na DRE, as despesas operacionais são aquelas necessárias para vender o produto e podem ser despesas de vendas administrativas e financeiras.

64 | Análise das demonstrações contábeis – *Marion*

( ) b) A base de cálculo para o Imposto de Renda é o lucro apurado pela Contabilidade.

( ) c) O Lucro Líquido é a sobra líquida pertencente à entidade.

( ) d) As Despesas Operacionais contribuem para a manutenção da atividade operacional da empresa.

( ) e) N.D.A.

3. As Demonstrações Contábeis são fundamentais para os seus usuários, pois:

( ) a) Fornecem uma visão da situação da empresa.

( ) b) Fornecem os conteúdos mais variados possíveis para o fisco.

( ) c) Fornecem as diretrizes e os procedimentos para os registros contábeis.

( ) d) N.D.A.

D. Exercícios

1. Após reclassificar as Demonstrações Contábeis da Cia. Alfa para fins de análise conforme a Lei nº 11.941/2009 (nova estrutura do BP), indique o que está faltando para se iniciar a análise.

BALANÇO PATRIMONIAL (A SER RECLASSIFICADO PARA ANÁLISE)

Cia. Alfa — Em $ milhões

ATIVO			PASSIVO		
Circulante			**Circulante**		
Disponível		200.000	Títulos Desc.		90.000
Estoques		100.000	Empr. Bancário		1.000.000
Dupl. a Receber	300.000		Prov. Imp. Renda		600.000
Prov. Dev. Duv.	(10.000)	290.000	Prov. Dividendos		200.000
Aplic. Financeiras		1.000.000	Fornecedores		100.000
			Adiant. de Clientes		50.000
Total Circulante		1.590.000	Outros		100.000
Não Circulante			Total Circulante		2.140.000
Realizável a Longo Prazo			**Não Circulante**		
Imóveis à Venda		150.000	Exigível a Longo Prazo		
			Financiamentos		150.000
Investimentos		1.200.000			
Imobilizado	2.800.000		**Patrimônio Líquido**		
(–) *Depreciação*	(1.000.000)	1.800.000	Capital	2.000.000	
Intangível	1.100.000				

(–) Amortização	(600.000)	500.000	(–) Capital Integr.	(500.000)	1.500.000
			Reserva Capital		200.000
			Reserva de Lucros		1.200.000
			Result. Adiant. Aluguel		50.000
Total Não Circulante		3.650.000	Total Patrimônio Líquido		2.950.000
Total		5.240.000	Total		5.240.000

DEMONSTRAÇÃO DE RESULTADO RECLASSIFICADO
(Para efeito de análise)

Vendas Brutas	6.000.000
(–) Deduções	(400.000)
Vendas Líquidas	5.600.000
(–) CPV	(2.400.000)
Lucro Bruto	3.200.000
(–) Despesas Operacionais	
De Vendas	(500.000)
Administrativas	(900.000)
Financeira	(400.000)
Receitas Financeiras	600.000
Lucro antes do Imposto de Renda e Contribuição Social	2.000.000
(–) Imposto de Renda/Contribuição Social	(600.000)
Lucro Líquido	1.400.000

DEMONSTRAÇÃO DE RESULTADO DO EXERCÍCIO
(Modelo Correto)

Vendas Brutas	6.000.000
(–) Deduções	(400.000)
Vendas Líquidas	5.600.000
(–) CPV	(2.400.000)
Lucro Bruto	3.200.000
(–) Despesas	
De Vendas	(500.000)
Administrativas	(900.000)
Lucro antes das Despesas e Receitas Financeiras	1.800.000
(–) Despesas Financeira	(400.000)
+ Receitas Financeiras	600.000
Lucro antes do IR e Contribuição Social	2.000.000
(–) Imposto de Renda e Contribuição Social	(600.000)
Lucro Líquido	1.400.000

66 | Análise das demonstrações contábeis – *Marion*

Por exemplo: estão faltando pelo menos os dados do exercício anterior, notas explicativas, quem assinou as Demonstrações Contábeis, -
-, -, -,
- -, -,
- -, -.

2. Apresentamos o BP e a DRE da Vicunha Têxtil S.A., publicados nos jornais em 02-04-2018. Veja as principais diferenças entre os dados da controladora e os dados consolidados.

BALANÇOS PATRIMONIAIS – 31 DE DEZEMBRO DE 2017 E 2016
(Em milhares de reais)

		Controladora		Consolidado	
Ativo	**Nota**	**31-12-17**	**31-12-16**	**31-12-17**	**31-12-16**
Circulante					
Caixa e equivalentes de caixa	4	**45.825**	25.834	**87.278**	65.474
Aplicações financeiras	5	**104.038**	129.916	**112.899**	162.376
Contas a receber de clientes	6	**378.268**	383.501	**457.462**	445.793
Estoques	7	**304.752**	296.468	**449.956**	414.649
Dividendos a receber	9	**3.656**	3.374	–	–
Impostos a recuperar	8	**18.667**	16.605	**44.253**	38.738
Valores a receber		–	2.335	–	40
Operações com derivativos		–	40	–	40
Outras contas a receber		**9.699**	19.064	**15.510**	26.267
Total do ativo circulante		**864.905**	877.137	**1.167.358**	1.155672
Não circulante					
Aplicações financeiras	5	**13.883**	12.512	**13.883**	12.512
Partes relacionadas	9	**131.629**	96.052	**74.321**	96.052
Impostos a recuperar	8	**18.661**	20.513	**18.748**	24.935
Imposto de renda e contribuição social diferidos, líquidos	16A	–	–	**74.054**	7.608
Depósitos judiciais		**39.352**	34.716	**39.883**	34.716
Valores a receber		–	29.629	–	29.629
Outras contas a receber		**43.998**	44.118	**45.176**	54.104
Propriedades para investimentos	10	**8.783**	8.564	**8.894**	8.675
Investimentos	13	**520.899**	520.884	**29.617**	27.819
Imobilizado	11	**529.078**	562.026	**922.714**	952.195
Intangível	12	**5.994**	6.092	**9.646**	10.151
Total do ativo não circulante		**1.312.277**	1.335.106	**1.236.936**	1.249.396

Cap. 3 • Demonstrações Contábeis a Serem Analisadas | 67

		Controladora		Consolidado	
Passivo	Nota	31-12-17	31-12-16	31-12-17	31-12-16
Circulante					
Fornecedores	14	**46.848**	59.140	**68.245**	56.376
Empréstimos e financiamentos	15	**479.266**	332.571	**571.640**	382.582
Partes relacionadas	9	**459**	–	**459**	–
Salários, provisões e contribuições sociais		**22.850**	21.658	**32.966**	27.399
Impostos a recolher		**5.350**	6.192	**6.306**	8.241
Dividendos a pagar	18	**9.009**	59.770	**9.649**	60.418
Operações com derivativos	19	**8.864**	14.775	**8.864**	14.775
Provisão para perdas com investimentos	13	**641**	–	–	–
Provisões diversas		**16.120**	14.500	**19.022**	16.694
Outras obrigações		**14.726**	13.125	**22.731**	21.469
Total do passivo circulante		**604.133**	521.731	**739.882**	587.954
Não circulante					
Empréstimos e financiamentos	15	**363.589**	405.979	**413.512**	500.599
Impostos a recolher		**13.721**	13.631	**13.721**	13.631
Imposto de renda e contribuição social diferidos, líquidos	16A	**22.354**	25.900	**27.375**	30.158
Provisões para riscos fiscais, cíveis e trabalhistas	17	**25.281**	30.595	**31.954**	31.680
Outras obrigações		**–**	2.061	**20.385**	19.976
Total do passivo não circulante		**24.945**	478.166	**506.947**	596.044
Patrimônio líquido					
Capital social	18	**671.713**	671.713	**671.713**	671.713
Ações em tesouraria	18	**–**	(3.120)	**–**	(3.120)
Reserva de lucros		**413.220**	465.526	**413.220**	465.526
Ajustes de avaliação patrimonial		**111.918**	114.892	**111.918**	114.892
Ajustes acumulados de conversão	18	**(48.747)**	(36.665)	**(48.747)**	(36.665)
Patrimônio de controladores		**1.148.104**	1.212.346	**1.148.104**	1.212.346
Participação dos acionistas não controladores		**–**	–	**9.361**	8.724
Total do patrimônio líquido		**1.148.104**	1.212.346	**1.157.465**	1.221.070

DEMONSTRAÇÕES DE RESULTADOS – EXERCÍCIOS FINDOS EM 31 DE DEZEMBRO DE 2017 E 2016
(Em milhares de reais)

	Nota	Controladora		Consolidado	
		31-12-17	31-12-16	31-12-17	31-12-16
Receita líquida de vendas	21	**1.246.457**	1.209.965	**1.615.843**	1.632.758
Custo dos produtos vendidos	22	**(954.211)**	(950.429)	**(1.203.638)**	(1.250.173)
Lucro bruto		**292.246**	259.536	**412.205**	382.585
(Despesas) outras receitas operacionais					
Despesas com vendas	22	**(101.651)**	(97.809)	**(150.733)**	(155.467)
Despesas gerais e administrativas	22	**(95.462)**	(81.233)	**(136.618)**	(126.533)
Honorários da administração	9	**(16.500)**	(11.930)	**(16.500)**	(11.930)
Outras receitas operacionais, líquidas	24	**56.545**	53.083	**53.481**	59.414
Resultado antes das receitas (despesas) financeiras líquidas, equivalência patrimonial e impostos		**135.178**	121.647	**161.835**	148.069
Receitas financeiras	23	**146.192**	300.645	**161.955**	357.020
Despesas financeiras	23	**(198.243)**	(320.157)	**(224.399)**	(398.249)
Despesas financeiras líquidas		**(52.051)**	(19.512)	**(62.444)**	(41.229)
Resultado de equivalência patrimonial	13	**8.308**	(4.992)	**329**	622
Resultado antes dos impostos sobre o lucro		**91.435**	97.143	**99.720**	107.462
Imposto de renda e contribuição social					
Corrente		**(3.829)**	(12.287)	**(15.481)**	(26.414)
Diferido		**3.546**	6.180	**7.485**	9.190
	16B	**(283)**	(6.107)	**(7.996)**	(17.224)
Resultado líquido do exercício		**91.152**	91.036	**91.724**	90.238
Atribuído a sócios da empresa controladora		=	=	**91.152**	91.036
Atribuído a sócios não controladores		=	=	**572**	(798)

As notas explicativas são parte integrante das demonstrações financeiras.

Cap. 3 • Demonstrações Contábeis a Serem Analisadas | 69

E. Exercícios de integração

1. Dados da Cia. Directa Ltda.

CIA. DIRECTA LTDA.

ATIVO			PASSIVO		
Circulante	**31-12-X8**	**31-12-X9**	**Circulante**	**31-12-X8**	**31-12-X9**
Caixa	1.000	- - - - -	C. Pagar		- - - - -
Dupl. Receber		- - - - -	I. Renda Pagar		- - - - -
			Dividendo a Pagar		- - - - -
Total A. C.	1.000	- - - - -	Total do P. C.		- - - - -
Não Circulante			**P. Líquido**		
Imobilizado			Capital	4.500	- - - - -
Terrenos	4.000	- - - - -	Res. Capital		- - - - -
Prédios		- - - - -	Reservas de Lucros	500	- - - - -
Total AP	4.000	- - - - -	**Total do PL**	5.000	- - - - -
	5.000	- - - - -		5.000	- - - - -

- Imposto de Renda à base de 15%. O lucro contábil é igual ao lucro real. Os dividendos provisionados são de 40% sobre o lucro líquido.
- Admite-se que a empresa vendeu, no ano, $ 10.000, dos quais a metade já foi recebida.
- Das parcelas subtrativas, obteve-se:
  - ✓ Custos totalmente pagos $ 3.000
  - ✓ Despesas Operacionais não pagas $ 2.000
- A empresa comprou à vista, no final do ano, prédios no valor de $ 1.950 e também no final do ano aumentou o capital em dinheiro no valor de $ 2.000.

Pede-se:

Balanço Patrimonial, Demonstração do Resultado do Exercício, Demonstração dos Lucros ou Prejuízos Acumulados, Demonstração dos Fluxos de Caixa (Modelo Direto e Indireto) e Demonstração das Origens e Aplicações de Recursos (optativo).

2. Preencha as palavras cruzadas.

	1	2	3			4
1			2→			
3						
4			5→			
6				7→		
8						■

Horizontal
1. Abreviação de Ativo Circulante
2. Liquidez Imediata – abreviação de Imediata
3. A principal Demonstração Contábil
4. Abreviação de Liquidez
5. Demonstração do Valor Adicional (sigla)
6. Margem *versus* Giro do Ativo
7. Principal demonstração depois do Balanço Patrimonial (excluindo Exercício)
8. Particípio passado do verbo *taxar*

Vertical
1. Associação Brasileira de Livres (Docentes) em Marketing e Tributos
2. Faz-se Demonstração Direta e Indireta
3. Índices de Alavancagem (sigla)
4. Demonstração que está sendo substituída pela DFC.

F. Estudo de caso

"A vez da globalização dos balanços."

Uma pesquisa da Consultoria KPMG publicada pela revista *Exame*, 12 jul. 2000, mostra o uso das Normas Internacionais de Contabilidade pelas empresas brasileiras, como se segue:

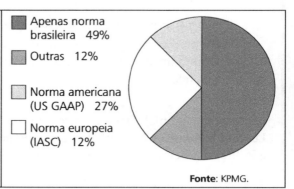

"Quase metade das empresas adotam apenas as normas brasileiras de contabilidade. O resto se divide basicamente entre os sistemas europeu e americano. Segundo recente estudo da consultoria internacional KPMG, as normas IASC, comum na Europa, deve conseguir novos adeptos nos próximos anos por apresentar regras mais flexíveis e se aproximar mais do padrão brasileiro do que o equivalente americano, US GAAP."

- Apenas norma brasileira 49%
- Outras 12%
- Norma americana (US GAAP) 27%
- Norma europeia (IASC) 12%

Fonte: KPMG.

Pela pesquisa anterior, poderíamos dizer que as diferentes normas de Contabilidade usadas no Brasil levariam um contador americano ou europeu a ter problemas sérios para identificar a situação econômico-financeira de uma empresa?

Por que uma parcela menor usa as normas europeias do International Accounting Standards Committee (IASC) e um número maior usa os Princípios Contábeis Norte-Americanos (US GAAP)?

Cap. 3 • Demonstrações Contábeis a Serem Analisadas | 71

Normalmente, as normas contábeis brasileiras são originadas principalmente no CFC (Conselho Federal de Contabilidade). Atualmente, as normas se originam do Comitê de Pronunciamentos Contábeis.

Como você imagina: seria mais interessante a normatização contábil mais intensa ou seria necessário pensar cada vez mais em se globalizar de acordo com os padrões internacionais?

Qual é a tendência das IFRS (Normas Internacionais para os Relatórios Contábeis)? Por que as empresas no Brasil, hoje são obrigadas a adotar as IFRS ou CPC?

G. Trabalho prático

Parte 3

Na *Parte 1*, você ficou de posse das Demonstrações Financeiras de uma empresa escolhida. Na *Parte 2*, você destacou os pontos relevantes da empresa (Relatório da Diretoria e Notas Explicativas) e avaliou a qualidade das demonstrações por meio do Parecer da Auditoria.

Nessa etapa, você se preocupará em sumarizar os dados das Demonstrações Contábeis (principalmente o Balanço Patrimonial) e, se necessário, reclassificar conforme orientação no Capítulo 2.

Passe para o modelo atual do Balanço Patrimonial conforme a Lei nº 11.941/2009.

BALANÇO PATRIMONIAL

ATIVO				PASSIVO			
	Ano	Ano	Ano		Ano	Ano	Ano
Circulante	- - - -	- - - -	- - - -	**Circulante**	- - - -	- - - -	- - - -
Disponível	- - - -	- - - -	- - - -	Fornecedores	- - - -	- - - -	- - - -
Duplic. a Receber	- - - -	- - - -	- - - -	Duplic. Descont.	- - - -	- - - -	- - - -
Estoque	- - - -	- - - -	- - - -	Emprést. Banc.	- - - -	- - - -	- - - -
Outros	- - - -	- - - -	- - - -	Outros	- - - -	- - - -	- - - -
Total do Circulante	- - - -	- - - -	- - - -	Total Circulante	- - - -	- - - -	- - - -
Não Circulante				**Não Circulante**			
Realizável L. P.	- - - -	- - - -	- - - -	Exigível L. P.	- - - -	- - - -	- - - -
Investimentos	- - - -	- - - -	- - - -	**Patrimônio Líquido**			
Imobilizado	- - - -	- - - -	- - - -	Capital	- - - -	- - - -	- - - -
Intangível	- - - -	- - - -	- - - -	Reservas etc.	- - - -	- - - -	- - - -
Total Não Circulante	- - - -	- - - -	- - - -	Total do P. L.	- - - -	- - - -	- - - -
Total	- - - -	- - - -	- - - -	Total	- - - -	- - - -	- - - -

4

Índices de Liquidez

 LEITURA INTRODUTÓRIA

"OS 7 PECADOS DAS PEQUENAS EMPRESAS
Conheça os erros dos marinheiros de primeira viagem e saiba como evitá-los

Cálculo inadequado de capital de giro e de estoque, falhas no **planejamento orçamentário**, inexperiência no ramo escolhido, problemas no contrato de locação, incompatibilidade entre sócios, fatores macroeconômicos e escolha do ponto errado. Podem até parecer primárias, mas essas falhas foram os principais pecados cometidos em negócios que acabaram fracassando.

- **CAPITAL DE GIRO E ESTOQUE**

Comprar mercadorias mais do que o necessário é sinônimo de redução do capital de giro. Da mesma forma que, falta de mercadorias em estoques prejudica as vendas. Uma pesquisa realizada pela Associação Brasileira dos Supermercados (Abras) revelou que 54% das possíveis vendas são perdidas porque o cliente não encontrou o que procurava. A saída para quem está começando é observar o movimento no concorrente em diferentes meses e dias da semana ficar atento ao público-alvo e verificar quais são os produtos mais procurados.

- **SOCIEDADE**

Há quem procure sócios em anúncios de jornal, achando que basta encontrar um parceiro que possa injetar **capital** na firma. O empresário esquece que essa pessoa vai conviver diariamente com ele e, principalmente, vai dividir os **lucros** e tomar decisões vitais para o empreendimento.

Os consultores costumam comparar sociedade ao casamento. Antônio Cesar de Oliveira explica que um sócio deve ser escolhido com a razão e não com a emoção. Parentes e amigos muito próximos, por exemplo, podem representar um risco. Outro consultor, Ulysses Reis, aconselha que os sócios procurem se conhecer bem, trabalhar juntos em negócios menores e, só então, se arriscar a montar um negócio de longo prazo.

- **INEXPERIÊNCIA NO RAMO**

Com os Programas de Demissão Voluntária, os chamados PDVs, o mercado ficou saturado de pessoas com **capital disponível** e vontade de montar seu próprio negócio. Essas pessoas, no

74 | Análise das demonstrações contábeis – *Marion*

entanto, na maioria das vezes, trabalharam em empresas estatais durante um longo período e não tinham experiência nos ramos escolhidos.

A alternativa, nesse caso, é procurar profissionais antigos no setor, que possam trabalhar como sócios ou prestar algum tipo de assessoria. Outra opção é encomendar um estudo de viabilidade em uma consultoria. Há locais onde o estudo é feito gratuitamente, como a incubadora de empresas, da Pontifícia Universidade Católica (PUC) e outras instituições.

• ALUGUEL

Muitos comerciantes tendem a achar que podem resolver sozinhos problemas que competem a profissionais, como a análise de um contrato de locação de imóvel. Com isso, cláusulas importantes e que podem provocar o fechamento da empresa passam despercebidas.

Nesse ponto, não há como economizar. Qualquer empresa, por menor que seja, precisa de **assessoria** *jurídica nesses momentos.*

• FATORES MACROECONÔMICOS

Pacotes ou planos econômicos e outras modificações na conjuntura financeira do país refletem diretamente no desempenho dos negócios.

É impossível saber qual será a próxima medida do Governo, mas os empresários podem prever certos cenários, ou mesmo encomendarem análises de conjuntura a profissionais especializados, quando o orçamento permitir, para tentar antecipar-se aos imprevistos.

• PONTO COMERCIAL

Muitos empreendedores escolhem o ponto comercial sem pesquisar fatores como o fluxo de pessoas no local, se o sol da tarde bate na vitrine, dificultando a visualização dos produtos, e se o tamanho da loja é compatível com o produto que se pretende vender.

É preciso verificar mínimos detalhes como segurança, limpeza, proximidade de estacionamento e frequência de público. Antes de fechar negócio, consultores aconselham que o empresário frequente por um tempo o local onde pretende fazer instalações. Dessa forma, é possível verificar se as condições estão dentro de suas exigências.

• ORÇAMENTO MAL-ADMINISTRADO

Há empresários que não esperam o prazo de maturação do negócio e começam a gastar grande parte ou a totalidade do **lucro** *logo no início. Isso os deixa descapitalizados para reinvestir no negócio. Toda empresa quando nasce precisa de um período chamado "tempo de maturação". Nessa fase, o empresário deve ter cuidados redobrados com a administração dos recursos. É preciso* **calcular os gastos** *e, assim, fazer uma* **estimativa** *do faturamento. Além disso, é fundamental que as retiradas sejam mínimas e o capital seja reinvestido. Consultores calculam que deve ser reservado, pelo menos, 30% do faturamento mensal no* **caixa** *da empresa." (grifos nossos.)*

Fonte: Os 7 pecados das pequenas empresas. *Jornal do Commercio*, 12 jul. 2000, p. B-20.

Índices de Liquidez

São utilizados para avaliar a capacidade de pagamento da empresa, isto é, constituem uma apreciação sobre se a empresa tem capacidade para saldar seus compromissos. Essa capacidade de pagamento pode ser avaliada, considerando: *longo prazo, curto prazo* ou *prazo imediato.*

4.1 Capacidade de pagamento a curto prazo

4.1.1 Índice de Liquidez Corrente (ou Liquidez Comum) (LC)

Mostra a capacidade de pagamento da empresa a curto prazo, por meio da fórmula:

$$\frac{\text{Ativo Circulante (AC)}}{\text{Passivo Circulante (PC)}}$$

Vamos utilizar a empresa Casa das Lingeries Ltda. para o cálculo de nossos índices. Nesse exemplo, analisaremos apenas dois períodos: 20X4 e 20X5.

É importante realçar, neste momento, alguns aspectos relativos à liquidez corrente:

- O *primeiro* é que o índice não revela a qualidade dos itens no Ativo Circulante – AC (os **Estoques** estão superavaliados, são obsoletos, os Títulos a Receber são totalmente recebíveis?).

- O *segundo* é que o índice não revela a **sincronização** entre recebimentos e pagamentos, ou seja, por meio dele não identificamos se os recebimentos ocorrerão em tempo para pagar as dívidas vincendas. Assim, em uma LC igual a 2,5 (aparentemente muito boa), pode a empresa estar em crise de liquidez, pois grande parte dos vencimentos das Obrigações a Curto Prazo concentram-se no próximo mês, enquanto a concentração dos recebimentos ocorrerá dentro de 90 dias.

- O *terceiro*, como um aspecto que contribui para o redimensionamento da LC, no sentido de elevá-la, é o Estoque estar **avaliado a Custos Históricos**, sendo que seu valor de mercado está (valor de realização – de venda), normalmente, acima do evidenciado no AC. Portanto, a LC, sob esse enfoque, será sempre mais pessimista do que a realidade, já que os Estoques serão realizados a valores de mercado e não de custo.

Para a análise que se segue sempre consideraremos:

a) Cálculo
b) Interpretação
c) Conceito

O índice LC da Casa das Lingeries Ltda. é:

76 | Análise das demonstrações contábeis – *Marion*

a) *Cálculo*

	20X4	**20X5**
$\dfrac{AC}{PC}$ →	$\dfrac{580.000}{340.000} = \textbf{1,70 para 1}$	$\dfrac{650.000}{280.000} = \textbf{2,32 para 1}$

b) *Interpretação*[1]

Para cada $ 1,00 de dívida, há $ 1,70 de dinheiro e valores que se transformarão em dinheiro (AC).

Para cada $ 1,00 de obrigação a curto prazo, há $ 2,32 para cobertura daquela dívida (AC).

Observe no AC, que o item que não cresceu de 20X4 para 20X5 é o Disponível, enquanto o Duplicatas a Receber e Estoque aumentaram consideravelmente.

Não obstante, houve crescimento do índice de LC; uma premissa deve ficar bem clara: nos casos em que ocorra a queda do índice de LC nem sempre significa perda da capacidade de pagamento; pode significar uma administração financeira mais rigorosa (o que é louvável) diante, por exemplo, da inflação, do crescimento da empresa etc.

Todavia, uma pergunta agora se faz necessária: O índice de LC de 1,70 (ou 2,32) é bom?

c) *Conceituação de índices*: isoladamente, os índices de LC superiores a 1,0, de maneira geral, são positivos. Conceituar o índice, todavia, sem outros parâmetros, é uma atitude bastante arriscada, por isso desaconselhável.

Em **primeiro lugar**, devemos considerar outros aspectos implícitos no índice calculado. Em nosso exemplo, embora 1,70 não seja um índice deficiente, repare que o AC é constituído basicamente de estoque, tornando mais lenta a conversão do AC em dinheiro, o que poderá trazer problemas de ordem financeira para a empresa a curto prazo. Essa situação, todavia, será levada em consideração no próximo índice a ser calculado (Liquidez Seca), o que vem mostrar-nos que a análise isolada é inadequada.

---

[1] Para entender melhor a interpretação dos índices, vamos pegar o índice de LC, obtido da divisão 580.000 por 340.000 (580.000/340.000), e incluir no numerador e no denominador o mesmo número (340.000), sabendo que este artifício não altera o resultado:

$$\frac{580.000}{340.000} = \frac{\dfrac{580.000}{340.000} = 1,70}{\dfrac{340.000}{340.000} = 1,00} = 1,70$$

Assim, para cada $ 1,00 no denominador (no caso Passivo Circulante), há $ 1,70 no numerador (no caso AC). Observe que o resultado 1,70 corresponde sempre ao numerador, enquanto o denominador será sempre 1,00.

No caso de LC de 2,32, podemos ver assim: $\dfrac{2,32}{1,00} = 2,32$.

Dessa forma, para cada $ 1,00 no denominador (PC), haverá $ 2,32 no numerador (AC), que corresponde ao resultado.

Em **<u>segundo lugar</u>**, devemos ponderar sobre o ramo de atividade e as peculiaridades do negócio da empresa. Um índice de LC de 0,86 é deficiente para uma indústria, mas não o será para uma empresa de transporte coletivo. Veja que uma empresa de ônibus (transportes) não apresenta itens como Duplicatas a Receber (pois não vende a prazo) e Estoques (pois não opera com mercadorias). Assim, o AC está "enxugado" de dois itens que normalmente engordam esse grupo na indústria e no comércio. Por outro lado, a composição do PC de uma empresa de transporte coletivo é, praticamente, a mesma de outras empresas (as obrigações são comuns).

Se o índice de uma empresa de transporte coletivo é de 0,86, não significa que ela não conseguirá saldar seus compromissos, pois esse tipo de negócio tem receita à vista diária, não sendo destacados os valores a receber nos dias seguintes, mas tendo entrada constante de dinheiro no caixa. Dessa forma, poderão ser cobertos os compromissos já contabilizados em seu PC.

Nesse estágio da exposição, podemos concluir que um índice de LC de uma empresa de transporte deverá ser comparado ao de outras empresas concorrentes, para efeito de conceituação; jamais deverá ser comparado com um índice universal (considerado bom), ou ainda com outros que pertençam a ramos diversos de atividade (industrial, comercial, bancária, financeira etc.).

Com isso, introduzimos o conceito de índices-padrão, que representam índices médios de diversas empresas do mesmo ramo de atividade, e que servirão de parâmetro para comparação do índice que iremos calcular (cuja empresa pertença ao mesmo ramo de atividade). Assim, se a empresa cujo índice de LC que está sendo calculado é uma papelaria, devemos comparar o índice obtido com os índices de LC de outras papelarias; jamais com outro setor ou outros ramos de atividade. (Veja exemplo de índices-padrão no Capítulo 7, na parte prática G: Trabalho prático ou no Capítulo 13.)

d) *Manipulação dos índices de LC.* A LC é o indicador mais importante da situação financeira da empresa. Conseguirá a empresa liquidar seus compromissos a curto prazo?

Dada a importância desse indicador, há uma preocupação por parte dos responsáveis pelas finanças da empresa em melhorar esse índice. Isso é possível antes do encerramento do balanço. Vejamos duas situações:

Quando a LC é maior que um. Admita uma empresa na seguinte situação:

Em $ mil

Ativo Circulante		Passivo Circulante	
Disponível	9.000	Fornecedores	20.000
Duplicatas a Receber	30.000	Impostos a Recolher	12.000
Estoques	<u>11.000</u>	Outras Dívidas	<u>8.000</u>
Total	50.000	Total	40.000

78 | Análise das demonstrações contábeis – *Marion*

O índice de LC é de 1,25 (50.000/40.000). Não é um dos melhores índices, por isso, o gerente financeiro pretende melhorá-lo antes do encerramento do balanço, passando-o, pelo menos, para 1,40.

Se a empresa pagar $ 15.000 mil de suas dívidas (vamos admitir fornecedores com os quais poderemos obter descontos por antecipação de pagamento), o AC passaria para $ 35.000 mil [50.000 (–) 15.000] e o PC passaria para $ 25.000 mil; o índice de LC será de 1,40 (35.000/25.000).

O problema seria conseguir os $ 6.000 restantes, já que a empresa dispõe de apenas $ 9.000 no caixa. Por meio de um estímulo aos seus clientes para liquidar as duplicatas com antecedência, a empresa poderia saldar os $ 15.000 de fornecedores e melhorar seu indicador financeiro a curto prazo para 1,40.

Outra alternativa para a empresa conseguir os $ 6.000 restantes seria o Desconto de Duplicatas. Todavia, com ele o índice de LC passaria apenas para 1.32, tendo em vista a reclassificação para o PC da conta Duplicatas descontadas $ 6.000.

Quando a LC é menor que um. Considere uma empresa na seguinte situação:

Em $ mil

Ativo Circulante		Passivo Circulante	
Disponível	1.000	Fornecedores	2.000
Dupl. a Receber	6.000	Imp. a Recolher	6.000
Estoque	2.000	Empréstimos	7.000
		Outras dívidas	3.000
Total	9.000	**Total**	18.000

O índice de LC é de 0,50 (9.000/18.000), o que é considerado excessivamente baixo. Por isso, antes do fechamento do balanço, o gerente financeiro determina uma aquisição de $ 8.000 mil de estoque a prazo. Portanto, aumentam $ 8.000 em estoque e $ 8.000 em fornecedores. Assim, o AC fica sendo $ 17.000 mil (9.000 + 8.000) e o PC fica sendo de $ 26.000 mil (18.000 + 8.000).

O novo índice será aumentado para 0,65 (17.000/26.000). Repare que quanto maior for a compra de estoque a prazo, maior será o índice de LC, para empresas cuja LC seja < 1.

4.1.2 Índice de Liquidez Seca (LS)

Se a empresa sofresse uma total paralisação de suas vendas, ou se seu Estoque se tornasse obsoleto, quais seriam as chances de pagar suas dívidas com Disponível, Duplicatas a Receber e outros itens do AC?

Esse índice exclui o Estoque $\rightarrow LS = \dfrac{AC - Estoque}{PC}$

O índice de Liquidez Seca da Casa das Lingeries Ltda. é:

$$\frac{\text{Ativo Circulante} - \text{Estoque}}{\text{Passivo Circulante}}$$

a) *Cálculo*

20X4	20X5
$\dfrac{580.000 - 390.000}{340.000} = 0,56$	$\dfrac{650.000 - 420.000}{280.000} = 0,82$

b) *Interpretação*

Para cada $ 1,00 de dívida de PC a empresa dispõe de $ 0,56 de AC, sem os estoques.	Para cada $ 1,00 de PC, a empresa dispõe de $ 0,82 de Disponível + duplicatas a receber.

Com esse índice, observamos que se a empresa parasse de vender, conseguiria pagar apenas a metade de suas dívidas em 20X4. Na verdade, houve uma melhora significativa do ano X4 para o ano X5.

c) *Conceituação*

Nem sempre um índice de Liquidez Seca (LS) baixo é sintoma de situação financeira apertada. Veja, por exemplo, um supermercado, cujo investimento em Estoques é elevadíssimo, em que não há Duplicatas a Receber (pois só se vende à vista). Nesse caso, esse índice só pode ser baixo. Voltamos a insistir na comparação com índices do mesmo ramo de atividade (índice-padrão), para conceituar qualquer índice. A fim de determinarmos se um índice de LS de um supermercado é *bom*, precisamos comparar seu índice com o índice dos demais supermercados.

d) *Cuidados com a LS*

Esse índice, assim como os demais, deve ser analisado em conjunto com outros índices. Vamos estudar um indicador que nos dirá quantas vezes a empresa vende seu estoque no ano (prazo médio de rotação de estoque). Esse indicador é importante para que possamos relacioná-lo com a LS.

O índice de LS, por fim, é bastante conservador para que possamos apreciar a situação financeira da empresa.

O banqueiro gosta muito desse índice, porque se eliminam os estoques. O estoque é o item mais manipulável no balanço. Ele pode se tornar obsoleto (antiquado) a qualquer momento. E ele ainda é, às vezes, um item perecível.

Até o momento, avaliamos a situação financeira a curto prazo, que envolve um índice global de situação (LC) e um índice conservador que elimina uma fonte de incertezas (LS). Agora, passaremos a avaliar a situação financeira a longo prazo.

4.2 Capacidade de pagamento a longo prazo

4.2.1 Índice de Liquidez Geral[2] (LG)

Mostra a capacidade de pagamento da empresa a longo prazo, considerando tudo o que ela converterá em dinheiro (a curto e longo prazo), relacionando com tudo o que já assumiu como dívida (a curto e longo prazo), ou seja:

$$\frac{\text{Ativo Circulante + Realizável a Longo Prazo}^3}{\text{Passivo Circulante + Exigível a Longo Prazo}^3}$$

A situação da Casa das Lingeries Ltda., a longo prazo é:

a) *Cálculo*

20X4

$$LG = \frac{580.000 + 50.000}{340.000 + 100.000} = 1,43 \text{ para } 1$$

20X5

$$LG = \frac{650.000 + 40.000}{280.000 + 150.000} = 1,60 \text{ para } 1$$

b) *Interpretação*

Para cada $ 1,00 de dívida a curto e longo prazo, há $ 1,43 de valores a receber a curto e longo prazo.

Para cada $ 1,00 de capital de terceiros, há $ 1,60 de AC e realizável a longo prazo.

Como os demais índices já calculados, a LG apresenta acréscimo de um ano para o outro. Para cada $ 1,00 de dívida a curto e a longo prazo, a empresa dispõe de $ 1,60 e de valores que se converterão em dinheiro a curto e a longo prazo para 20X5.

c) *Conceituação*

As divergências em datas de recebimento e de pagamento tendem a acentuar-se, quando analisamos períodos longos, ou seja, o recebimento do Ativo pode divergir consideravelmente do pagamento do Passivo; isso, sem dúvida, empobrece o indicador.

Todavia, se apreciarmos uma série de vários anos, a análise será enriquecida. Se uma empresa apresentar em uma série de anos o índice de LG decrescente, mesmo considerando essas divergências, o indicador se tornará útil, pois podemos depreender a perda paulatina do poder de pagamento geral da empresa.

Como os demais, a LG não deve ser vista isoladamente. Pode ser que, em um ano em que a empresa adquira um vultoso financiamento, investindo-o totalmente em seu Ativo Permanente, reduza sensivelmente sua LG, o que aumentará consideravelmente o Exigível a Longo Prazo, mas não aumentará o AC e o RLP. Com o tempo, porém, seu Permanente deverá gerar Receita (e, consequentemente, lucro), aumentando o AC e melhorando a capacidade de pagamento a curto e a longo prazo.

---

[2] Também conhecida como Liquidez Financeira.
[3] Compõem o *Não Circulante*.

d) *Lembretes*

Aliás, alguns conceitos devem ser revividos e conservados. São eles:

- não considerar qualquer indicador isoladamente (associar os índices entre si);
- apreciar o indicador em uma série de anos, pelo menos três;
- comparar os índices encontrados com índices-padrão, ou seja, índices das empresas concorrentes (mesmo ramo de atividade).

4.3 Capacidade de pagamento em prazo imediato

4.3.1 Liquidez Imediata (LI)

Mostra o quanto dispomos imediatamente para saldar nossas dívidas de curto prazo, ou seja:

> **Disponibilidade: (Caixa + Bancos + Aplicações de Curtíssimo Prazo)**
> **Passivo Circulante**

No caso da Casa das Lingeries Ltda.:

$$20X4 \qquad\qquad 20X5$$

$$LI = \frac{40.000}{340.000} = 0,12 \text{ para } 1 \qquad LI = \frac{10.000}{280.000} = 0,04 \text{ para } 1$$

Para efeito de análise, é um índice sem muito realce, pois relacionamos dinheiro disponível com valores, que vencerão em datas as mais variadas possível, embora a curto prazo. Assim, temos contas que vencerão daqui a cinco ou dez dias, como temos também as que vencerão daqui a 360 dias, e que não se relacionam com a disponibilidade imediata.

Sem dúvida, a empresa deverá manter certos limites de segurança, não desejando o analista obter índices altos, pois o caixa e os bancos perdem o poder aquisitivo com a inflação. Nem sempre reduções sucessivas nesse índice significam situações constrangedoras; podem significar uma política mais rígida de disponível e, até mesmo, uma redução do limite de segurança. Sucessivas reduções na Liquidez Imediata (LI), com constantes e crescentes atrasos no pagamento a fornecedores (detectados mediante as informações comerciais obtidas na praça), já são um indicador relevante de dificuldades financeiras.

PARTE PRÁTICA

A. Questões sobre a leitura introdutória

(Os sete pecados das pequenas empresas.)

1. Podemos dizer que, na maioria das vezes, as pessoas que têm vontade de montar seu próprio negócio não estão preparadas para isso? Explique.
2. Estamos entrando no capítulo de estudos sobre liquidez, capacidade de a empresa liquidar seus compromissos, situação financeira (administrar caixa, estoque, contas a receber, dívidas etc). Qual dos sete pecados trata diretamente de liquidez? Comente.
3. Planejamento orçamentário é um item bastante abordado no artigo "Os 7 pecados das pequenas empresas". Como a Contabilidade pode ajudar nessa área?
4. O que se pode entender pelo termo "Manutenção do negócio"?

B. Questões sobre o Capítulo 4

1. Estudos mostram que o índice de LC é o que menos indica se uma empresa caminha rumo à falência. Por que a LC não pode ser considerada um bom indicador?
2. O gerente do Banco Precavido S.A. suspende um empréstimo que seria concedido ao Supermercado Progresso Ltda. porque o seu índice de LS é 0,30, enquanto outras empresas de diversos ramos de atividade têm índice superior a 1,00. A atitude do gerente está correta? Por quê?
3. Quando conceituarmos e interpretarmos os índices de liquidez, devemos tomar algumas precauções. Quais são elas? Explique cada uma.
4. Em épocas de inflação alta é interessante ter um índice de LI elevado? Por quê?

C. Testes abrangentes

1. Indique a relação correta, considerando a seguinte simbologia:

    AC: Ativo Circulante; PC: Passivo Circulante; CCL: Capital Circulante Líquido (CCL = AC − PC); LC: Liquidez Corrente.

    ( ) a) $LC = \dfrac{CCL + AC}{PC}$.

    ( ) b) $LC = \dfrac{AC - PC}{CCL}$.

    ( ) c) $LC = \dfrac{PC}{AC} + CCL$.

    ( ) d) $LC = 1 + \dfrac{CCL}{PC}$.

Cap. 4 • Índices de Liquidez | 83

2. Uma empresa tem AC de $ 1.800.000 e PC de $ 700.000. Se fizer uma aquisição extra de mercadorias, a prazo, na importância de $ 400.000, seu índice de LC será de:

( ) a) 3,1

( ) b) 1,6

( ) c) 4,6

( ) d) 2,00

3. O Auto-ônibus São Jorge S.A. não solicitará, embora esteja carente, empréstimo para capital de giro ao Banco da Baronesa S.A. Seu diretor-presidente fez o seguinte comentário:

"I – Somos uma empresa recém-constituída (2 anos).

II – O nosso índice de LC é de 0,76 (muito baixo).

III – Não temos duplicatas a receber para garantir o empréstimo necessário."

( ) a) As justificativas I, II e III são verdadeiras. O presidente está certo em não solicitar o empréstimo.

( ) b) As justificativas I, II e III não são depreciativas para a empresa. O presidente deveria solicitar empréstimo.

( ) c) A justificativa I não é empecilho para obter empréstimo. As justificativas II e III são verdadeiros empecilhos. O presidente está certo, não deve solicitar o empréstimo.

( ) d) A justificativa I é um obstáculo real para se obter empréstimo. Todavia, as justificativas II e III não são obstáculos. O presidente poderia tentar solicitação de empréstimo.

4. A Cia. Tirateima Ltda. apresenta os seguintes índices de LI:

20X1	20X2	20X3
0,14	0,12	0,105

As informações comerciais evidenciam os seguintes atrasos nos pagamentos da Cia. Tirateima:

20X1: atraso de 10 dias.

20X2: atraso de 25 dias.

20X3: atraso de 45 dias.

Podemos dizer o seguinte:

( ) a) Para efeito de análise de crédito, o índice de LI, já apresentado, é irrelevante, não devendo ser considerado.

( ) b) Nos dias atuais há uma tendência de todas as empresas atrasarem; portanto, não levaremos em consideração os atrasos citados anteriormente.

84 | Análise das demonstrações contábeis – *Marion*

( ) c) Com uma inflação alta, a empresa tende a reduzir o seu disponível para não haver corrosão monetária pela inflação. Portanto, não se considera a queda desse índice.

( ) d) Os dados apresentados anteriormente são relevantes para efeito de análise, devendo ser considerados.

D. Exercícios

1. Com base nas Demonstrações Financeiras a seguir, calcule os Índices de Liquidez para 20X6 e 20X7.

BALANÇO PATRIMONIAL

Cia. Bom de Papo

Em $ mil

ATIVO			PASSIVO E PATRIMÔNIO LÍQUIDO		
	31-12-X6	**31-12-X7**		**31-12-X6**	**31-12-X7**
Circulante			**Circulante**		
Caixa	10.000	28.000	Fornecedores	5.000	5.000
Dupls. a Receber	15.000	50.000	Contas a Pagar	4.000	4.000
Estoques	30.000	15.000	Imposto Renda	8.000	2.000
Total do Circulante	**55.000**	**93.000**	Dividendos a Pagar	0,00	15.000
Não Circulante			**Total do Circulante**	**17.000**	**26.000**
Realizável a Longo Prazo	12.000	5.000	**Não Circulante**		
Investimentos	8.000	15.000	Financiamentos (ELP)	0,00	30.000
Imobilizado	20.000	40.000	**Total do Não Circulante**	**0,00**	30.000
(–) Depr. acumul.	(6.000)	(10.000)	**Patrimônio Líquido**		
Total do Não Circulante	**34.000**	**50.000**	Capital	60.000	60.000
			Reservas de Lucro	12.000	27.000
			Total Patr. Líquido	**72.000**	**87.000**
Total	89.000	143.000	Total	89.000	143.000

2. A Cia. Liquidada apresenta o seguinte Quadro de Liquidez nos últimos três anos:

Índices de Liquidez	20X1	20X2	20X3
Imediata	0,16	0,14	0,10
Corrente	1,40	1,35	1,08
Seca	0,90	0,80	0,70
Geral	0,30	0,31	0,29

O seu gerente financeiro argumenta da seguinte forma:

a) A LI caiu porque em épocas de inflação não é interessante ter dinheiro ocioso em Caixa.

b) A LG é baixa, pois todo o financiamento obtido em 20X1 foi aplicado no Imobilizado.

c) A Liquidez Seca caiu porque aumentamos consideravelmente nossos estoques de matéria-prima.

d) A nossa LC caiu; porém, a nossa média é de 1,28 =

$\dfrac{(1,40 + 1,35 + 1,08)}{3}$, que está bem razoável.

Outras informações:

A empresa está atrasando pagamento aos seus fornecedores na seguinte base:

Atrasos médios

	20X1	20X2	20X3
	20 dias	40 dias	56 dias

O financiamento vencerá no ano seguinte (quatro anos).

O Estoque de matéria-prima dessa empresa é de fácil aquisição no mercado e normalmente sobe de preço em proporção menor que a inflação.

Pede-se: analise essa empresa e diga se o argumento do gerente financeiro é válido.

E. Exercícios de integração

1.

BALANÇO PATRIMONIAL

Ind. Incompleta Ltda.

		31-12-X3	31-12-X4
A T I V O	**Ativo Circulante**		
	Caixa e Banco	300.000	500.000
	Duplicatas a Receber	1.800.000	2.000.000
	Estoques	1.200.000	1.500.000
	Total do Circulante	3.300.000	4.000.000
	Ativo Não Circulante		
	Investimentos	400.000	600.000
	Imobilizado	2.000.000	2.400.000
	Total do Não Circulante	2.400.000	3.000.000
	Total	5.700.000	7.000.000
P A S S I V O e P L	**Passivo Circulante**		
	Fornecedores	1.600.000	- - - - - - - -
	Empréstimo Bancário	1.200.000	- - - - - - - -
	Juros a Pagar	200.000	- - - - - - - -
	Total do Circulante	3.000.000	- - - - - - - -
	Passivo Não Circulante		
	Financiamentos em moeda estrangeira (ELP)	800.000	- - - - - - - -
	Patrimônio Líquido		
	Capital	1.200.000	2.000.000
	Reservas	700.000	1.600.000
	Total do PL	1.900.000	- - - - - - - -
	Total	5.700.000	- - - - - - - -

Preencha os espaços pontilhados considerando os seguintes dados:

a) Nada foi amortizado de financiamento, todavia na DRE encontramos um montante de $ 400.000 de variação cambial.

b) Os juros de financiamentos referentes a 20X4, que serão pagos em 20X5, atingiram o montante de $ 300.000.

c) Os juros de empréstimos referentes a 20X4 totalizaram $ 400.000, sendo que 50% já foram pagos e o restante será liquidado em 20X5.

Após preencher os dados, calcular todos os Índices de Liquidez para 20X3 e 20X4.

2. Indicadores Financeiros

Monte um Balanço Patrimonial, indicando números nas linhas pontilhadas, de forma que:

a) a LC seja acima de 1,50;

b) o endividamento da empresa seja elevado (muito capital de terceiros);

c) LG ruim;

d) A LS seja abaixo de 0,50.

Em $ mil

Ativo		Passivo	
Circulante		**Circulante**	- - - - - -
Disponível	- - - - - -		
Dupl. a receber	- - - - - -	**Não Circulante**	- - - - - -
Estoque	- - - - - -		
Total do Circulante	- - - - - -	**Patrimônio Líquido**	- - - - - -
Não Circulante	- - - - - -		
Total	- - - - - -	**Total**	- - - - - -

F. Estudo de caso

Crise do setor de transporte e logística até 2018.

O jornal *O Estado de S. Paulo* (suplemento Empresas Mais, 28 set. 2018, p. 39) traz a seguinte reportagem:

"Um setor à espera de 2019

Depois de um 2017 com resultados abaixo do esperado, a expectativa das empresas é de que o crescimento seja retomado no ano que vem

Diferentemente de muitos outros segmentos da economia, o setor de transportes e logística ainda não viu melhoras de resultados. O ano de 2017 e os primeiros meses de 2018 fecharam com o que se chama de lenta recuperação, gerando um otimismo cauteloso em relação aos resultados a serem alcançados nos próximos meses. Boa parte do sentimento aparece na Sondagem das Expectativas Econômicas em 2017, divulgada no fim do ano passado pela CNT (Confederação Nacional do Transporte). O estudo apontou que as empresas de transporte começaram a se recuperar da recessão econômica que afetou o país nos últimos quatro anos, mas que essa retomada ocorreu em ritmo mais lento do que o esperado.

A cautela reduziu as expectativas para este ano: a sondagem apontou que 54,8% das companhias esperavam um aumento do PIB (Produto Interno Bruto) em 2018, ao mesmo tempo que 38,9% delas acreditavam que a retomada do crescimento econômico só seria percebida em 2019. Para chegar a esse resultado, foram ouvidas 823 empresas.

Para Bruno Batista, diretor executivo da CNT, essa percepção das empresas vem se mantendo ao longo deste ano. 'O crescimento vem ocorrendo em um ritmo muito aquém do que estava previsto, e isso tem impacto direto na atividade do transportador', diz. As esperadas reformas anunciadas pelo governo também ficaram aquém do esperado. Batista lembra que havia uma expectativa grande em relação ao câmbio e à possibilidade de uma reforma tributária, que acabou não ocorrendo.

Reedição

Batista afirma que 2018 deve ser uma reedição do ano passado. 'O setor está em uma retomada muito lenta e a economia está crescendo em um ritmo frustrante', diz. A crise, lembra, tem sido a grande responsável, por exemplo, pela perda de público no setor de transporte de passageiros, principalmente o transporte urbano, onde, em 2017, 60% das empresas de transporte tiveram queda de receita.

O executivo acredita que as eleições deste ano serão como um divisor de águas. 'Os empresários, de modo geral, continuam em compasso de espera', diz. Batista reforça que essa incerteza é prejudicial ao setor, que vê represados investimentos em infraestrutura e em renovação de frotas, por exemplo. 'Por conta desse cenário, a expectativa até o final do ano é de manutenção desse ritmo. Em 2019, devemos iniciar o diálogo com o novo governo. Mas não há perspectiva de mudança para este segundo semestre', lamenta.

As intenções do novo governo, aliás, são fundamentais para os objetivos do setor. De acordo com Batista, nos últimos anos foram reduzidos os investimentos em infraestrutura, ao mesmo tempo que houve aumento do óleo diesel e queda na demanda. 'Qualquer alta na composição do preço tem impacto direto na atividade, já que é o principal fator de custo na atividade de transporte', compara. 'Enquanto estivermos nesse cenário nebuloso, que deve permanecer até o final do ano, o empresário deve aguardar uma definição um pouco mais clara para planejar a retomada em 2019', diz."

No BP de 2017, conforme a revista *Exame* – Melhores e Maiores, a mediana da LC foi de 0,87. Avalie se esse segmento (transporte) tem normalmente LC baixa ou se isso se deve à crise do setor.

Em 2018 houve greve dos caminhoneiros. Este fato trouxe melhora para o setor?

Avalie o comportamento do Índice de LC em 2019. Houve melhora?

G. Trabalho prático

Parte 4

As três primeiras partes do trabalho prático abrangeram a obtenção, a avaliação e a preparação das Demonstrações Contábeis para a análise.

Nessa etapa, iniciaremos a análise elaborando o que denominamos de quadro clínico. O quadro clínico equivale a um *check-up* que o médico faz em relação a um paciente. De posse de todos os exames, o médico dá o diagnóstico da saúde do paciente. O paciente, nesse caso, é a empresa que você está analisando e deve-se preencher somente os três anos dos quatro índices de liquidez.

Índices		Fórmulas	Ano 1	Ano 2	Ano 3	Conceito	Tendência
Liquidez (situação financeira)	Corrente	AC/PC	1,10	1,81			
	Seca	(AC-EST)/PC	0,70	1,14			
	Geral	(AC + RLP)/(PC + ELP)	0,87	1,18			
	Imediata	Disp./PC	0,10	0,23			
Endividamento	Quantidade						
	Qualidade						
Rentabilidade (situação econômica)	Empresa						
	Empresário						
	Margem Líquida						
	Giro do Ativo						

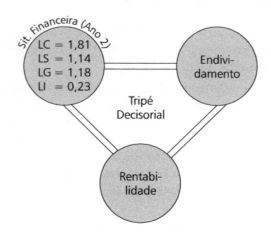

5

Índices de Endividamento

 LEITURA INTRODUTÓRIA

"A CRISE FINANCEIRA NOS EUA EM 2008 (INICIADA EM 2007) FOI RESULTADO DE UM 'CALOTE' MUITO GRANDE DE CLIENTES AMERICANOS QUE NÃO TINHAM BOM HISTÓRICO DE PAGAMENTO. O CITIGROUP E O MERRILL LYNCH ANUNCIARAM PREJUÍZOS BILIONÁRIOS, QUASE US$ 10 BILHÕES CADA UM, NO 4º TRIMESTRE DE 2007. VEJA COMO ESSA CRISE PODERIA TER AFETADO O ENDIVIDAMENTO NAS EMPRESAS BRASILEIRAS EM 2008:

O Lucro Líquido das empresas com ações negociadas na Bolsa de Valores de São Paulo (Bovespa) desabou no primeiro trimestre. Um levantamento da empresa de informações financeiras Economática, com base no desempenho de 149 companhias que já apresentaram balanço, aponta queda de 29,5% no Ganho Líquido dos três primeiros meses de 2009, quando comparado com o de igual período de 2008.

De acordo com Fernando Pavel, presidente da Economática, boa parte da queda no lucro é explicada pelo aumento de 126,3% nas Despesas Financeiras Líquidas, que saltou de R$ 1,826 bilhão no primeiro trimestre de 2008 para R$ 4,133 bilhões agora.

Boa parte do aumento da despesa financeira se deve ao fato de que a Dívida Bruta dessas empresas somou R$ 264,956 bilhões no fim do primeiro trimestre deste ano, contra R$ 183,172 bilhões em 31 de março de 2008, o que representou aumento de 44,6%.

Para Exel, cerca de metade dos R$ 91,783 bilhões que foram contabilizados a mais na dívida dessas empresas no referido ano podem ser creditados aos efeitos da valorização do dólar frente ao real. Em 12 meses, a contar de abril de 2008, o dólar teve valorização de 32%.

Como a maior parte das empresas abertas têm dívidas em moeda estrangeira, a alta do dólar fez o endividamento em reais ficar maior, ampliando a base de incidência dos juros. A outra fatia do crescimento da dívida, segundo o presidente da Economática, seria referente a compromissos novos.

"A euforia do período de ouro que vimos nos últimos cinco anos já ficou para trás", diz Exel, referindo-se à vigorosa onda de crescimento mundial que turbinou a rentabilidade das empresas brasileiras.

> ### DESPESA OPERACIONAL
>
> *O Lucro Líquido consolidado de todas as companhias analisadas somou R$ 7,330 bilhões, ante R$ 10,390 bilhões no primeiro trimestre de 2008. A queda no lucro também foi influenciada pelo aumento das Despesas Operacionais.*
>
> *Isso fez o Lucro da Operação (EBIT) desse grupo de empresas cair 4,9%, embora a Receita Líquida tenha apresentado crescimento de 10,5%. "Essa medida, que pode ser considerada uma espécie de prima distante do PIB (Produto Interno Bruto), é o que mostra a real atividade da companhia", diz Exel.*
>
> *Segundo ele, são muitos os fatores que podem explicar o aumento das despesas operacionais, variando de empresa para empresa. Entre eles, Exel cita a dependência de insumos importados e a redução de margem de comercialização como forma de aproximar mais das metas estabelecidas para as vendas.*
>
> *"As despesas operacionais subiram mais que as receitas e sobrou menos lucro das operações", comenta Exel."*
>
> **Fonte:** *O Estado de S. Paulo,* 16 maio 2009.

5.1 Quantidade da dívida (alta, razoável, baixa)

É por meio desses indicadores que apreciaremos o nível de endividamento da empresa.

Sabemos que o Ativo (aplicação de recursos) é financiado por Capitais de Terceiros (Passivo Circulante + Exigível a Longo Prazo)[1] e por Capitais Próprios (Patrimônio Líquido). Portanto, Capitais de Terceiros e Capitais Próprios são fontes (origens) de recursos.

Também são os indicadores de endividamento que nos informam se a empresa se utiliza mais de recursos de terceiros ou de recursos dos proprietários. Saberemos se os recursos de terceiros têm seu vencimento em maior parte a Curto Prazo (Circulante) ou a Longo Prazo (Exigível a Longo Prazo).

É do conhecimento de todos que, nos últimos anos, tem sido crescente o endividamento das empresas. Esse fenômeno é mais mundial que brasileiro.

De acordo com o Professor Stephen C. Kanitz,[2] em 1973, no artigo "Melhores e Maiores", publicado pela revista *Exame,* o Capital de Terceiros utilizado para financiar o Ativo era de aproximadamente 30% (70% de Capital Próprio). Em menos de 10 anos, a situação quase se inverteu: a empresa brasileira utilizava mais de 57% de Capital de Terceiros para constituir seu Ativo (43% de Capital Próprio). Todavia, nos finais de 1980, novamente o PL cresceu, chegando próximo de 60%, reduzindo a dívida, principalmente em virtude de seu alto custo. No Plano Real, o endividamento voltou a crescer, chegando à casa dos 51% (nesse caso, o Capital Próprio seria a outra metade) na virada do século. Na edição revista *Exame* – Melhores e Maiores, publicada em agosto de 2018, o endividamento chegou a 59,2% em 2016 e 61,5% em 2017.

---

[1]   Lembramos que o Exigível a Longo Prazo faz parte do grupo *Passivo Não Circulante.*
[2]   Cf. Equipe de Professores da FEA/USP, *Contabilidade intermediária.* São Paulo: Atlas, 1981.

Não há dúvida de que, principalmente em época inflacionária, é apetitoso trabalhar mais com Capital de Terceiros que com Capital Próprio. Essa tendência é acentuada quando a maior parte do Capital de Terceiros é composta de Exigíveis Não Inerosos, isto é, exigíveis que não geram encargos financeiros explicitamente para a empresa (não há juros: fornecedores, impostos, encargos sociais a pagar etc.).

Por outro lado, uma participação do Capital de Terceiros exagerada em relação ao Capital Próprio torna a empresa vulnerável a qualquer intempérie. Normalmente, as instituições financeiras não estarão dispostas a conceder financiamentos para as empresas que apresentarem essa situação desfavorável. Em média, as empresas que vão à falência apresentam endividamento elevado em relação ao Patrimônio Líquido.

Ressaltemos, todavia, que o endividamento de alguns países desenvolvidos é alto, chegando a 60% (40% de Capital Próprio). Isso se deve à necessidade imperiosa de renovação do Ativo para torná-lo mais competitivo. Assim, só recursos próprios não são suficientes para atender à velocidade da renovação do Ativo, precisando-se recorrer a Capitais de Terceiros.

Na análise do endividamento, há necessidade de detectar as características do seguinte indicador:

- *Empresas que recorrem a dívidas como um complemento dos Capitais Próprios para realizar aplicações produtivas em seu Ativo* (ampliação, expansão, modernização etc.). Esse endividamento é sadio, mesmo sendo um tanto elevado, pois as aplicações produtivas deverão gerar recursos para saldar o compromisso assumido;
- *Empresas que recorrem a dívidas para pagar outras dívidas que estão vencendo.* Por não gerarem recursos para saldar seus compromissos, elas recorrem a empréstimos sucessivos. Permanecendo esse círculo vicioso, a empresa será séria candidata à insolvência e, consequentemente, à falência.

5.2 Qualidade da dívida (boa, razoável, ruim)

A análise da composição do endividamento também é bastante significativa:

- Endividamento a Curto Prazo, normalmente utilizado para financiar o Ativo Circulante;
- Endividamento a Longo Prazo, normalmente utilizado para financiar o Ativo Permanente.

A proporção favorável seria de maior participação de dívidas a Longo Prazo, propiciando à empresa tempo maior para gerar recursos que saldarão os compromissos. Expansão e modernização devem ser financiadas com recursos a Longo Prazo e não pelo Passivo Circulante, pois os recursos a serem gerados pela expansão e modernização virão a longo prazo.

Se a composição do endividamento apresentar significativa concentração no Passivo Circulante (Curto Prazo), a empresa poderá ter reais dificuldades num momento de reversão de mercado (o que não aconteceria se as dívidas estivessem concentradas no Longo Prazo). Na crise, ela terá poucas alternativas: vender seus estoques na base de uma "liquidação forçada" (a qualquer preço), assumir novas dívidas a Curto Prazo[3] que, certamente, terão juros altos, o que aumentará as despesas financeiras.

Se a concentração fosse a Longo Prazo, a empresa, num momento de revés, teria mais tempo para replanejar sua situação, sem necessidade de se desfazer dos Estoques a qualquer preço.

Empréstimos a Curto Prazo são mais onerosos que os de Longo Prazo. Quando uma empresa tem dívida concentrada no Curto Prazo, principalmente formada por empréstimos, certamente a qualidade não é boa. Entretanto, quando há equilíbrio entre Curto e Longo Prazo, a qualidade é melhor. Outro ângulo de análise da qualidade da dívida é o custo do dinheiro. Excesso de Desconto de Duplicatas e Empréstimos de Curto Prazo geram custo elevado da dívida, propiciando uma qualidade ruim. Normalmente, os financiamentos de Longo Prazo são menos onerosos (mais baratos).

5.3 Alguns indicadores

1º) *Participação de Capitais de Terceiros sobre Recursos Totais* **(Quantidade da Dívida)**

$$\frac{\text{Capital de Terceiros}}{\text{Capital de Terceiros} + \text{Capital Próprio}} = \frac{\text{Exigível Total}}{\text{Exigível Total} + \text{PL}} =$$

$$= \frac{\text{PC} + \text{ELP}}{\text{PC} + \text{ELP} + \text{PL}} = \frac{\text{PC} + \text{PNC}^4}{\text{PC} + \text{PNC}^4 + \text{PL}}$$

Casa das Lingeries Ltda.

20X4	*20X5*
ou	ou

$$\frac{440.000}{790.000} = 0,56 \rightarrow 56\% \qquad \frac{430.000}{830.000} = 0,52 \rightarrow 52\%$$

56% dos Recursos Totais originam-se de Capitais de Terceiros → idem 52%

44% do Ativo é financiado com Capital Próprio → idem 48%

Houve um pequeno decréscimo no endividamento em 20X5. Podemos dizer, neste ano, que a situação é equilibrada, praticamente meio a meio Capital de Terceiros e Capital Próprio.

---

[3] Dificilmente conseguiria a Longo Prazo.

[4] PNC = Passivo Não Circulante.

O endividamento pode ser medido pelo *Grau da Dívida*, que é o capital de terceiros dividido pelo Patrimônio Líquido.

2º) *Garantia do Capital Próprio ao Capital de Terceiros*

$$\frac{\text{Capital Próprio}}{\text{Capital de Terceiros}} = \frac{\text{PL}}{\text{Exigível Total}} = \frac{\text{PL}}{\text{PC + ELP}} = \frac{\text{PL}}{\text{PC + PNC}^5}$$

Casa das Lingeries Ltda.

20X4	20X5
$\frac{350.000}{440.000} = 0{,}80$ para *1*	$\frac{400.000}{430.000} = 0{,}93$ para *1*

Para cada \$ 1,00 de Capital de Terceiros há \$ 0,80 de Capital Próprio como Garantia (20X4).

A garantia ao Capital de Terceiros, oferecida pelo Capital Próprio, aumentou para \$ 0,93 em 20X5.

Veja que esse índice é o contrário do Grau de Endividamento que é CT/PL.

3º) *Composição de Endividamento* **(Qualidade)**

$$\frac{\text{PC}}{\text{Capital de Terceiros}} = \frac{\text{PC}}{\text{Exigível Total}} = \frac{\text{PC}}{\text{PC + ELP}} = \frac{\text{PC}}{\text{PC + PNC}^5}$$

Casa das Lingeries Ltda.

20X4	20X5
ou	ou
$\frac{340.000}{440.000} = 0{,}77 \rightarrow 77\%$	$\frac{280.000}{430.000} = 0{,}65 \rightarrow 65\%$

77% dos Capitais de Terceiros vencerão a Curto Prazo → idem 65%.

A empresa opera mais com dívidas a Curto Prazo. Essa situação é desfavorável, prejudicando sua Liquidez Corrente (Situação Financeira). Todavia, houve boa melhora de um ano para o outro.

---

[5] PNC = Passivo Não Circulante.

5.4 Quantidade × qualidade da dívida

Se eu perguntasse para uma classe de alunos qual é a sua dívida e o Aluno *A* tivesse $ 5.000 e o Aluno *B* tivesse $ 100.000, em termos de *quantidade* o Aluno *A* teria dívida baixa e o *B* alta. Continuando, detecto que o *A* tem dívida em cheque especial (> que 150% ao ano) e o Aluno *B* deve para seu avô que disse: "pague quando puder e sem juros". O Aluno *A* tem *qualidade* ruim de dívida, porém a dívida do Aluno *B* é de boa qualidade.

Faremos uma comparação da Empresa Prosperidade com a Cia. Conservadora:

Prosperidade

Ativo		Passivo	
Circulante	4.200	Circulante	3.100
Não Circulante	5.800	Não Circulante	
		(ELP)	2.900
		PL	4.000
Total	**10.000**	**Total**	**10.000**

Conservadora

Ativo		Passivo	
Circulante	4.200	Circulante	4.000
Não Circulante	5.800	PL	6.000
Total	**10.000**	**Total**	**10.000**

A Prosperidade tem um endividamento (60% = 6.000/10.000) alto para os padrões brasileiros; todavia, está no limite dos padrões internacionais. Ainda que o endividamento seja alto (quantidade), podemos dizer que é um bom perfil de endividamento (qualidade), pois praticamente a metade é de Longo Prazo ou Não Circulante (menos oneroso e mais tempo para pagar).

Por outro lado, a Conservadora tem um endividamento baixo (40% = 4.000/10.000), porém de qualidade ruim, pois ele todo vai vencer rapidamente e, havendo financiamentos de instituições financeiras, seria mais oneroso.

A situação financeira da Prosperidade é mais folgada que a da Conservadora no Curto Prazo. Para o Longo Prazo, a Prosperidade terá tempo de gerar mais Circulante a fim de honrar seus compromissos que demorarão para vencer.

5.5 Endividamento e tripé da análise

Veja na Figura 5.1 que já relacionamos dois pontos fundamentais do tripé da análise: Endividamento e Liquidez.

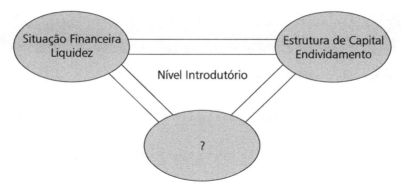

Figura 5.1 Pontos já abordados do tripé de análise.

Antes de entrarmos no terceiro pé, que é a Situação Econômica (Rentabilidade), estudaremos, no Capítulo 6, aprofundando um pouco mais (Nível Intermediário) a Situação Financeira.

É importante, neste momento, integrar a Situação Financeira e o Endividamento e, em um momento seguinte, a Rentabilidade.

Considere, por exemplo, a Figura 5.2. A Empresa Prosperidade, citada no item 5.4, apresenta uma Liquidez Corrente de 1,35, demonstrando uma Situação Financeira de Curto Prazo satisfatória (admitindo que esse índice de liquidez está acima da média das empresas do mesmo ramo de atividade). Por outro lado, o endividamento é alto (60%). Essa situação pode ser mais confortável se a empresa for rentável, já que o lucro não distribuído será incorporado ao Patrimônio Líquido, reduzindo o endividamento. Daí a necessidade da análise conjunta do terceiro pé (a ser visto a partir do Capítulo 7).

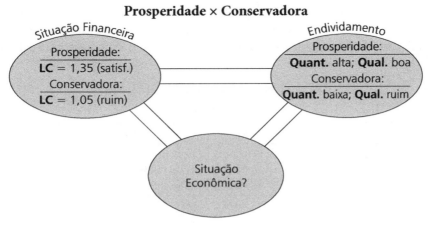

Figura 5.2 Integração entre situação financeira e endividamento.

PARTE PRÁTICA

A. Questões sobre a leitura introdutória

(Expansão do Endividamento)

1. Toda empresa que tem bom lucro tem condições de pagar suas dívidas pontualmente? Explique.
2. O que significam os efeitos da valorização do dólar frente ao real? Tem a ver com a crise americana em 2008?
3. Que fator explica o aumento de despesas operacionais?
4. Por que o endividamento se relaciona com a rentabilidade?

B. Questões sobre o Capítulo 5

1. Quando uma empresa substitui dívidas de Longo Prazo por dívidas de Curto Prazo, o que acontece com o seu Endividamento (quantidade e qualidade da dívida)?
2. Quando pensamos em Endividamento é comum lembrarmos da afirmativa: "dívida não se paga, administra-se". Comente-a.
3. Os Ativos da Cia. Exemplo são financiados, em sua maior parte, por Capitais de Terceiros. Pode-se dizer que ela está muito endividada e não conseguirá pagar suas dívidas no vencimento? Por quê?
4. Por que é mais interessante trabalhar com Capital de Terceiros e não com Capital Próprio em períodos de inflação elevada?

C. Testes abrangentes

1. O Banco Enjoadinho S.A. dispõe, em seu manual de normas, que o limite de crédito para seus clientes será estipulado de maneira que o Capital de Terceiros não ultrapasse 60% dos recursos totais antes da concessão do empréstimo. Seu cliente, A Rainha da Massagem Ltda., apresenta o seguinte Balanço Patrimonial resumido.

BALANÇO PATRIMONIAL RESUMIDO[6]

Em $ mil

Ativo		Passivo e PL	
Circulante	180.000	Circulante	400.000
Realizável a LP[6]	320.000	Exigível a LP[6]	200.000
Imobilizado[6]	700.000	Patrimônio Líquido	600.000
Total	1.200.000	Total	1.200.000

---

[6] Estes itens fazem parte do grupo Não Circulante.

O limite do crédito desta empresa será de:

( ) a) 720.000.000

( ) b) 360.000.000

( ) c) 120.000.000

( ) d) 60.000.000

2. Se você fosse obrigado a escolher apenas três índices para avaliar uma empresa, qual das opções julgaria mais conveniente?

( ) a) Liquidez Seca, Liquidez Absoluta e Participação de Capitais de Terceiros

( ) b) Rentabilidade, Rotação de Contas a Pagar e Liquidez Absoluta.

( ) c) Liquidez corrente, Liquidez Absoluta e Imobilização do Patrimônio Líquido

( ) d) Participação de Capitais de Terceiros, Liquidez Corrente e Rentabilidade

3. Mantidos constantes os demais elementos e considerando inexistir Realizável a Longo Prazo, quanto maior o quociente de Imobilização/Patrimônio Líquido + Exigível a Longo Prazo, menor será o quociente de:

( ) a) Rentabilidade

( ) b) Rotação de estoques

( ) c) Endividamento

( ) d) Liquidez Corrente

( ) e) N.D.A.

4. A Cia. Industrial utilizou-se de recursos de Curto Prazo para financiar a compra de uma máquina, tendo em vista o aumento da sua produção e, consequentemente, aumento das vendas. Analisando o Endividamento da empresa, podemos dizer:

( ) a) A Cia. Industrial agiu de maneira correta se utilizando de Recursos de Terceiros para financiar seu Ativo.

( ) b) A Cia. não deveria ter adquirido a máquina, pois aumentou seu Endividamento.

( ) c) A Cia. Industrial é uma séria candidata à falência, já que financiou Ativo Permanente com recurso de Curto Prazo.

( ) d) N.D.A.

D. Exercícios

1. Calcule os Índices de Endividamento e Liquidez da Cia. Integrada:

a)

BALANÇO PATRIMONIAL
Cia. Integrada

Em $ mil

ATIVO		
Ativo Circulante	**31-12-Y7**	**31-12-Y8**
Disponibilidades	400.000	600.000
Contas a Receber (Líq.)	6.000.000	8.000.000
Estoques	2.000.000	4.000.000
Despesas Antecipadas	600.000	1.000.000
Total do Circulante	9.000.000	13.600.000
Não Circulante		
Realizável a Longo Prazo	2.000.000	3.000.000
Investimentos	1.600.000	2.600.000
Imobilizado	6.000.000	8.900.000
(–) Depreciação Acumulada	(1.200.000)	(2.100.000)
Total do Não Circulante	8.400.000	12.400.000
Total do Ativo	17.400.000	26.000.000

PASSIVO		
Passivo Circulante	**31-12-Y7**	**31-12-Y8**
Fornecedores	2.400.000	2.400.000
Contas a Pagar	1.200.000	1.400.000
Empréstimos	3.000.000	6.000.000
Provisão para Imposto de Renda	800.000	200.000
Total do Circulante	7.400.000	10.000.000
Não Circulante (ELP)	4.000.000	8.000.000
Patrimônio Líquido		
Capital	4.000.000	5.200.000
Reservas de Capital	800.000	800.000
Reservas de Lucros	1.200.000	2.000.000
Total do PL	6.000.000	8.000.000
Total do Passivo	17.400.000	26.000.000

2. Cia. Metalgráfica Lata Velha

Relacionamos a seguir os cinco últimos Balanços e os cinco últimos Demonstrativos de Resultados da Cia. Metalgráfica Lata Velha.

Informações adicionais:

2.1 A Diretoria do Banco de Desenvolvimento do Estado de Tramoia precisa autorizar um empréstimo de $ 500.000.000 à Metalgráfica, conforme pedido (intimação) do governador do Estado.

Cap. 5 • Índices de Endividamento | **99**

2.2 Para que o Banco possa conceder um empréstimo desse vulto, a situação econômico-financeira da empresa solicitante deverá ser promissora, principalmente no que concerne ao retorno sobre o investimento (Lucro).

2.3 A Empresa de Consultoria Azeitadora S.A. aceitou a incumbência da Diretoria do Banco para analisar a situação da Metalgráfica e elaborar um relatório que permita à diretoria do banco autorizar o referido empréstimo, sem problemas pessoais futuros.

2.4 A empresa de consultoria, por sua vez, não poderá distorcer a realidade dos fatos.

BALANÇOS EM..../..../....

Em $ mil

ATIVO	20X1	20X2	20X3	20X4	20X5
Circulante					
Disponível	4.000	10.000	8.000	12.000	5.000
Duplicatas a Receber	60.000	80.000	50.000	90.000	120.000
(–) Duplicatas Descontadas	(30.000)	(50.000)	(30.000)	(50.000)	(60.000)
(–) Prov. Devedores Duvidosos	(2.000)	(3.000)	(2.000)	(4.000)	(4.000)
Estoques	80.000	60.000	100.000	120.000	90.000
	112.000	97.000	126.000	168.000	151.000
Não Circulante					
Imobilizado	200.000	250.000	300.000	350.000	400.000
(–) Depreciação	(20.000)	(45.000)	(75.000)	(110.000)	(150.000)
	180.000	205.000	225.000	240.000	250.000
Total do Ativo	292.000	302.000	351.000	408.000	401.000
PASSIVO e PL					
Circulante					
Fornecedores	10.000	20.000	25.000	20.000	16.000
Empréstimos	76.000	87.000	136.000	208.000	225.000
	86.000	107.000	161.000	228.000	241.000
Não Circulante					
Empréstimos (ELP)	130.000	130.000	130.000	130.000	130.000
Total do Passivo Não Circulante	130.000	130.000	130.000	130.000	130.000
Patrimônio Líquido					
Capital	100.000	100.000	100.000	100.000	100.000
(–) Prejuízos Acumulados	(24.000)	(35.000)	(40.000)	(50.000)	(70.000)
	76.000	65.000	60.000	50.000	30.000
Total do Passivo e PL	292.000	302.000	351.000	408.000	401.000

DEMONSTRAÇÃO DOS RESULTADOS DOS EXERCÍCIOS

Em $ mil

ATIVO	20X1	20X2	20X3	20X4	20X5
Vendas Brutas	300.000	500.000	1.100.000	1.300.000	1.200.000
(–) Impostos	(45.000)	(75.000)	(165.000)	(195.000)	(180.000)
Vendas Líquidas	255.000	425.000	935.000	1.105.000	1.020.000
Custo das Mercadorias Vendidas	(180.000)	(300.000)	(660.000)	(780.000)	(720.000)
Lucro Bruto	75.000	125.000	275.000	325.000	300.000
(–) Despesas c/ Vendas	(15.000)	(25.000)	(55.000)	(65.000)	(60.000)
(–) Despesas Administrativas	(14.000)	(12.000)	(17.000)	(21.000)	(24.000)
(–) Despesas Financeiras	(48.000)	(71.000)	(176.000)	(210.000)	(192.000)
(–) Depreciação	(20.000)	(25.000)	(30.000)	(35.000)	(40.000)
(–) Devedores Duvidosos	(2.000)	(3.000)	(2.000)	(4.000)	(4.000)
Despesas	(99.000)	(136.000)	(280.000)	(335.000)	(320.000)
Lucro (prejuízo) Líquido	(24.000)	(11.000)	(5.000)	(10.000)	(20.000)

Comentários:

Como podemos observar, a empresa de consultoria terá muita dificuldade em dar parecer positivo, uma vez que a Lata Velha vem apresentando sucessivos prejuízos (uma exigência básica do Banco de Desenvolvimento para concessão do financiamento é a empresa apresentar Lucros).

Se atentarmos na DRE, verificaremos que a empresa apresenta Vendas Brutas crescentes. Portanto, não é a "queda de vendas" o motivo de sucessivos prejuízos.

Considerando que a taxa de juros cobrada pelo Banco de Desenvolvimento é, normalmente, subsidiada (abaixo da inflação), vamos propor à consultoria uma nova composição do nosso Passivo (com a injeção de $ 500.000.000) no sentido de melhor influenciá-la no seu parecer.

Dessa forma, você, como presidente da Lata Velha, fará um relatório à empresa de consultoria mostrando o principal problema da Lata Velha e proporá a melhor aplicação possível para o financiamento a ser obtido.

E. Exercícios de integração

1. Indicadores Financeiros II

Monte um Balanço Patrimonial, indicando números nas linhas pontilhadas, de forma que:

   a) A Liquidez Corrente seja acima de 1,80.

   b) O Endividamento da empresa seja elevado.

   c) A composição do Endividamento seja ruim.

   d) A Liquidez Seca seja abaixo de 0,80.

Em $ mil

ATIVO		PASSIVO E PL	
Circulante	- - - - -	Circulante	- - - - -
Disponível	- - - - -	Não Circulante (ELP)	- - - - -
Duplicatas a Receber	- - - - -		
Estoque	- - - - -	Patrimônio Líquido	- - - - -
Total do Circulante	- - - - -		
Não Circulante	- - - - -		
Total	- - - - -	Total	- - - - -

2. Cia. Divertida

Com base nos índices a seguir, preencha os espaços em branco (pontilhados) da Cia. Divertida.

Em $ mil

ATIVO		PASSIVO E PL	
Circulante		**Circulante**	
Caixa e Bancos	- - - - - -	Diversos a Pagar	- - - - - -
Duplicatas a Receber	- - - - - -		
Estoques	- - - - - -	**Não Circulante**	
Total Circulante	- - - - - -	Financiamento (ELP)	- - - - - -
Não Circulante			
Investimentos	20.000	**Patrimônio Líquido**	
Imobilizado	30.000	Capital	100.000
Intangível	- - - - - -	Reservas	- - - - - -
Total Não Circulante	- - - - - -	Total do PL	- - - - - -
Total	200.000	Total	- - - - - -

a) A Liquidez Corrente é igual a 1,6.

b) 40% do Ativo são financiados com Capital de Terceiros.

c) A Liquidez Geral é igual a 1,40.

d) A Liquidez Imediata é igual a 0,2857... (arredondar).

e) A Liquidez Seca é igual a 1,0.

F. Estudo de caso

Apresentamos nos quadros a seguir as melhores e as piores empresas em Endividamento no Brasil. Informações obtidas em: As melhores e piores empresas entre as 500 maiores do Brasil. Revista *Exame* – Melhores e Maiores, edição especial, ago. 2018.

As menos endividadas

Classificação das empresas pela relação Exigível sobre o Ativo Total – em %

2017	Empresa	Setor	Controle	Endividamento
1	Cateno	Serviços	Brasileiro	3,9
2	AWA Brasil	Mineração	Americano	8,3
3	Alcoa	Mineração	Americano	8,9
4	Grendene	Têxtil	Brasileiro	10,0
5	Arosuco	Bens de consumo	Belga	10,3
6	Metrô	Transporte	Estatal	10,3
7	Repsol Sinopec	Energias	Espanhol	12,7
8	EDE	Serviços	Brasileiro	15,8
9	Bahiagás	Energia	Estatal	16,1
10	FCA	Transporte	Brasileiro	17,7
11	Esho	Serv. de saúde	Brasileiro	17,7
12	Taurus	Atacado	Brasileiro	17,8
13	PB-LOG	Transporte	Estatal	18,2
14	M. Dias Branco	Bens de consumo	Brasileiro	18,3
15	Salobo	Mineração	Brasileiro	19,5
16	Ruff	Atacado	Brasileiro	19,8
17	Hering	Têxtil	Pulverizado	20,0
18	Extrafarma	Varejo	Brasileiro	20,4
19	Hypera Pharma	Farmacêutico	Brasileiro	21,7
20	Roche	Farmacêutico	Suíço	21,8

As mais endividadas

Classificação das empresas pela relação Exigível sobre o Ativo Total – em %

2017	Empresa	Setor	Controle	Endividamento
1	Hospital N. S. Conceição	Serv. de saúde	Estatal	721,1
2	Embrapa	Diversos	Estatal	237,6
3	Eletrobras Amazonas	Energia	Estatal	208,8
4	Comlurb	Infraestrutura	Estatal	185,20
5	Eletrobras Dist. Piauí	Energia	Estatal	162,7
6	Eletronuclear	Energia	Estatal	156,0
7	Unimed Rio	Serv. de saúde	Brasileiro	152,5
8	Eletrobras Dist. Alagoas	Energia	Estatal	144,7
9	Oi	Telecomunicações	Pulverizado	134,3

2017	Empresa	Setor	Controle	Endividamento
10	Gol	Transporte	Brasileiro	132,2
11	CEEE	Energia	Estatal	130,9
12	Liq	Serviços	Português	125,0
13	Comercial Carvalho	Varejo	Brasileiro	122,1
14	Bioserv Bioenergia	Energia	Francês	121,3
15	FUABC – Org. Soc. de Saúde	Serv. de saúde	Brasileiro	118,4
16	Garoto	Bens de consumo	Suíço	112,2
17	Bioserv	Energia	Francês	112,1
18	Cnova	Varejo	Francês	111,0
19	Correios	Serviços	Estatal	109,4
20	Cofco Brasil	Atacado	Chinês	108,1

Segundo a revista *Exame* – Melhores e Maiores, o comportamento do endividamento, desde 1973, pode ser representado em um gráfico (com arredondamento):

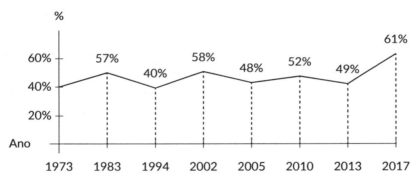

Figura 5.3 Comportamento do endividamento – 1973-2017.
Fonte: Revista EXAME. Melhores e maiores. Ago. 2018.

Nosso propósito aqui é, considerando o setor de cada empresa acima (as mais e as menos endividadas), avaliar por que essas empresas se distanciaram tanto do comportamento do endividamento das 500 maiores empresas.

G. Trabalho prático

Parte 5

Nos primeiros capítulos desde livro já foram lidos os Relatórios Contábeis, sublinhando-se as informações mais importantes. Dessa forma, você conheceu melhor a empresa, cenários, estratégia, política, dados do setor, procedimentos fiscais e societários etc., além de informações relevantes em relação às Demonstrações Contábeis.

104 | Análise das demonstrações contábeis – *Marion*

Após isso, foi montado o *quadro clínico*. O quadro clínico, como já vimos, equivale a um *check-up* que o médico faz em relação a um paciente. De posse de todos os exames, o médico dá o diagnóstico da saúde do paciente e sugere o remédio. O paciente, nesse caso, é a empresa em análise. Preencha no quadro a seguir somente as linhas do Endividamento, considerando que você já calculou a Liquidez.

Índices		Fórmulas	Ano 1	Ano 2	Ano 3	Conceito	Tendência
Liquidez	Corrente	AC/PC	Já calculado	Idem	Idem		
	Seca	$\dfrac{AC - EST}{PC}$	Já calculado	Idem	Idem		
	Geral	$\dfrac{AC + RLP}{PC + ELP}$	Já calculado	Idem	Idem		
	Imediata	$\dfrac{DISP}{PC}$	Já calculado	Idem	Idem		
Endividamento	Quantidade	CT/Passivo Total	_ _ _ _ _	_ _ _ _	_ _ _ _		
	Qualidade	PC/CT	_ _ _ _ _	_ _ _ _	_ _ _ _		
	Grau	CT/PL	_ _ _ _ _	_ _ _ _	_ _ _ _		
Rentabilidade	Empresa						
	Empresário						
	Margem L.						
	Margem O.						
	Giro do Ativo						

6

Índices de Atividade

 LEITURA INTRODUTÓRIA

EMPRESAS MAIS

No *ranking* das 1.500 maiores companhias do Brasil, publicado pelo jornal *O Estado de S. Paulo*, a Ambev foi a segunda colocada. Veja a reportagem:

"Segunda colocada no ranking CIE (Coeficiente de Impacto Estadão) de grupos, a Ambev atua essencialmente no segmento de alimentos e bebidas. Dona de 40 marcas, sendo 26 de cervejas, a empresa aposta na gerência do próprio negócio e se mantém concentrada na produção e apresentação da bebida. Houve uma reformulação das principais marcas, com Skol, que agora tem a embalagem da long neck transparente. 'Buscamos aumentar ainda mais a diferenciação de nossas marcas entre si e no mercado. Para isso, evoluímos o design gráfico, os materiais e os formatos de embalagem', afirma Fernando Tennenbaum, vice-presidente de Relações com Investidores da Cervejaria Ambev.

Entre os resultados, está o crescimento para 29% na participação das garrafas de vidro retornáveis vendidas no varejo, que inclui supermercados, minimercados e pequenos comércios, excluindo bares e restaurantes. O aumento foi puxado pelas garrafas 'mínis', de 300 ml, carro-chefe do formato. Segundo Tennenbaum, a marca Brahma Extra superou o desempenho do segmento na indústria. As cervejas premium, como Budweiser, Stella Artois e Corona, fecharam o ano representando mais de 10% do volume total de cerveja vendido pela companhia no País. 'Só a Budweiser teve um crescimento de mais de 30% no quarto trimestre de 2017, na comparação com o mesmo período do ano anterior', ressalta o executivo.

Parte desse desempenho se deve ao investimento em marketing. A atuação em todo o território nacional exige da companhia uma comunicação plural, mas adaptada a cada região e público. É o que tem sido feito em eventos como o carnaval de 2018. Tennenbaum lembra que a Skol patrocinou e apoiou quase todos os blocos LGBT, além de estar ao lado de diversos estilos musicais, como eletrônico, sertanejo, forró e rap. 'Para que perdure uma identificação genuína com nossas marcas', justifica.

Já na área de pesquisa e tecnologia, a companhia quer modernizar seu trabalho e para isso construiu o Centro de Inovação e Tecnologia (CIT) da Cervejaria Ambev, localizado no Parque

> *Tecnológico da Universidade Federal do Rio de Janeiro (UFRJ). Ali, a capacidade de pesquisa, desenvolvimento e produção foi dimensionada para atender à crescente demanda do País e estimular a variedade de opções para o consumidor. A obra é um complemento do que é feito no Centro de Desenvolvimento Tecnológico (CDT), em Guarulhos, o laboratório de ideias da empresa."*
>
> **Fonte**: *O Estado de S. Paulo*, 28 set. 2018.

6.1 Entendendo melhor a situação financeira

Nesse grupo, vamos estudar quantos dias a empresa demora, em média, para receber suas vendas, pagar suas compras e renovar seu estoque.

Para fins de análise, quanto maior for a velocidade de recebimento de vendas e de renovação de estoque, melhor. Por outro lado, quanto mais lento for o pagamento das compras, desde que não corresponda a atrasos, melhor.

Observe que a soma do Prazo Médio de Recebimento de Vendas (PMRV) com o Prazo Médio de Renovação de Estoques (PMRE) aproxima-se bastante do Ciclo Operacional da empresa, já que medimos, em média, quantos dias os estoques levam para serem vendidos, e somamos ao prazo de recebimento das vendas.

O ideal seria que a empresa atingisse uma posição em que a soma do Prazo Médio de Renovação de Estoques (PMRE) com o Prazo Médio de Recebimento de Vendas (PMRV) fosse igual ou inferior ao Prazo Médio de Pagamento de Compras (PMPC).

$$\frac{PMRE + PMRV}{PMPC} \leq 1$$

Dessa forma, a empresa poderia vender e receber a mercadoria adquirida para, depois, liquidá-la junto a seu fornecedor. Assim, se o PMRE for de 30 dias, o PMRV for de 54 dias e o PMPC for de 90 dias, a empresa terá ainda, em média, uma folga de seis dias. Seu posicionamento será de

$$\frac{30 + 54}{90} = 0,93 \text{ (favorável)} \rightarrow \text{Posição Relativa}$$

Nem sempre trazer esse índice em situação favorável (inferior a 1) é tarefa fácil. No entanto, não resta dúvida de que melhorar esse índice deve ser uma meta que a empresa estará sempre perseguindo.

Alguns aspectos para o cálculo dos Índices de Atividades:

a) Quando falamos em Prazo Médio de Recebimento de Vendas (PMRV), não estamos considerando apenas as vendas a prazo, mas o total de vendas. Se uma empresa vende 50% a prazo (e o restante à vista), com prazo de faturamento em torno de 60 dias, o PMRV deverá girar em torno de 30 dias (50% × 60 dias). Se quisermos trabalhar com Prazo Médio de recebimento de vendas a prazo, teremos muitas dificuldades, pois nem sempre (quase nunca) encontraremos discriminado o total das vendas a prazo. O mesmo esquema é válido para compras.

b) O total de vendas a ser utilizado para o cálculo do PMRV é a Receita Bruta, deduzida de Devoluções, por um lado (incluindo IPI, ICMS etc.), e o total de Duplicatas a Receber, por outro (sem excluir Provisão para Devedores Duvidosos e Duplicatas Descontadas). Assim, seremos consistentes na mesma base de cálculo.

c) Um problema que sempre surge para o cálculo do Prazo Médio de Pagamento de Compras (PMPC) é o valor de compras, já que a Demonstração de Resultado do Exercício não a destaca, mas apenas os Custos das Vendas. Caso se trate de uma empresa comercial, tudo se simplifica. Sabemos que o Custo da Mercadoria Vendida destacado na DRE é a soma do Estoque Inicial com as compras do período, deduzindo-se o Estoque Final: CMV = EI + C − EF. Utilizando os valores dos estoques indicados no Ativo Circulante em duas colunas (Estoques Inicial e Final) e o próprio valor do CMV indicado na DRE, encontraremos o valor de compras.

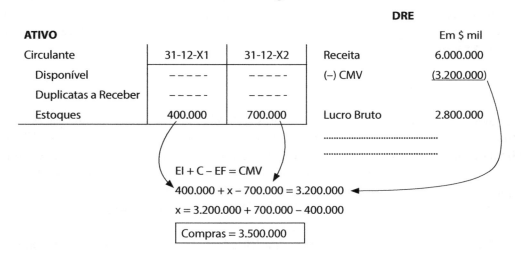

Quando se tratar de uma empresa industrial, a dificuldade se acentuará, uma vez que surgem no cálculo do Custo do Produto Vendido (publicado na DRE) os Gastos Gerais de Fabricação (Mão de obra Direta + Outros Custos Diretos de Fabricação + Custos Indiretos de Fabricação).

$$CPV = EI + C + GGF - EF$$

108 | Análise das demonstrações contábeis – *Marion*

Alguns analistas, por meio de diversos critérios, procuram estimar o valor de compras para esses casos. O ideal, sem dúvida, seria conseguir esse dado na empresa.

d) Esses índices não refletem a realidade, se aplicados em empresas que não têm Compras e Vendas uniformes durante o ano. Em outras palavras, não é adequado para empresas com vendas sazonais ou compras esporádicas.

e) Se, por um lado, vamos utilizar Vendas, Compras e Custo das Vendas (contas do DRE), por outro, para cálculo dos prazos médios, utilizaremos Duplicatas a Receber, Fornecedores e Estoques, respectivamente (contas do BP).

Existe relação direta entre elas:

Vendas	→	Duplicatas a Receber (**não passam por Duplicatas a Receber as vendas à vista**)
Compras	→	Fornecedores (**não passam por Fornecedores as Compras à vista**)
Custo das Vendas	→	Estoque

Esse grupo de índices ajuda a entender melhor a situação financeira da empresa. Se a empresa estiver com cada vez mais dificuldades financeiras, pode ser, muitas vezes, que o prazo de recebimento esteja muito defasado em relação ao prazo de pagamento. Pode ser que o Giro de Estoque seja lento, enquanto o prazo de pagamento das compras é rápido, e assim sucessivamente.

6.2 Valores médios

O saldo no final do exercício de Duplicatas a Receber (BP) representa uma parcela do total de vendas (DRE). Certamente, as Duplicatas a Receber representam as vendas do final do ano. Atentando para o total de vendas, notaremos que nessa conta estão acumuladas as vendas do ano todo (e não só do final do ano). Por isso, limitaríamos muito a qualidade de nosso índice se comparássemos as duplicatas do final do Exercício com as vendas acumuladas durante todo o período, dadas as distorções causadas pela inflação e as variações de vendas.

Por isso, a fim de melhorar a representatividade de Duplicatas a Receber, é recomendável que se utilizem valores médios de Duplicatas a Receber, apenas se houver inflação alta ou oscilações relevantes de vendas.

Todavia, se a empresa tiver vendas e compras regulares, uniformes no ano, em uma economia com baixa inflação, é possível trabalhar com os valores finais de Estoques, Duplicatas a Receber e Compras e Fornecedores. É assim que faremos agora em relação à empresa Casa das Lingeries Ltda.

Cap. 6 • Índices de Atividade | **109**

1º) *Prazo Médio de Recebimento de Vendas*

$$PMRV = \frac{360 \text{ dias} \times \text{Duplicatas a Receber}}{\text{Vendas Brutas}}$$

(Indica, em média, quantos dias a empresa espera para receber suas vendas)

$$PMRV_{20X5} = \frac{360 \times 220.000}{800.000} = 99 \text{ dias}$$

A empresa espera, em média, 99 dias para receber suas vendas.

2º) *Prazo Médio de Pagamento de Compras*

$$PMPC = \frac{360 \text{ dias} \times \text{Fornecedores}}{\text{Compras}}$$

(Indica, em média, quantos dias a empresa demora para pagar suas compras)

$$\text{Compras} \rightarrow CMV = EI + C - EF \rightarrow \underbrace{650.000 = 390.000 + C - 420.000}$$

$$C = 680.000$$

$$PMPC_{20X5} = \frac{360 \times 220.000}{680.000} = 116 \text{ dias}$$

3º) *Prazo Médio de Renovação de Estoques*

$$PMRE = \frac{360 \times \text{Estoques}}{\text{Custo das Vendas}}$$

(Indica, em média, quantos dias a empresa leva para vender seu estoque)

$$PMRE_{20X5} = \frac{360 \times 420.000}{650.000} = 232 \text{ dias}$$ (em média, a cada 232 dias, a empresa renova – vende – seu estoque)

4º) *Posicionamento de Atividade* (Posição Relativa)

$$PA = \frac{PMRE + PMRV}{PMPC} = \frac{232 \text{ dias} + 99 \text{ dias}}{116 \text{ dias}} = 2,85$$ (totalmente desfavorável)

O ideal seria que esse índice se aproximasse de 1, ou de valor menor que 1.

Nesse caso, a empresa demora para vender (PMRE) e, para receber suas vendas (PMRV), o prazo exagerado de 331 dias (232 + 99). O prazo de quase um ano é seu Ciclo Operacional. Por outro lado, em 116 dias paga suas compras. Em outras palavras, a empresa nem vendeu ainda (PMRE = 232 dias) e já precisou pagar salário, aluguel, fornecedores etc. Isso evidencia problemas de Capital de Giro.

O fato de se ter um Giro tão lento de estoque provoca uma Liquidez Seca baixa de 0,82 em 20X5. Embora a Liquidez Corrente (2,32) seja satisfatória, consideramos que o item Estoque pesa demasiadamente e preocupa o analista, o credor etc.

O prazo médio de recebimento das vendas (99 dias) também é alto, embora avaliado pelo prazo do pagamento das compras (116 dias).

6.3 Índices de atividades e situação financeira

No início deste capítulo, consideramos uma empresa que gira o estoque em 30 dias e recebe as vendas em 54 dias, pagando as compras em 90 dias. Vimos que a posição relativa dos prazos é favorável e igual a 0,93.

Equivalente ao Ciclo Operacional = 84 dias		Folga
PMRE	PMRV	–
30 dias	54 dias	6 dias
PMPC = 90 dias		

Nesse caso, a empresa tem uma folga financeira de seis dias, ou seja, após vender e receber, esperará seis dias para pagar suas compras com os fornecedores.

Admitamos que a empresa tivesse que pagar suas compras em 60 dias. Nesse caso, a posição relativa seria 84/60 = 1,40 – considerada desfavorável.

Equivalente ao Ciclo Operacional = 84 dias	
PMRE = 30 dias	PMRV = 54 dias

PMPC = 60 dias	Ciclo Financeiro

O período de 24 dias que a empresa pagaria antes de receber as vendas, conhecido como Ciclo Financeiro, significa Necessidade de Capital de Giro a ser financiada.

6.4 Necessidade de Capital de Giro

Para um cálculo mais adequado da Necessidade de Capital de Giro (NCG) não poderíamos comparar o Giro de Estoque (PMRE) e Recebimento das Vendas a Prazo (PMRV) apenas com o Pagamento de Fornecedores (PMPC).

Para se produzir estoque e vendê-los, outros componentes operacionais, além das compras, fazem parte do ciclo ininterrupto das operações da empresa. Esses outros componentes são conhecidos como contas cíclicas, pois sempre estão sendo alimentadas na produção e venda dos estoques:

Ativo Circulante		**Passivo Circulante**
Quando compra Matéria-Prima (MP)	gera →	Fornecedores
Quando transforma MP em estoques	gera →	Salários a pagar
Quando vende a prazo os estoques	gera →	Impostos a recolher

Na empresa Casa das Lingeries Ltda. estudamos uma situação em que a Posição Relativa é de 2,85 (o ideal seria menos que 1).

No ano de 20X5, as contas cíclicas eram:

Ativo Circulante		Passivo Circulante[1]	
Duplicatas a Receber	220.000	Fornecedores	220.000
Estoques	420.000	Salários a Pagar	40.000
Total AC	640.000	Total PC	260.000

Necessidade de Capital de Giro = Ativo Circulante Cíclico (–) Passivo Circulante Cíclico:

$$NCG = 640.000 - 260.000$$
$$NCG = 380.000$$

Essa necessidade de Capital de Giro de $ 380.000 representa em montante o Ciclo Financeiro. O administrador financeiro terá de correr atrás de recursos para cobrir essas contas vincendas, sendo que as vendas e o recebimento são lentos demais.

Se a empresa quiser descontar Duplicatas para acelerar o recebimento das vendas ou liquidar estoques para "fazer dinheiro", certamente comprometerá seu lucro, pois descontos de duplicatas implicam juros exorbitantes e liquidação de estoques implica elevados descontos. Essas operações de captação de Capital de Giro normalmente não são recomendáveis.

Assim, é saudável a redução do Prazo do Giro do Estoque (uma administração mais eficiente de estoque) e a redução do prazo do Recebimento das Duplicatas (política de crédito mais adequada, cobrança mais eficiente etc.).

Por outro lado, ampliar prazos de compra e negociar com novos fornecedores são iniciativas louváveis, já que é praticamente impossível negociar prazo com funcionários (salários), governo (imposto) etc.

Os índices de atividade, portanto, são fundamentais para enriquecer a análise da situação financeira da empresa.

Por exemplo, vimos que a Liquidez Corrente da Casa das Lingeries Ltda., de 2,32 para 20X5 foi excelente. Porém, a Liquidez Seca de 0,82 nos deixou preocupados, pois a empresa tem muito estoque.

Com os índices de atividade vimos que, embora a Liquidez Corrente seja alta, isso se deve, principalmente, ao fato de os Prazos de Rotação de Estoque e Recebimento de Duplicatas serem lentos demais.

---

[1] Nesse caso, não colocamos Imposto a Pagar, pois trata-se de Imposto de Renda a Pagar. Somente seria incluído Imposto a Recolher (ICMS, IPI etc.).

PARTE PRÁTICA

A. Questões sobre a leitura introdutória

(Empresas Mais)

1. Por que, entre as 1.500 maiores empresas no Brasil, a Ambev foi a segunda colocada no *ranking*?
2. Qual é o principal investimento feito por essa empresa?
3. Como o tipo de embalagem da cerveja pode ampliar as vendas?
4. O que é o Centro de Inovação e Tecnologia (CIT) dessa empresa? Que tipo de pesquisa é feito?

B. Questões sobre o Capítulo 6

1. Como podemos nos utilizar dos índices de atividade para analisar a situação financeira das empresas?
2. Quais fatores podem provocar o aumento do Prazo Médio de Recebimento de Vendas (PMRV) e o que a empresa pode fazer para evitar esse aumento?
3. Qual a relação existente entre os Índices de Atividade e o Ciclo Operacional e o Ciclo Financeiro? Explique e dê um exemplo.
4. Analise a afirmativa: "Os Índices de Atividade evidenciam os prazos necessários para que os itens do Ativo se renovem e para que possamos analisar o Ciclo Operacional e o Ciclo Financeiro".

C. Testes abrangentes

1. Um fabricante de artigos natalinos, cujo prazo real de financiamento de vendas é de 30 dias, apresenta Índice de Prazo Médio de Financiamento de Vendas, calculado por meio de suas demonstrações financeiras, igual a 300 dias. Isso revela que os Índices de Prazos Médios calculados:

    ( ) a) Não são absolutamente confiáveis e, portanto, não devem ser nunca calculados.

    ( ) b) São válidos apenas para empresas que tenham vendas e compras aproximadamente uniformes durante o ano.

    ( ) c) Para expressarem o valor real devem ser divididos por 10.

    ( ) d) Induzem sempre o analista a erros.

2. Sabendo-se que o estoque médio mensal estimado para 20X3 da empresa Sapopemba S.A. é de $ 9.836.400, que a empresa demora, em média, 90 dias para vender seus estoques e 60 dias para recebê-los (vendas a prazo), e que o custo da mercadoria vendida representa 60% das vendas, qual será o valor médio de Duplicatas a Receber para 20X7?

    ( ) a) 15.329.500

( ) b) 12.560.400

( ) c) 10.929.300

( ) d) É impossível calcular por falta de dados.

3. Uma empresa com PMRE igual a 20 dias e PMRV igual a 45 dias terá um ciclo operacional igual a:

( ) a) 25 dias

( ) b) 65 dias

( ) c) 35 dias

( ) d) Impossível calcular

4. A Cia. Modelo possui ciclo operacional igual a 88 dias e PMPC igual a 90 dias. Nesse caso temos:

( ) a) O ciclo financeiro dessa empresa será de 178 dias.

( ) b) A empresa terá que se financiar em 2 dias.

( ) c) A Cia. tem uma folga financeira de 2 dias.

( ) d) N.D.A.

5. Assinale a alternativa incorreta:

( ) a) Por apresentar maior riqueza de informações, o ideal é substituir a Demonstração dos Lucros e Prejuízos Acumulados pela Demonstração das Mutações do Patrimônio Líquido.

( ) b) A Demonstração dos Fluxos de Caixa indica, no mínimo, as alterações ocorridas no exercício no saldo de Caixa e equivalentes de caixa, segregados em fluxo das operações e dos financiamentos.

( ) c) A Demonstração do Valor Adicionado surgiu na Europa e cada vez mais tem crescido sua demanda no âmbito internacional.

( ) d) É necessário que as Demonstrações Contábeis sejam complementadas por Notas Explicativas e Quadros Analíticos.

D. Exercícios

1. Calcule os Índices de Atividade da Cia. Playboy:

BALANÇO PATRIMONIAL

Cia. Playboy

ATIVO	31-12-X2	31-12-X3	31-12-X4
Circulante			
Disponível	1.000	1.400	2.000
Duplicatas a Receber	10.000	12.000	15.000
Estoques	6.000	7.150	8.370
Total Circulante	17.000	20.550	25.370

PASSIVO e PL	31-12-X2	31-12-X3	31-12-X4
Fornecedores	1.000	1.600	2.000

DEMONSTRAÇÃO DO RESULTADO DO EXERCÍCIO
Cia. Playboy

Descrição	20X2	20X3	20X4
Receita Bruta	50.000	80.000	140.000
(–) Deduções	(5.000)	(8.000)	(14.000)
Receita Líquida	45.000	72.000	126.000
(–) CPV	(23.000)	(36.800)	(64.400)
Lucro Bruto	22.000	35.200	61.600
Compras	10.000	15.000	21.000

Analise o Ciclo Operacional e o Ciclo Financeiro.

2. Calcule os Índices de Atividade da Cia. Amnésia.

BALANÇO PATRIMONIAL
Cia. Amnésia

Em $ mil

	31-12-X7	31-12-X8		31-12-X7	31-12-X8
Circulante			**Circulante**		
Caixa	100	1.000	Fornecedores	500	1.000
Despesas a Receber (Valor Líquido)	500	1.000	Comissões a Pagar	100	200
			Pró-labore a Pagar	100	200
Estoques	1.000	1.800	Juros a Pagar	–	1.500
			Salários a Pagar	200	500
Despesas Antecipadas (Seguros)	100	200	Empréstimos Bancários	2.000	3.000
Total do Circulante	1.700	4.000	Total do Circulante	2.900	6.400

Em $ mil

Vendas Brutas	4.000	7.000
Compras	3.000	5.000

Analise o Ciclo Operacional e o Ciclo Financeiro.

E. Exercícios de integração

1. Empresa Invertida

   Com base nos dados a seguir, preencha os espaços em branco.

   O Exercício da Empresa Invertida permite avaliar se o estudante absorveu as fórmulas dos índices estudados. Partindo dos indicadores chegaremos aos valores do BP e DRE.

BALANÇO PATRIMONIAL
Em $ milhões

Ativo Circulante	
Caixa e Bancos	20.000
Títulos a Receber	- - - - -
Estoques	- - - - -
Total do Ativo Circulante	- - - - -
Ativo Não Circulante (Imobilizado)	- - - - -
Total do Ativo	- - - - -
Passivo Circulante	- - - - -
Não Circulante (ELP)	- - - - -
Patrimônio Líquido	- - - - -
Total do Passivo	- - - - -

DEMONSTRAÇÃO DO RESULTADO DO EXERCÍCIO

Vendas		720.000
(–) CMV		
Ei	100.000	
(+) C	500.000	
(–) Ef	- - - - - -	- - - - - - -
Lucro Bruto		- - - - - -
Despesas Operacionais		120.000
LL		- - - - - -

ÍNDICES

Imobilizado/Patrimônio Líquido	90%
Liquidez Corrente	2,00
Liquidez Seca	1,00
Prazo Médio de Recebimento de Vendas	90 dias
LL/Patrimônio Líquido Final	20%

116 | Análise das demonstrações contábeis – *Marion*

2. Empresa Novo Horizonte

A seguir, o Passivo Circulante e Exigível a Longo Prazo da Empresa Novo Horizonte relativos aos anos findos de 20X0, 20X1 e 20X2.

PASSIVO + PL	31-12-X0	31-12-X1	31-12-X2
Circulante			
Empréstimos	167.880	138.090	96.864
Fornecedores	25.182	248.562	532.752
Obrigações trabalhistas	33.576	73.648	145.296
Obrigações fiscais/previdenciárias	50.364	55.236	108.972
Outras obrigações	58.758	36.824	72.648
Total do Circulante	335.760	552.360	956.532
Não Circulante			
Financiamento (ELP)	503.640	368.240	254.268
Total do Passivo	839.400	920.600	1.210.800

Pede-se:

1. Faça as análises vertical e horizontal. Na análise vertical, considere 100% o total das exigibilidades, e na análise horizontal o primeiro ano tem como base 100 (índice 100), e todos os demais anos são representados com relação ao índice de 100.

2. Comente objetivamente as principais alterações ocorridas na composição das exigibilidades.

3. Indique apenas um ponto positivo e um ponto negativo na evolução das dívidas ao longo do período X0 a X2.

4. Admitindo-se que os valores das compras em X0, X1 e X2 foram, respectivamente, $ 100.400, $ 786.420 e $ 1.200.480, calcule o Prazo Médio de Pagamento das compras e analise a conta Fornecedores na composição de Endividamento.

F. Estudo de caso

Lojas Realce S.A.

A seguir são apresentados o Balanço Patrimonial e os dados sobre a Demonstração de Resultado do Exercício (resumidos) das Lojas Realce S.A.:

Cap. 6 • Índices de Atividade | **117**

BALANÇO PATRIMONIAL EM 31 DE DEZEMBRO

(Em milhares de reais)

ATIVO			PASSIVO		
Circulante	**20X7**	**20X6**	**Circulante**	**20X7**	**20X6**
Caixa e bancos	11.859	2.817	Fornecedores	80.823	36.872
Aplicações financeiras	–	8.608	Salários e encargos sociais	12.791	8.703
Contas a receber de clientes	151.555	108.400	Impostos e contribuições		
Provisão para contas de			a recolher	18.609	9.785
cobrança duvidosa	(5.700)	(5.000)	Empresa controladora	26.119	4.275
Impostos e contribuições			Contas a pagar	5.180	5.619
a compensar	5.038	3.740		143.522	65.254
Estoques	42.646	28.641			
Demais contas a receber	8.231	6.176			
	213.629	153.382	**Não Circulante**		
Não Circulante			Impostos e contribuições		
Realizável LP	33.411	30.996	sociais (ELP)	32.010	29.770
Investimentos	95.887	41.541			
Imobilizado	24.040	10.178			
Intangível	16.876	7.836			
	112.763	49.377			
			PATRIMÔNIO LÍQUIDO		
			Capital social	170.000	125.000
			Reserva de Capital	996	969
			Reservas de Lucros	13.275	12.762
				184.271	138.731
TOTAL	359.803	233.755	**TOTAL**	359.803	233.755

Dados sobre a Demonstração do Resultado dos Exercícios (em milhares de reais)

Períodos	20X7	20X6
Receita Bruta das Vendas	551.842	424.232
Receita Líquida das Vendas	401.389	315.555
Custo da Mercadoria Vendida	214.046	162.003
Lucro Bruto	187.343	153.552
Lucro (Prejuízo) Operacional	(305)	3.151
Lucro Líquido do Exercício	540	4.104

A Liquidez Corrente da referida empresa caiu de 2,35 para 1,49. Poderíamos dizer que a empresa está ampliando seus negócios e que essa queda de Liquidez é normal?

Calcule o Ciclo Operacional da empresa (Prazo Médio no Recebimento das Vendas + Prazo Médio na Rotação de Estoque) e dê novas informações para melhor atendimento nesse caso. Aumentou o Ciclo Operacional?

Considerando, hipoteticamente, que o Estoque Final de 31-12-X5 foi de $ 20.000.000, calcule os prazos médios de pagamento das compras e o Ciclo Financeiro aproximado de 20X6 e o real de 20X7.

G. Trabalho prático

Parte 6

Aqui você fará duas atividades distintas:

1. Calcule os Prazos Médios de Rotação de Estoque, de Recebimento das Vendas e dos Pagamentos das Compras.

A primeira dificuldade é a falta de informação sobre os valores das compras feitas pelas empresas. Se for empresa comercial, calcule pela fórmula do CMV, ou seja: CMV = EI + Compras – EF. Se for outro tipo de empresa, como indústria, você terá de ligar para ela e pedir a informação. Não conseguindo o valor de compras, não será possível calcular a Posição Relativa. Nesse caso, calcule apenas o Ciclo Operacional e veja se está aumentando em número de dias (o que é ruim), ou se está diminuindo.

Faça um quadro com base nesses indicadores, mas não os inclua no Quadro Clínico, pois são indicadores complementares.

Índices		Fórmulas	Ano 1	Ano 2	Ano 3	Conceito	Tendência*
Liquidez	Corrente	Valores → Hipotéticos	1,25	1,42	1,54		
	Seca	Valores → Hipotéticos	0,98	0,92	0,89		
	Geral	Valores → Hipotéticos	1,10	1,15	1,12		
	Imediata	Valores → Hipotéticos	0,10	0,12	0,11		
Endividamento	Quantidade	Valores → Hipotéticos	46%	52%	58%		
	Qualidade	Valores→ Hipotéticos	64%	52%	48%		
	Grau	Valores → Hipotéticos	108%	138%	184%		
Rentabilidade	Empresa						
	Empresário						
	Margem Líquida						
	Margem Operacional						
	Giro do Ativo						

* Tendência = melhorar, piorar ou estabilizar.

2. A segunda etapa é iniciarmos a análise da Tendência dos Indicadores (Tendência (Análise Horizontal dos Indicadores)).

Numa sequência de três períodos, podemos observar se a tendência é melhorar, piorar ou estabilizar.

Por exemplo, os dados hipotéticos colocados no Quadro Clínico mostram:

$$\text{Liquidez Corrente: } \frac{\text{Ano 1}}{1,25} - \frac{\text{Ano 2}}{1,42} - \frac{\text{Ano 1}}{1,54}$$

Fica claro que a tendência é *melhorar*, pois os índices estão aumentando a cada ano.

$$\text{Liquidez Seca: } \frac{\text{Ano 1}}{0,98} - \frac{\text{Ano 2}}{0,92} - \frac{\text{Ano 3}}{0,89}$$

É nítido que a tendência é *piorar*, pois a redução, ainda que lenta, é visível.

$$\text{Liquidez Geral: } \frac{\text{Ano 1}}{1,10} - \frac{\text{Ano 2}}{1,15} - \frac{\text{Ano 1}}{1,12}$$

Houve uma melhora do ano 1 para o ano 2 e uma pequena redução no ano 3. Não podemos afirmar que há uma tendência clara de melhora, mas que há uma *estabilização* de um patamar em torno de 1,10. Estabilizar significa que não existirão grandes variações para cima ou para baixo.

Na *quantidade da dívida* é nítido que ela está aumentando a cada ano. Com I, a tendência é piorar, pois ao contrário da Liquidez, a Dívida, quanto maior é pior. Veja que o grau da dívida também aumenta, piorando a situação.

Na *qualidade da dívida*, a participação no Curto Prazo está diminuindo, ou seja, cada vez há mais dívida de Longo Prazo, sendo que isso é melhor para a empresa. A tendência é continuar melhorando.

7

Índices de Rentabilidade

 LEITURA INTRODUTÓRIA

"Em 12 de abril, Jason Pressman passou a manhã torcendo no balcão da Bolsa de Valores de Nova York, quando as ações da empresa de software de gestão Zuora, na qual ele investiu em 2008, começaram a ser negociadas. Perto do fechamento do mercado, as ações da Zuora chegaram a subir 43%, fazendo com que o investimento de US$ 17 milhões feito pelo fundo Shasta Ventures, representado por Pressman, chegasse a um retorno de mais de US$ 150 milhões.

'Nada mal mesmo', disse Pressman após a oferta pública de ações (IPO, na sigla em inglês) da Zuora, antes de ir a um jantar de comemoração com cerca de 60 pessoas em um caro restaurante italiano nos arredores de Chelsea, em Nova York. O capitalista de risco disse que passou boa parte da noite anterior em claro, mas tinha disposição para comemorar. 'Estou com a adrenalina a toda.'

Muitos investidores, como Pressman, apoiam minúsculas startups de tecnologia na esperança de que algum dia elas abram o capital ou sejam vendidas por cifras enormes, entre nove e dez dígitos. Eles não têm lucrado realmente nos últimos anos. Isso porque empresas em rápido crescimento, como o aplicativo de carona paga Uber e a plataforma de hospedagem alternativa Airbnb, permanecem privadas.

• *Os investidores estão ansiosos por faturar em aberturas de capital que podem superar as dos últimos cinco anos."*

Maiores aberturas de capital de *startups* americanas desde 2013		*Startups* americanas mais valiosas	
Em bilhões de dólares, por valor de mercado		Em bilhões de dólares, pela avaliação mais recente de mercado	
Snap	24,8	Uber	68
Twitter	14,2	Airbnb	29,3
Dropbox	12,6	SpaceX	21,5
Lending Club	5,4	Palantir	20
Zaio Group Holdings	4,5	WeWork	20

Veeva Systems	4,4	Pinterest	12,3
Fitbit	4,1	Lyft	11,5
Pure Storange	3,1	Infor	10
GoPro	3,1	Stripe	9,2
MuleSoft	2,9	Vice Media	5,7

Fonte: De olho nas *startups* que vão abrir capital. *O Estado de S. Paulo*, 28 abr. 2018, Economia.

7.1 Indicadores econômicos

Até agora, tratamos de indicadores que abrangem mais os aspectos financeiros na análise das empresas. Passaremos, daqui em diante, a apreciar os aspectos econômicos na análise empresarial. Portanto, nossa atenção estará concentrada na geração dos resultados, na Demonstração do Resultado do Exercício.

Nesse segmento, abordaremos sucintamente os índices econômicos. Na Seção 7.2.1, discutiremos detalhadamente a Taxa de Retorno sobre Investimentos (TRI ou "ROI" – *Return On Investment*) e a Taxa de Retorno sobre o Patrimônio Líquido (TRPL).

A partir de agora, nossa atenção estará voltada para a rentabilidade da empresa, para seu potencial de vendas, para sua **habilidade de gerar resultados**, para a evolução das despesas etc.

Expressar a rentabilidade em termos absolutos tem utilidade informativa bastante reduzida. Afirmar que a General Motors teve lucro, digamos, de $ 5 bilhões em 20X6, ou que a Empresa Descamisados Ltda. teve lucro de $ 200 mil, no mesmo período, pode impressionar no sentido de que todo mundo vai perceber que a General Motors é uma empresa muito grande e a outra, muito pequena, e só; não refletirá, todavia, qual das duas deu o maior retorno.

O objetivo, então, é calcular a taxa de lucro, isto é, comparar o lucro em valores absolutos com valores que guardam alguma relação com o mesmo.

A combinação de itens do Ativo é que gera Receita para a empresa. Na verdade, o **Ativo** significa **investimentos** realizados pela empresa a fim de obter Receita e, por conseguinte, Lucro. Assim, podemos obter a Taxa de Retorno sobre Investimentos. Isso representa o poder de ganho da empresa: quanto ela ganhou por real investido.

Se na situação anterior obtivemos um índice que medirá a eficiência da empresa em gerar resultados, podemos também, do ponto de vista do empresário, observar que o retorno (lucro) está remunerando condignamente o capital investido no empreendimento. Ora, recursos dos empresários estão evidenciados no Patrimônio Líquido. Assim, calcularemos a Taxa de Retorno do Patrimônio Líquido, também conhecida como *Return On Equity* (ROE).

Podemos também calcular a Margem de Lucro que evidencia quantos centavos a empresa ganha por real vendido. Há empresas que ganham mais por real (uma mercearia na praia); outras ganham menos (um grande supermercado). Esses índices chamados de Lucratividade e de Produtividade serão vistos no Capítulo 8.

7.2 Aspectos a serem observados no cálculo da Rentabilidade

Quando compararmos Lucro com Ativo, ou Lucro com Patrimônio Líquido, devemos considerar dois aspectos:

- Muitos conceitos de lucro poderão ser utilizados: Lucro Líquido, Lucro Operacional, Lucro Bruto etc. É imprescindível que o numerador seja coerente com o denominador. Se utilizarmos o Lucro Líquido no numerador, utilizaremos o Ativo Total no denominador. Utilizando o Lucro Operacional no numerador, utilizaremos Ativo Operacional no denominador, e assim sucessivamente.

- Tanto o Ativo como o Patrimônio Líquido, utilizados no denominador para cálculo da Taxa de Retorno, poderiam ser o médio:

$$\text{Ativo Médio} \left(\frac{\text{Ativo Inicial + Ativo Final}}{2} \right) \text{e PLM} \left(\frac{\text{PL Inicial + PL Final}}{2} \right)$$

A razão é que nem o Ativo Final nem o Ativo Inicial geraram o resultado, mas a média do Ativo utilizado no ano. Idem para o Patrimônio Líquido.

Todavia, para fins de Análise Horizontal, o cálculo com o Ativo ou Patrimônio Líquido final é válido.

7.2.1 Taxa de Retorno sobre Investimentos (TRI) (do ponto de vista da empresa)

Vamos admitir dados da Empresa Sucesso Ltda.

$$\text{TRI} = \frac{\text{Lucro Líquido}}{\text{Ativo Total}} = \frac{185.162}{925.744} = 0,20 \text{ ou } 20\%$$

Poder de ganho da empresa: para cada $ 1,00 investido há um ganho de $ 0,20.

Isso significa que, em média, haverá uma demora de cinco anos para que a empresa obtenha de volta seu investimento (100%/20%), ou seja, o *payback* do investimento total é calculado dividindo-se 100% pelo TRI (*payback* = tempo médio do retorno).

7.2.2 Taxa de Retorno sobre o Patrimônio Líquido (do ponto de vista dos proprietários)

$$\text{TRPL} = \frac{\text{Lucro Líquido}}{\text{Patrimônio Líquido}} = \frac{185.162}{740.644} = 0,25 \text{ ou } 25\%$$

Poder de ganho dos proprietários: para cada $ 1,00 investido há um ganho de $ 0,25.

Isso significa, em média, que demorará quatro anos para que os proprietários recuperem seus investimentos (*payback* dos proprietários).

7.3 Rentabilidade da empresa × Rentabilidade do empresário (ROI × ROE)

Em inglês, **ROI** é *Return On Investment* (Retorno sobre Investimento, que é a mesma coisa que Retorno sobre Ativo ou TRI); **ROE** é *Return On Equity* (Retorno sobre o Capital Investido pelos proprietários, que é a mesma coisa que Retorno sobre Patrimônio Líquido ou TRPL). Assim,

$$ROI = TRI = \frac{Lucro\ Líquido}{Ativo} \quad \times \quad ROE = TRPL = \frac{Lucro\ Líquido}{Patrimônio\ Líquido}$$

A rentabilidade é medida em função dos investimentos. As fontes de financiamento do Ativo são Capital Próprio e Capital de Terceiros. A administração adequada do Ativo proporciona maior retorno para a empresa.

Por outro lado, os donos da empresa querem saber quanto esse retorno (LL) representa em relação ao capital que eles (donos) investiram.

É possível que essas duas formas de medir rentabilidade pareçam a mesma coisa, sem trazer grande contribuição para tomada de decisão. Daí nossa iniciativa em avaliar um exemplo que deverá esclarecer decisivamente a importância de analisar pelos dois ângulos.

Admitamos que a Empresa Sucesso Ltda., no ano 1, obteve um lucro de $ 185.162, tendo o seguinte Balanço Patrimonial:

Ativo		Passivo	
Circulante	220.000	Capital de Terceiros	185.100
Não Circulante (Imob.)	705.744	Patrimônio Líquido	740.644
Total	925.744	Total	925.744

Admitamos que o gerente do Banco Oportunista ofereça um crédito de $ 700.000 por um ano, renovável.

O contador faz diversas simulações. Admitindo-se que a empresa aceite os $ 700.000 emprestados do Banco Oportunista (ele pressupõe todas as alternativas de usar os recursos emprestados tanto no Ativo Circulante como no Ativo Permanente), a melhor opção é um acréscimo no Lucro de $ 50.000 (acréscimo no Lucro já deduzidos os juros), se aplicar $ 400.000 no Circulante e $ 300.000 no Ativo Não Circulante (Imobilizado).

Partindo do pressuposto de que a empresa distribuiu todo o lucro em forma de dividendos, você concordaria em aceitar esse empréstimo?

a) Se você fosse o dono?	b) Se você fosse o administrador?

Vamos ver como fica o Balanço Patrimonial da empresa:

Ativo	Antes	Depois	Passivo	Antes	Depois
Circulante	220 + 400	620	Cap. Terceiros	185 + 700	885
Não Circulante	705 + 300	1.005	Patr. Líquido	740 + 0	740
Total	925	1.625	Total	925	1.625

Quadro dos índices do tripé:

Administrador	Fórmula	Antes do empréstimo	Depois do empréstimo	Resultado
Liquidez	$\dfrac{AC}{PC}$	$\dfrac{220}{185} = 1,19$	$\dfrac{620}{885} = 0,70$	Piorou sensivelmente
Endividamento	$\dfrac{CT}{\text{Passivo Total}}$	$\dfrac{185}{925} = 20\%$	$\dfrac{885}{1.625} = 55\%$	Piorou
Rentabilidade	$\dfrac{LL}{\text{Ativo}}$	$\dfrac{185}{925} = 20\%$ _payback_ 5 anos	$\dfrac{185 + 50}{1.625} = 14\%$ _payback_ 7,14 anos	Piorou
Empresário TRPL	$\dfrac{LL}{PL}$	$\dfrac{185}{740} = 25\%$ _payback_ 4 anos	$\dfrac{185 + 50}{740} = 32\%$ _payback_ 3 anos	Melhorou

Veja que, nesse caso, para o proprietário, a aquisição do empréstimo é bom negócio, pois aumenta a rentabilidade de 25% para 32%, reduzindo o _payback_ em um ano.

Todavia, do ponto de vista do administrador, cai a liquidez, aumenta o endividamento e reduz o _payback_ da empresa em mais de dois anos. Parece que esse empréstimo faria o proprietário mais rico e a empresa mais pobre. Assim, do ponto de vista gerencial, não é interessante aceitar esse empréstimo, pois o tripé pioraria.

7.3.1 Introdução à Alavancagem Financeira

Ainda que tratássemos a Alavancagem Financeira, na proposta do tripé na Introdução deste livro, como índice de Endividamento, é plenamente possível tratá-lo dentro da rentabilidade, principalmente dentro do exemplo da empresa Sucesso Ltda. (Seção 7.3).

Naquele exemplo, vimos que um novo empréstimo, nas condições expostas, seria interessante aos proprietários, pois maximizaria o retorno dos seus investimentos. É exatamente esse o conceito de Alavancagem Financeira, ou seja, novos financiamentos de terceiros que aumentam os resultados líquidos (o lucro) dos proprietários.

A ideia de alavanca é obter-se um bom resultado com pouco esforço. Por exemplo, um "macaco" para levantar o carro na troca de pneus. Imagine se tivéssemos que levantá-lo no braço.

Assim, os proprietários estão interessados em melhorar o retorno de investimento, seus dividendos, com dinheiro e financiamento de terceiros, que aumentam o Ativo (Investimento) da empresa, a Receita (as Vendas) e, consequentemente, o Lucro Líquido.

Todavia, o aumento desmedido do Endividamento e consequente aumento da Taxa de Retorno do Patrimônio Líquido poderá enfraquecer o tripé da empresa, propiciando enriquecimento dos proprietários e empobrecimento da empresa (veja o exemplo da Empresa Sucesso Ltda.).

7.4 Completando o tripé no nível introdutório

Na Introdução deste livro, falamos sobre os três ângulos fundamentais da Análise Financeira: Situação Financeira (Liquidez), Estrutura de Capital (Endividamento) e Situação Econômica (Rentabilidade).

Em caráter apenas introdutório, completamos o tripé com o cálculo da Rentabilidade da Casa das Lingeries Ltda.:

$$TRI_{20X5} = \frac{LL}{ATIVO} = \frac{24.000}{830.000} = 2,90\%$$

$$TRPL_{20X5} = \frac{LL}{PL} = \frac{24.000}{400.000} = 6\%$$

São índices baixos, embora pudéssemos conceituar melhor se comparássemos com os padrões. Vamos resumir na Figura 7.1 a análise até aqui.

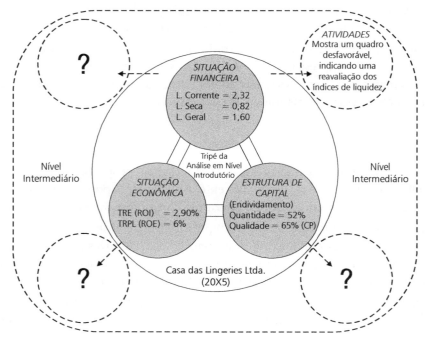

Figura 7.1 Esquema resumido dos três ângulos da análise financeira.

PARTE PRÁTICA

A. Questões sobre a leitura introdutória

1. Pesquise o que é *startup*.
2. O que é IPO? Abertura de capital?
3. Por que a Uber é a *startup* mais valiosa?
4. Por que as minúsculas *startups* de tecnologia são as mais procuradas?

B. Questões sobre o Capítulo 7

1. A Cia. Comercial obteve um lucro de $ 700.000 durante 20X3, no mesmo período a Cia. Sucesso obteve um lucro de $ 1.500.000. Com base nessas informações podemos afirmar que a Cia. Sucesso teve maior retorno que a Cia. Comercial? Por quê?
2. Podemos dizer que a nível introdutório temos um tripé na Análise Financeira. Quais são os componentes desse tripé? Comente cada um deles.
3. Uma empresa pode melhorar seu desempenho por meio da análise do Retorno sobre o Investimento? Justifique.
4. A TRPL mostra o rendimento que o empresário obteve durante determinado período. Como devemos compará-la para sabermos se a rentabilidade foi boa ou ruim?

C. Testes abrangentes

1. O gerente da Cia. Mairiporã, recém-contratado, consegue melhorar sensivelmente a Taxa de Retorno de Investimentos calculada sobre o Ativo Operacional da empresa em apenas dois meses de gestão. Indique qual das decisões relacionadas a seguir mais contribuiu para o "bem-sucedido" gerente:
   - ( ) a) Um terreno (de elevado valor) classificado no Imobilizado da empresa, por não estar sendo utilizado no momento, é reclassificado no Ativo Não Circulante, no subgrupo Investimentos.
   - ( ) b) Obtenção de um financiamento junto a um Banco de Desenvolvimento, com juros subsidiados e carência de quatro anos.
   - ( ) c) Aquisição de estoque um pouco acima do normal para ganhar com a inflação.
   - ( ) d) Demissão de cinco funcionários, que recebiam salários médios, nos Departamentos Administrativo e Comercial, com o objetivo de reduzir despesas. Os funcionários estão cumprindo aviso-prévio.

2. A Taxa de Retorno sobre Investimentos da empresa é de 14,30%. O *payback* será de:
   - ( ) a) 5 anos
   - ( ) b) 7 anos

128 | Análise das demonstrações contábeis – *Marion*

( ) c) 9 anos

( ) d) 11 anos

3. O Quociente de Retorno sobre o Patrimônio Líquido é dado pela fórmula:

( ) a) Patrimônio Líquido Médio/Lucro Líquido

( ) b) Patrimônio Líquido Médio/Lucro Operacional

( ) c) Lucro Líquido/Patrimônio Líquido Médio

( ) d) Lucro Operacional/Patrimônio Líquido

( ) e) N.D.A.

4. Qual é a TRI e a TRPL da Cia. Excursão, sabendo que:

LL = \$ 250.000, AT = \$ 3.000.000 e PL = 1.650.000?

( ) a) 6% e 9%

( ) b) 8% e 15%

( ) c) 10% e 18%

( ) d) N.D.A.

D. Exercícios

1. S. A. Adventista.

A seguir, apresentamos as Demonstrações Contábeis da S.A. Adventista – Cia. Aberta, para a análise da Rentabilidade.

CIA. ADVENTISTA S.A.

BALANÇOS PATRIMONIAIS EM 30 DE JUNHO DE 20X9 E 31 DE DEZEMBRO DE 20X8 (em milhares de reais)

ATIVO	20X9	20X8	PASSIVO	20X9	20X8
Circulante			**Circulante**		
Caixa, bancos e aplicações financeiras	22.133	9.416	Fornecedores	143.299	150.475
Contas a receber de clientes	335.805	296.816	Financiamentos	107.576	158.303
Estoques	63.954	65.089	Empréstimos bancários	61.141	39.472
Impostos a recuperar	55.586	50.061	Contas a pagar	41.694	30.270
Despesas antecipadas	32.809	26.935	Obrigações fiscais e sociais	27.623	21.683
Outros créditos	17.954	20.165	Provisão de férias e 13º salário	17.659	12.734
Total do circulante	528.241	468.482	Prov. imp. renda e contrib. social	5.782	3.063
			Outras obrigações	8.818	6.087
			Total do Circulante	413.592	422.087
Não Circulante			**Não Circulante (ELP)**		
Realizável a Longo Prazo			Financiamentos	318.081	377.528
– Imposto de Renda diferido	94.174	93.550	Contas a pagar – controladora e aliadas	107.629	132.552
– Contas a receber de clientes	84.258	80.747	Obrigações fiscais e sociais	81.403	76.982
– Impostos a recuperar	47.935	46.661	Contas a pagar – aquisição de		
– Depósitos para recursos	32.158	31.448	Investimentos	5.859	10.367
– Incentivos fiscais a realizar	3.023	2.851	Outras obrigações	9.921	9.815
– Outros créditos	4.339	3.042	Total do Exigível a Longo Prazo (NC)	522.893	607.244
Investimentos			**Participação Minoritária**	61.908	56.256
– Em controladas	397.678	398.986	**Patrimônio Líquido**		
– Outros investimentos	5.849	6.620			
Imobilizado	1.610.653	1.165.635	Capital Social	1.461.931	1.161.931
Intangível	241.590	255.811	Reservas de Lucros	411.263	307.094
Total do Não Circulante	2.077.459	1.827.052	Prejuízos acumulados	–	(779)
			Total do Patrimônio Líquido	1.873.194	1.468.246
TOTAL DO ATIVO	2.871.587	2.553.833	**TOTAL DO PASSIVO**	2.871.587	2.553.833

DEMONSTRAÇÕES DOS RESULTADOS CONSOLIDADOS EM 30 DE JUNHO DE 20X9 E 20X8 (em milhares de reais)

	20X9	20X8
Receita Bruta das Vendas	707.707	658.507
Impostos incidentes sobre as vendas	(99.110)	(101.603)
Receita Líquida das Vendas	608.597	556.904
Custo dos produtos e serviços		
Vendidos	(388.649)	(341.114)
Lucro Bruto	219.948	215.790
Receitas (Despesas) Operacionais:		
De vendas e administração	(100.730)	(81.589)
Pesquisa e desenvolvimento	(5.881)	(5.588)
Receitas (despesas) financeiras, líquidas	66.659	49.590
Depreciações e amortizações	(26.634)	(26.148)
Outras despesas operacionais, líquidas	(8.176)	(2.767)
Lucro Operacional	145.186	50.108
Receitas não operacionais, líquidas	4.915	1.247
Lucro Antes da Contribuição Social e do Imposto de Renda	150.101	51.355
Contribuição Social e Imposto de Renda	(21.000)	3.766
Participação Minoritária	(1.469)	(1.455)
Participação nos Lucros	(4.389)	(334)
Lucro Líquido do Período	123.243	53.332
Lucro Líquido por Ação em 30 de Junho de 20X9 R$	0,082	0,036

Pede-se:

PAYBACK

Preencha	Fórmula	20X8	20X9	20X8	20X9	Interpretação de 20X9
TRI						
TRPL						

a) Analise a rentabilidade: crescimento; comparar com o mercado, com poupança; indique se é uma empresa boa para se investir.

2. Cia Guararapes S.A.

(Cia. Aberta)

A seguir, apresentamos a primeira parte do Relatório da Diretoria da Guararapes, para, depois, apresentar as Demonstrações Contábeis:

Relatório da Administração

Senhores Acionistas,

As previsões econômicas feitas no início deste ano, decorrentes da crise cambial e consequente flutuação da moeda brasileira em janeiro de 2009, indicavam um cenário de inflação alta e recessão, que não se concretizou. Após uma desvalorização da moeda em mais de 50%, a inflação para o consumidor registrou menos de 10% no acumulado do ano, com a atividade econômica permanecendo, embora ainda em níveis baixos, em relativa estabilidade. Foi nesse contexto, ainda carente de definições quanto às reformas governamentais, principalmente a fiscal, que a Companhia alcançou o melhor desempenho dos últimos anos, com **Lucro Líquido consolidado de R$ 64,0 milhões, incluindo R$ 13,1 milhões referentes a incentivos fiscais**. O resultado obtido foi consequência do incremento das vendas do segmento industrial, beneficiado pela boa aceitação dos produtos, pela redução das entradas de produtos importados, e pelo ambicioso plano de expansão do segmento varejista, que hoje já é uma realidade.

Cia. Guararapes S.A.

A Companhia elevou o seu faturamento em 57% quando comparado com o exercício de 2008, chegando à cifra de cerca de R$ 110 milhões. **O faturamento consolidado continuou sua curva ascendente desenhada ao longo da década e ultrapassou R$ 685 milhões**. Em relação ao ano de 2008, seu crescimento foi de 34%, impulsionado pela conquista de novos clientes e pelo crescimento das vendas junto aos clientes atuais. Neste Exercício, foi reativado o setor de produção de calças jeans em uma das fábricas em Fortaleza, e inaugurada mais uma fábrica no Distrito Industrial – RN, com capacidade de produção de 12.000 camisas de tear por dia. Dos investimentos de cerca de R$ 13 milhões, R$ 9 milhões foram destinados à compra de modernas máquinas, em sua maioria para a fábrica inaugurada. No momento está em curso a construção de um moderno centro de distribuição no Nordeste, com cerca de 50.000 m² de área, com a finalidade de melhorar a logística de distribuição dos itens no varejo, por meio de sua controlada Lojas Realce.

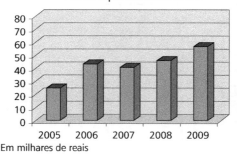

Lucro líquido consolidado
Em milhares de reais

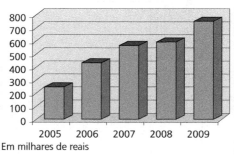

Vendas consolidadas
Em milhares de reais

ATIVO	Controladora 2009	Controladora 2008	Consolidado 2009	Consolidado 2008	PASSIVO	Controladora 2009	Controladora 2008	Consolidado 2009	Consolidado 2008
Circulante					**Circulante**				
Disponibilidades...............................	770	36	12.906	2.891	Fornecedores..	5.177	7.258	66.696	37.703
Aplicações financeiras no mercado aberto	2.910	62.563	12.859	74.295	Imposto de renda......................................	–	1.208	506	3.540
Duplicatas a receber de clientes.........................	29.190	17.000	172.466	124.547	Financiamento de ICMS............................	599	909	599	1.695
Provisão para contas de cobrança duvidosa	(320)	(290)	(6.160)	(5.350)	Salários, provisões e contribuições sociais	2.369	1.216	16.698	11.906
Títulos a receber.......................................	1.011	2.893	1.011	2.893	Imposto sobre Circulação de Mercadorias				
Contas a receber de controladas.......................	26.249	4.287	–	–	e Serviços – ICMS...................................	62	575	13.998	10.244
Estoques...	19.619	9.839	70.676	46.701	Dividendos propostos e a pagar.....................	13.452	10.127	14.661	10.127
Demais contas a receber.................................	5.493	432	20.124	13.946	Demais contas e despesas a pagar.................	1.378	1.031	11.966	7.223
	84.922	96.760	283.882	259.923		23.037	22.324	125.124	82.438
Não Circulante									
Realizável a Longo Prazo	562	670	34.017	31.718					
Investimentos					**Não Circulante**				
Empresas controladas..............................	240.124	182.396	–	–	Financiamento de ICMS (ELP).........................	1.191	1.296	1.191	1.296
Imóveis comerciais..................................	116.880	119.067	–	–	Impostos e contribuições sociais (ELP).........	–	–	32.010	29.770
Outros..	594	595	1.430	1.442		1.191	1.296	33.201	31.066
	357.598	302.058	1.430	1.442	**Participação Minoritária**..........................	–	–	1.234	1.291
					Patrimônio Líquido				
Imobilizado...	36.280	25.667	276.788	214.740	Capital social..	400.000	360.000	400.000	360.000
Intangível..	–	–	16.909	7.845	Reservas de capital.....................................	12.982	6.431	14.920	6.431
	394.440	328.395	329.144	255.745	Reservas de lucro..	42.152	35.104	38.547	34.442
						455.134	401.535	453.467	400.873
	479.362	425.155	613.026	515.668		479.362	425.155	613.026	515.668

As notas explicativas da administração são parte integrante das demonstrações financeiras.

132 | Análise das demonstrações contábeis – *Marion*

DEMONSTRAÇÃO DO RESULTADO DOS EXERCÍCIOS FINDOS EM 31 DE DEZEMBRO
(Em milhares de reais)

	Controladora		Consolidado	
	2009	2008	2009	2008
RECEITA BRUTA DAS VENDAS				
Venda de produtos	110.602	70.439	685.073	513.063
Deduções				
ICMS, PIS e Cofins	(16.877)	(10.086)	(125.195)	(91.743)
Devoluções e abatimentos	(698)	(433)	(46.660)	(30.565)
Receita líquida das vendas	93.027	59.920	513.218	390.755
Custo dos produtos vendidos	(64.167)	(43.048)	(276.380)	(210.364)
LUCRO BRUTO	28.860	16.872	236.838	180.391
RECEITAS (DESPESAS) OPERACIONAIS				
Financeiras				
Juros e outros encargos	(547)	(245)	(2.731)	(2.488)
Receitas financeiras	14.583	12.472	49.062	43.120
	14.036	12.227	46.331	40.632
Com vendas	(8.129)	(6.253)	(127.286)	(105.256)
Gerais e administrativas	(13.473)	(9.769)	(75.400)	(57.609)
Honorários dos administradores	(3.247)	(2.972)	(6.722)	(6.020)
Outras receitas (despesas) operacionais	40.424	32.732	(2.274)	305
	29.611	25.965	(165.351)	(127.948)
	58.471	42.837	71.487	52.443
Participações em empresas controladas				
Equivalência patrimonial	12.988	7.785	–	–
Amortização de deságio	117	2.656	–	–
LUCRO OPERACIONAL	71.576	53.278	71.487	52.443
RESULTADO NÃO OPERACIONAL LÍQUIDO	(2.922)	(2.251)	(1.482)	1.250
LUCRO ANTES DO IMPOSTO DE RENDA, CONTRIBUIÇÃO SOCIAL E DA PARTIC. MINORITÁRIA	68.654	51.027	70.005	53.693
Imposto de renda e contribuição social	(14.789)	(10.351)	(18.894)	(12.967)
Participação minoritária	–	–	(234)	(110)
LUCRO LÍQUIDO DO EXERCÍCIO	53.865	40.676	50.877	40.616
Conciliação do resultado				
Lucro não realizado de transações com controladas	–	–	1.640	588
Redução/isenção do imposto de renda incluído na equivalência patrimonial de controlada	–	–	1.938	–
Realização do lucro não realizado no exercício anterior	–	–	(588)	(477)
Outras variações no patrimônio líquido das controladas, não decorrentes dos resultados	–	–	(2)	(51)
Resultado da controladora	53.865	40.676	53.865	40.676
Lucro por ação do capital social – R$	0,86	0,65		
Valor patrimonial por ação – R$	7,29	6,43		
Quantidade de ações em circulação – mil	62.435	62.435		
As notas explicativas da administração são parte integrante das demonstrações financeiras.				

Pede-se:

1. Calcule os Índices de Rentabilidade da Modelo S.A., tanto da Controladora como da Controlada.
2. Calcule o *payback*, tanto do ponto de vista da empresa como do empresário.
3. Avalie e comente por que as outras receitas e receitas financeiras são tão altas e o que isso interfere na Rentabilidade.
4. Analise se os comentários iniciais no Relatório da Diretoria são coerentes com os Índices de Rentabilidade.

E. Exercícios de integração

1. Concessão de crédito à Cia. Playboy.

O Dr. Coelho Arruda assume a Diretoria da Cia. Playboy no início do ano de 20X5. O Dr. Coelho, bastante conhecido como um eficiente administrador, dirige-se ao seu velho amigo, Sr. Vesperal, presidente do Banco Exigente S.A., solicitando um financiamento de $ 50 milhões a Longo Prazo (cinco anos é o prazo que a financeira do Banco Exigente normalmente concede para os financiamentos).

As Demonstrações Financeiras da Cia. Playboy são as seguintes:

BALANÇO PATRIMONIAL
Cia. Playboy   Em $ milhões

ATIVO	31-12-X2	31-12-X3	31-12-X4
Circulante			
Disponível	1.000	1.400	2.000
Duplicatas a Receber	10.000	12.000	15.000
Estoques	6.000	7.150	8.370
Total Circulante	17.000	20.550	25.370
Não Circulante			
Investimentos	1.000	1.500	2.250
Imobilizado	20.000	30.000	45.000
(–) Depreciação	(4.000)	(9.000)	(18.000)
Total do Não Circulante	17.000	22.500	29.250
Total	34.000	43.050	54.620
PASSIVO e PL	**31-12-X2**	**31-12-X3**	**31-12-X4**
Circulante			
Fornecedores	1.000	1.600	2.000
Tributos e Contribuições	2.000	3.100	2.000
Empréstimos Diversos	15.000	20.000	30.000
Total Circulante	18.000	24.700	34.000
Não Circulante			
Financiamentos (ELP)	5.000	7.250	10.870
Patrimônio Líquido			
Capital	10.000	10.000	10.000
Reservas Diversas	2.000	2.500	2.550
Prejuízos Acumulados	(1.000)	(1.400)	(2.800)
Total do PL	11.000	11.100	9.750
Total	34.000	43.050	54.620

DEMONSTRAÇÃO DO RESULTADO DO EXERCÍCIO
Cia. Playboy
Em $ milhões

Descrição	20X2	20X3	20X4
Receita Bruta	50.000	80.000	140.000
(–) Deduções	(5.000)	(8.000)	(14.000)
Receita Líquida	45.000	72.000	126.000
(–) CPV	(23.000)	(36.800)	(64.400)
Lucro Bruto	22.000	35.200	61.600
(–) Despesas Operacionais			
De Vendas	(6.000)	(9.600)	(16.800)
Administrativas	(2.000)	(3.000)	(4.500)
Financeiras	(17.000)	(26.500)	(49.000)
Prejuízo Operacional	(3.000)	(3.900)	(8.700)
Ganhos Não Operacionais	2.000	3.500	7.300
Prejuízo do Exercício	(1.000)	(400)	(1.400)

Informações adicionais:

1. A atividade da empresa é trefilar metal não ferroso e distribuí-lo como matéria-prima para outras empresas. Esse ramo de atividade é bastante promissor, pois a Cia. Playboy possui a maior quota para adquirir o metal não ferroso da maior siderúrgica do país, enquanto outras trefiladoras possuem uma pequena quota.

2. Não houve amortização de Financiamentos, apenas variação cambial contabilizada no grupo Despesas Financeiras e novos financiamentos.

3. O Manual de Normas do Banco Exigente S.A. determina que só concederá financiamentos para empresas cuja situação econômico-financeira seja satisfatória. No entanto, qualquer determinação do presidente é o que vale.

4. Total de compras: 10.000, 15.000 e 21.000 em X2, X3 e X4, respectivamente (em $ 1.000).

O Banco Exigente S.A. tem o seguinte roteiro de análise:

1. *Quadro clínico*: fazer um *check-up*, um exame geral da empresa, por meio de seus indicadores econômico-financeiros.

Indicadores		20X2	20X3	20X4	Tendência dos índices[1]
Liquidez	Corrente				
	Geral				
	Seca				
	Imediata				
Endividamento	CT/Rec. Totais				
	PC/CT				
	CT/PL				
Rentabilidade	LL/Ativo				
	Vendas/Ativo				
	LL/PL				
Atividade	PMRE				
	PMRV				
	PMPC				

2. *Diagnóstico*: vamos ver quais são os problemas do doente. O doente (no caso, a empresa) não só tem pontos fracos como também pontos fortes, pois se não tivesse nenhum ponto forte certamente estaria à morte.

    Pontos fracos obtidos no quadro clínico: . . . .

    Pontos fortes obtidos no quadro clínico: . . . .

3. *Parecer do analista*: o analista fará um breve comentário sobre a situação da empresa e, em seguida, dará o seu parecer, escolhendo uma das opções:

    ( ) a) Concedo o crédito irrestritamente.

    ( ) b) Não concedo o crédito (financiamento).

    ( ) c) Concedo o crédito impondo as seguintes condições:

    . . . .

---

[1] Melhorar, piorar ou estabilizar.

136 | Análise das demonstrações contábeis – *Marion*

F. Cia. Bom de Papo[2]

BALANÇO PATRIMONIAL

Em $ mil

ATIVO			PASSIVO E PATR. LÍQUIDO		
	31-12-X6	31-12-X7		31-12-X6	31-12-X7
Circulante			**Circulante**		
Caixa	10.000	28.000	Fornecedores	5.000	5.000
Duplicatas a Receber	15.000	50.000	Contas a pagar	4.000	4.000
Estoques	30.000	15.000	Imposto de Renda	8.000	2.000
Total do Circulante	**55.000**	**93.000**	Dividendos a pagar	0,00	15.000
Não Circulante			**Total do Circulante**	**17.000**	**26.000**
Real. Longo Prazo	12.000	5.000	**Não Circulante**		
Investimentos	8.000	15.000	Financiamentos (ELP)	0,00	30.000
Imobilizado	20.000	40.000	**Total do Não Circulante**	**0,00**	**30.000**
(–) Depr. Acumul.	(6.000)	(10.000)	**Patrimônio Líquido**		
Total do Não Circulante	**22.000**	**45.000**	Capital	60.000	60.000
			Reservas de Lucros	12.000	27.000
			Total Patr. Líquido	**72.000**	**87.000**
TOTAL	89.000	143.000	TOTAL	89.000	143.000

Dados complementares para efetuar os cálculos dos índices:

a)   O Lucro Líquido do Exercício de X6 foi de R$ 12.000;

b)   O Lucro Líquido do Exercício de X7 foi de R$ 30.000.

Com base no Balanço Patrimonial da Cia. Bom de Papo, você deverá:

1.   Preencher o quadro clínico a seguir:

Índices	Fórmulas	20X6	20X7	Padrão
Liquidez:				
Corrente				-X-X-X-X
Seca				-X-X-X-X
Geral				-X-X-X-X
Endividamento				
Quantidade				-X-X-X-X
Qualidade				-X-X-X-X
Rentabilidade				
Empresa				60,98%
Empresário				20,00%

---

[2]   Colaboração do Prof. Zuinglio José Barroso Braga.

Cap. 7 • Índices de Rentabilidade | 137

2. Qual conceito que você daria para a empresa Cia. Bom de Papo, no que diz respeito a sua situação financeira (boa ou ruim)? *Justifique sua resposta.*

3. Qual conceito que você daria para a empresa, no que diz respeito à *quantidade* da dívida, se compararmos com as *empresas internacionais e brasileiras* (alta ou baixa). Justifique sua resposta.

4. Se você fosse contratado para fazer uma consultoria dessa empresa, o que aconselharia no que diz respeito à **RENTABILIDADE** para os administradores que *não são os proprietários* (veja quadro clínico).

5. O proprietário da empresa informa a você, consultor, que precisa captar um empréstimo no Banco Espertinho S.A., e que os mesmos informaram-lhe que a empresa precisa ter uma *ótima situação financeira* e que seu *administrador* lhe sugere que paguemos $ 20.000 da dívida do ano X7 *antes do fechamento* do balanço de 31-12-X7, pois estaremos apresentando uma mudança na *situação financeira* de *aproximadamente*[3] 3 (três) *vezes mais.* Você concorda com tal decisão?
    JUSTIFIQUE SUA RESPOSTA

GRUPO DE CONTAS	ANTES	DEPOIS
Ativo Circulante (AC)	$ 93.000	$ 73.000
Passivo Circulante (PC)	$ 26.000	$ 6.000
Índice de Liquidez Corrente	**(+ ou –) 4,00**	**(+ ou –) 12,00**

G. Estudo de caso

A universidade do futuro e o lucro

Mais de um terço das universidades americanas já oferecem o chamado "ensino a distância". Segundo o artigo "Universidades dos EUA faturam com ensino *on-line*" – jornal *O Estado de S. Paulo*, em 20-2-2000 – até 2002, "quatro entre cinco faculdades deverão ter esse tipo de ensino, que vende o conhecimento que está na cabeça de um professor diretamente ao público global *on-line*. Um professor poderia tornar-se rico instruindo uma classe para um milhão de estudantes matriculados pela empresa educacional baseada na *internet,* que divulgou o curso e administra os pagamentos".

Representantes da Williams College disseram que o empreendimento poderia render anualmente mais que US$ 250 mil por curso, com um programa de até dez cursos.

Será que as universidades de pedra e concreto, com seus *campus* enormes, ficarão obsoletas?

Nos EUA, há 3.500 faculdades e universidades. Será que muitas delas acabarão?

É possível pensar em muitos professores tornando-se empresários do ensino a distância pela *internet*?

---

[3] 12/4 = 3,0 vezes mais.

138 | Análise das demonstrações contábeis – *Marion*

Os negócios pela *internet*, sejam quais forem, passam a ser verdadeiras "minas de ouro"?

H. Trabalho prático

Neste caso, você terá duas etapas:

1. Calcular os Índices de Rentabilidade da Empresa e do Empresário:

(Resultado do índice ou %)

Índices		Fórmulas	Ano 1	Ano 2	Ano 3	Conceito	Tendência[4]
Liquidez	Corrente	AC/PC	Já calculado	Já calculado	Já calculado		Já analisada
	Seca	(AC-EST)/PC	Já calculado	Já calculado	Já calculado		Já analisada
	Geral	$\dfrac{AC + RLP}{PC + ELP}$	Já calculado	Já calculado	Já calculado		Já analisada
	Imediata	$\dfrac{Disponível}{PC}$	Já calculado	Já calculado	Já calculado		Já analisada
Endividamento	Quantidade	$\dfrac{Cap. Terceiros}{Passivo Total}$	Já calculado	Já calculado	Já calculado		Já analisada
	Qualidade	$\dfrac{P. Circulante}{Cap. Terc.}$	Já calculado	Já calculado	Já calculado		Já analisada
	Grau	$\dfrac{Cap. Terceiros}{P. Líquido}$	Já calculado	Já calculado	Já calculado		Já analisada
Rentabilidade	Empresa	$\dfrac{L. Líquido}{Ativo}$					
	Empresário	$\dfrac{L. Líquido}{P. Líquido}$					
	Margem L.						
	Margem O.						
	Giro Ativo						

2. Introdução à conceituação dos indicadores.

Já estamos quase concluindo o quadro clínico. Portanto, é preciso conceituar os indicadores, isto é, avaliar se esses indicadores são ruins, razoáveis, satisfatórios ou bons. Para tanto, alguns pontos deverão ser tratados cuidadosamente:

2.1 Para conceituar os indicadores, é necessário comparar com o padrão. Por exemplo, admita que a empresa analisada seja *têxtil* e que o índice de Liquidez Corrente do ano 3 seja 1,54. Aparentemente é um bom índice. Todavia, temos que comparar com outras empresas têxteis (concorrentes) para analisar o desempenho da empresa que chamaremos de Têxtil Americana S.A.

---

[4] Tendência: melhorar, piorar ou estabilizar.

Assim, temos que calcular os índices de Liquidez Corrente de muitas empresas têxteis para estruturar uma planilha de indicadores para comparação (índices-padrão). Vamos admitir que o cálculo de Liquidez Corrente de oito empresas têxteis, em oito balanços diferentes, chegue, em ordem crescente, aos seguintes índices: *0,93; 1,00; 1,10; 1,25; 1,35; 1,40; 1,60* e *5,97*.

Se calculássemos o padrão de comparação com a *média aritmética*, somando todos os índices e dividindo por oito, daria = 1,82. Nesse caso, esse indicador não seria bom, pois o maior índice de 5,97 puxou a média para cima, distorcendo tudo. Veja que sem o último número (5,97) a média daria 1,23. Assim, concluímos que a média não é um bom paradigma para índices-padrão.

Uma outra medida estatística para estruturar a planilha de indicadores é a *moda*, considerando os índices que se repetem com grande incidência, que servirão como padrão. Nesse nosso exemplo, não há repetição de índice, ficando invalidado esse método.

Por fim, a medida estatística mais usada é a *mediana* (sendo preferida pela Serasa, Melhores e Maiores, Balanço Anual etc. – veja Capítulo 13). Mediana significa índice do meio, a metade, havendo exatamente 50% de indicadores maiores para cima e 50% de indicadores menores para baixo. Assim, a mediana da série de indicadores a Liquidez Corrente dos oito balanços analisados acima está entre 1,25 e 1,35. Poderíamos dizer que metade equivaleria a 1,30, ou seja, (1,25 + 1,35)/2.

Veja que a Liquidez Corrente da Têxtil Americana é de 1,54 que se localiza entre os 50% das melhores empresas em liquidez do setor têxtil. Para situar melhor em que distância a Liquidez Corrente 1,54 está da mediana 1,30, poderíamos dividir ainda em quatro intervalos:

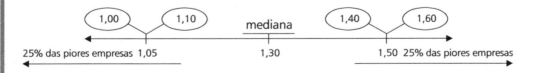

Assim, dividimos em quatro intervalos (em quartil) considerando os três indicadores (divisores de intervalo) *1,05; 1,30* e *1,50*. Abaixo do 1,05 estão 25% das piores empresas do setor têxtil em Liquidez Corrente (nesse caso, conceituamos de ruim). Entre os índices 1,05 e 1,30 temos 25% de empresas com índices 50% melhores que ela, mas existem os piores (nesse caso, conceituamos de razoável). Entre 1,30 e 1,50, percebe-se que há 50% de empresas piores, mas 25% de empresas melhores (nesse caso, conceituamos de satisfatório). Por fim, acima de 1,50 estão 25% das melhores empresas, exatamente onde se localiza a Têxtil Americana S.A., tratando-se, portanto, de um índice bom.

2.2 Nossos índices-padrão

Apresentamos uma tabela calculada com base em DC reais:

140 | Análise das demonstrações contábeis – *Marion*

RAMO DE ATIVIDADE	CORRENTE 1º	CORRENTE 2º	CORRENTE 3º	SECA 1º	SECA 2º	SECA 3º	GERAL 1º	GERAL 2º	GERAL 3º	LL/ATIVO 1º	LL/ATIVO 2º	LL/ATIVO 3º	LL/V 1º	LL/V 2º	LL/PL 1º	LL/PL 2º	LL/PL 3º	CT/PL 1º	CT/PL 2º	CT/PL 3º	PC/CT 1º	PC/CT 2º	PC/CT 3º	PMRE 1º	PMRE 2º	PMRE 3º	PMRV 1º	PMRV 2º	PMRV 3º
Agropecuária	1,20	1,36	1,47	0,31	0,40	0,59	0,74	0,94	1,10	-1%	2%	4%	1%	3%	-2%	4%	8%	85%	112%	161%	46%	54%	69%	—	—	—	—	—	—
Alimento	1,14	1,30	1,60	0,40	0,74	0,90	0,70	0,98	1,08	3%	5%	16%	3%	4,5%	10%	18%	26%	112%	148%	181%	50%	50%	72%	55	62	70	80	75	94
Autopeças	1,30	1,47	1,59	0,76	0,91	1,10	1,00	1,17	1,30	4,5%	9%	16%	6%	9%	12%	21%	30%	105%	140%	149%	39%	87%	72%	54	68	84	69	94	121
Bebidas	1,06	1,18	1,31	0,61	0,74	1,00	0,52	0,86	1,00	6%	8%	17%	6%	11%	14%	28%	38%	124%	166%	196%	70%	79%	86%	42	65	88	71	80	118
Confecções	1,14	1,29	1,70	0,40	0,79	0,95	1,01	1,12	1,20	5,4%	7,5%	11%	6%	10%	16%	24%	31%	110%	191%	224%	68%	80%	91%	68	99	120	72	94	121
Construção Civil	1,38	1,51	1,69	0,59	0,70	0,94	1,11	1,18	1,25	2%	7%	14%	6%	12%	8%	14%	22%	90%	127%	186%	60%	74%	87%	—	—	—	26	38	49
Couros e Calçados	1,49	1,66	1,80	0,91	1,09	1,19	1,09	1,26	1,40	4%	12%	15%	5%	9%	16%	26%	38%	101%	140%	169%	57%	71%	86%	32	81	73	62	89	115
Editorial Gráfico	1,41	1,60	1,81	0,88	1,00	1,20	1,06	1,10	1,18	8%	13%	16%	10%	12%	25%	31%	40%	96%	121%	174%	66%	70%	90%	—	—	—	34	60	94
Eletrônica e Produtos Elétricos	1,40	1,51	1,70	0,70	0,84	1,00	1,08	1,20	1,31	3%	9%	20%	5%	10%	16%	24%	32%	98%	118%	170%	52%	60%	74%	60	70	90	67	100	142
Farmacêuticos	1,52	1,71	1,85	0,99	1,18	1,31	1,04	1,31	1,40	1,5%	4%	8%	8%	16%	2%	10%	16%	116%	131%	181%	68%	78%	86%	84	92	104	91	108	131
Higiene e Limpeza	1,10	1,31	1,74	0,80	0,90	1,05	0,87	1,04	1,18	2%	9%	14%	4%	9%	8%	17%	21%	112%	140%	179%	69%	78%	87%	62	74	96	86	110	141
Máquinas e Equip.	1,30	1,59	1,88	0,81	0,87	0,95	0,95	1,14	1,21	4%	10%	13%	6%	10,6%	8%	18%	24%	80%	110%	140%	71%	80%	85%	51	69	90	83	94	104
Mecânica	1,10	1,60	2,06	0,68	0,87	1,40	0,92	1,18	1,58	1%	8%	18%	5,8%	9,5%	8%	21%	39%	70%	125%	210%	49%	70%	92%	41	80	120	59	101	114
Metalurgia	1,19	1,45	1,71	0,74	0,91	1,06	1,10	1,21	1,29	8,5%	14%	21%	6%	8%	14%	22%	26%	97%	138%	190%	59%	74%	89%	54	91	118	44	57	71
Mineração	1,24	1,51	1,74	0,65	0,80	1,01	0,90	1,09	1,18	3%	10%	16%	6%	12%	15%	21%	31%	6%	70%	118%	46%	59%	74%	30	40	51	38	51	80
Móveis	1,10	1,29	1,61	0,60	0,69	0,81	0,90	1,08	1,28	3%	7%	11%	2,1%	3,9%	9%	21%	37%	80%	140%	206%	82%	91%	100%	28	39	73	86	120	154
Papel e Celulose	1,16	1,35	1,58	0,50	0,60	0,79	0,74	1,00	1,10	1%	4%	8%	7%	14%	8%	14%	24%	96%	104%	129%	61%	71%	96%	45	60	74	70	89	99
Plásticos	1,14	1,29	1,49	0,54	0,71	0,90	0,81	1,00	1,16	1%	6%	11%	9%	16%	9%	24%	33%	109%	141%	190%	46%	59%	78%	22	34	50	68	94	118
Publicidade	1,01	1,10	1,24	0,88	1,04	1,18	0,72	0,98	1,14	10%	16%	24%	10%	14,5%	21%	35%	39%	118%	149%	210%	80%	91%	98%	—	—	—	57	70	100
Química e Petroquím.	1,20	1,39	1,62	0,70	0,84	1,02	1,01	1,20	1,29	6%	11%	17%	7,1%	12%	21%	27%	41%	118%	108%	164%	55%	64%	72%	34	60	79	81	90	109
Revenda de Veículos	1,32	1,41	1,70	0,44	0,58	0,65	1,00	1,10	1,28	3%	8%	16%	6%	8%	16%	21%	30%	100%	100%	129%	76%	84%	90%	40	51	80	2	10	20
Siderurgia	1,18	1,30	1,49	0,70	0,81	0,92	0,80	0,92	1,15	4%	7%	12%	4%	9%	12%	17%	26%	74%	100%	153%	40%	56%	73%	40	81	69	64	80	97
Supermercado	1,09	1,21	1,40	0,05	0,10	0,34	0,98	1,09	1,41	1%	6,5%	9%	1,2%	8%	13%	16%	21%	102%	146%	206%	89%	91%	99%	21	30	45	—	—	—
Têxtil	1,18	1,32	2,00	0,61	0,96	1,20	0,98	1,09	1,41	0,8%	3,1%	4,6%	3,5%	7,2%	4,5%	10%	31%	106%	161%	250%	64%	78%	96%	45	94	129	60	102	128

Conceituação:

GRUPO A: ÍNDICES QUANTO MAIOR, MELHOR — (Liquidez e Rentabilidade) → 1º Deficiente | 2º Razoável | 3º Satisfatório | 4º Bom

GRUPO B: ÍNDICES QUANTO MENOR, MELHOR — (Endividamento, PMRE e PMRV) → Bom | Satisfatório | Razoável | Deficiente

Esta planilha de índices-padrão, embora realizada em Balanço Real, não reflete 100% da realidade, pois a cada ano há variação. Assim, seriam indicadores aproximados para uma simulação.

Pelos nossos índices-padrão, o conceito mais próximo da realidade do índice de Liquidez Corrente da Têxtil Americana S.A. seria satisfatório e não bom, como no exemplo.

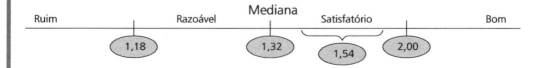

Sua missão é enquadrar sua empresa em um dos ramos de atividade e conceituar os índices em Ruim, Razoável, Satisfatório e Bom. Observe no quadro que para o endividamento é o inverso: Bom, Satisfatório, Razoável e Ruim.

8

Análise da Taxa de Retorno sobre Investimentos (Margem de Lucro × Giro do Ativo)

 LEITURA INTRODUTÓRIA

"FRANQUIAS: SETOR PREVÊ CRESCIMENTO MODERADO
Receita de franqueados deve aumentar de 8% a 10% no próximo ano, conforme projeção da ABF

A Associação Brasileira de Franchising (ABF) projeta um crescimento moderado do setor para o ano que vem. Em relação a 2017, a previsão é de aumento de 5% a 6% em novas unidades – atualmente, são 147.539 lojas no Brasil – e de 8% a 10% na receita. "A economia ter baixado as taxas de juros e a injeção do dinheiro da liberação do FGTS (Fundo de Garantia do Tempo de Serviço) ajudam. Quem tem dinheiro está reavaliando entre deixá-lo no banco e investi-lo na economia, por exemplo, com uma franquia, para colher frutos", explica Altino Cristofoletti Junior, presidente da ABF.

A área de alimentação, com 20% das franquias no Brasil em 2016, lidera o faturamento. Dados da ABF apontam que, no terceiro trimestre de 2017, esse segmento movimentou em torno de R$ 10,9 bilhões, um aumento de 6% em relação ao mesmo período de 2016 (cerca de R$ 10,2 bilhões). O administrador de empresas Emerson Sérgio, de 43 anos, está entre os que investiram nessa área: abriu a sua primeira franquia da Jin Jin Wok (culinária asiática) em 2009, no Iguatemi Campinas, shopping no interior de São Paulo. No ano passado, inaugurou uma segunda unidade, no Plaza Shopping Itu. "O setor de alimentação é o último a sentir o impacto (da crise) e o primeiro a se recuperar. Todo mundo deixa de trocar de carro ou de comprar roupa para comer", diz. "Mas tivemos de nos remodelar, nos adequar ao mercado, reduzir funcionários."

Apesar de certo otimismo para 2018, Amnon Armoni, coordenador do MBA Estratégico em Negócios da Fundação Armando Álvares Penteado (Faap), alerta para os cuidados com investimentos em franquias. "Saímos daquele círculo negativo para começar a pensar em ir para a frente. Os indicadores são positivos. Só não se pode superprojetar nada. O negócio tem de ser visto sem paixão, tem de dar retorno. O amor pela gastronomia não faz um restaurante ter sucesso", afirma Armoni.

> *E completa: "Nenhum negócio vai para a frente se você não for realista. É saber projetar o quanto vai vender, ter mercado para o que você pretende fazer, ter preço compatível. Sempre ter um fôlego (reserva financeira). Tem de considerar que um negócio leva tempo. O Sebrae (Serviço Brasileiro de Apoio às Micro e Pequenas Empresas) pode ajudar com esse planejamento". Um dos pontos que devem ser analisados pelo futuro empresário é o do investimento, pois a amplitude de valores para se abrir uma franquia é muito grande.*
>
> *Para Marcus Rizzo, consultor e proprietário da Rizzo Franchise, pontos positivos também apareceram com a dificuldade dos últimos anos. "A crise purificou várias redes, limpou muitos negócios que não tinham a menor possibilidade de acontecer. Estávamos num oba-oba de abertura de franquias."*
>
> **Fonte:** *O Estado de S. Paulo*, São Paulo, 30 nov. 2017, Tendências Estadão PME, p. 12.

8.1 Identificação da melhor fórmula

Retorno é o lucro obtido pela empresa.

Investimento é toda aplicação realizada pela empresa com o objetivo de obter lucro (retorno). As aplicações estão evidenciadas no Ativo. Assim, temos as aplicações em disponíveis, estoques, imobilizados, investimentos etc. A combinação de todas essas aplicações proporciona resultado para a empresa: lucro ou prejuízo.

$$\text{Taxa de Retorno sobre o Investimento (TRI)} = \frac{\text{Lucro}}{\text{Ativo}}$$

Muito se discute sobre qual é o lucro a ser utilizado para medir o desempenho, em termos de rentabilidade: Lucro Líquido, Lucro Operacional, Lucro antes do Imposto de Renda, Lucro antes da Dedução de Despesas Financeiras etc.

A princípio, poderíamos recomendar o Lucro Operacional como o mais adequado para a obtenção da TRI. Ressaltemos, entretanto, que não se trata do Lucro Operacional apurado conforme os critérios legais, por meio da Demonstração do Resultado do Exercício tradicional. Contudo, o legítimo Lucro Operacional, isto é, o obtido da atividade principal da empresa, o resultante do ramo de negócio da empresa (ramo esse descrito no contrato social ou estatuto).

Assim, se a Cia. Depar tem como atividade fabricar parafusos, todo lucro oriundo dessa atividade é operacional. Por outro lado, admitindo que a Cia. Depar aplique no mercado financeiro ou no mercado de capitais, tais rendimentos (e outros) serão tidos como não operacionais. Para uma financeira, o rendimento obtido no mercado financeiro é operacional. Para um fundo mútuo de investimento, o rendimento obtido no mercado de capitais é operacional, pois sua atividade-base é a aquisição de ações.

O importante, após a definição do lucro a ser utilizado (numerador), é ser coerente na escolha do denominador (Ativo). Se escolhermos o Lucro Operacional, o denominador

Cap. 8 · Análise da Taxa de Retorno sobre Investimentos (Margem de Lucro × Giro do Ativo) | **145**

deverá ser o Ativo Operacional, isto é, todos os itens do Ativo combinados na manutenção da atividade operacional.

No Ativo Operacional, *não* serão incluídas as contas de Realizável a Longo Prazo (normalmente, são contas não operacionais) e as contas do subgrupo Investimentos (não visam à manutenção da atividade operacional). Não deverão ser incluídas as aplicações no mercado financeiro (salvo as esporádicas e temporárias, objetivando rendimento do dinheiro que será utilizado em breve).

Todos os rendimentos oriundos dos itens relacionados no parágrafo anterior (não operacional) não serão considerados na apuração do Lucro Operacional, na Demonstração do Resultado do Exercício. As despesas financeiras, para tal fim, não devem também ser consideradas como operacionais. Mesmo que o Ativo Operacional seja financiado por terceiros, as despesas decorrentes desse financiamento (Despesas Financeiras) não serão operacionais. O que interessa é medir, por meio do Lucro Operacional, o desempenho no uso do Ativo, não importando se ele se origina de Recursos Próprios ou de Recursos de Terceiros.

Nem sempre é tarefa fácil calcular a verdadeira Taxa de Retorno Operacional, pois encontramos obstáculos para sua apuração. Por isso, os analistas, de maneira geral, preferem calcular a Taxa de Retorno Total, considerando o Lucro Líquido sobre o Ativo Total. Operacionalmente, esse é o melhor processo, e, em virtude disso, adotaremos tal critério, ou seja:

$$TRI = \frac{Lucro\ Líquido}{Ativo\ Total}$$

Como já abordamos, o melhor caminho seria trabalhar com o Ativo Médio. Entretanto, para tornar esta seção mais prática, trabalharemos apenas com o Ativo Final.

8.2 Taxa de Retorno e Margem × Giro

A Taxa de Retorno pode se decompor em dois elementos que contribuirão sensivelmente para seu estudo:

a. *Margem de Lucro Líquido:* significa quantos centavos de cada real de venda restaram após a dedução de todas as despesas (inclusive o Imposto de Renda). É evidente que, quanto maior a margem, melhor.

$$Margem\ de\ Lucro = \frac{Lucro\ Líquido}{Vendas} = \$ \ ...\ centavos\ de\ lucro\ para\ \$\ 1,00\ vendido.$$

Esses indicadores de Lucro sobre Vendas são conhecidos como lucratividade, ou seja, apuram quantos centavos se ganha por real vendido.

146 | Análise das demonstrações contábeis – *Marion*

b. *Giro do Ativo:* significa a eficiência com que a empresa utiliza seus Ativos com o objetivo de gerar reais de vendas. Quanto mais reais de vendas forem gerados, mais eficientemente os Ativos serão utilizados.

$$\text{Giro do Ativo} = \frac{\text{Vendas}}{\text{Ativo Total}} = \text{a empresa vendeu o correspondente a ... vezes seu Ativo.}$$

Esse indicador é conhecido também como "produtividade".

Quanto mais o Ativo gerar em vendas reais, mais eficiente a gerência estará sendo na administração dos investimentos (Ativo). A ideia é produzir mais e vender mais, em uma proporção maior que os investimentos no Ativo.

c. *Taxa de Retorno sobre Investimentos:* pode ser obtida por meio da multiplicação da Margem de Lucro pelo Giro do Ativo. As empresas que ganham mais na margem normalmente ganham no preço. As empresas que ganham mais no giro visam quantidade. A rentabilidade de uma empresa é obtida por meio de uma boa conjugação entre preço e quantidade, ou seja, entre Margem (lucratividade) e Giro (produtividade): Margem de Lucro × Giro do Ativo = TRI.

Vejamos:

$$\text{Margem de Lucro} \times \text{Giro do Ativo} = ?$$

$$\frac{\text{Lucro Líquido}}{\cancel{\text{Vendas}}} \times \frac{\cancel{\text{Vendas}}}{\text{Ativo Total}} = ?$$

$$\frac{\text{Lucro Líquido}}{\text{Ativo Total}} = \text{TRI}$$

Assim:

$$\text{Margem de Lucro} \times \text{Giro do Ativo} = \text{TRI,}$$

8.3 Análise da Margem × Giro

As empresas podem ter a mesma Taxa de Retorno sobre Investimentos com Margem e Giro totalmente diferentes.

		Margem[1]	×	Giro
Empresa A → TRI → 15%	=	0,15	×	1,0
Empresa B → TRI → 15%	=	0,075	×	2,0
Empresa C → TRI → 15%	=	0,20	×	0,75

---

[1] Quanto menor for a margem, menor será o preço final do produto, propiciando mais venda, mais produção nas indústrias, mais empregos etc.

Cap. 8 • Análise da Taxa de Retorno sobre Investimentos (Margem de Lucro × Giro do Ativo) | **147**

Assim, conforme a característica de cada empresa, o ganho poderá ocorrer em uma concentração maior sobre o giro ou sobre a margem.

Empresas que necessitam de grandes investimentos terão dificuldades em vender o correspondente a uma vez seu Ativo durante o ano, ou, ainda, necessitarão de vários anos para vendê-lo pelo correspondente a uma vez apenas. Essas empresas ganharão na margem para obter uma boa TRI. São os casos das usinas hidrelétricas, do metrô, de companhias telefônicas etc.

Se o metrô desejar uma TRI de 20% ao ano, sabendo que demorará, em média, quatro anos para vender uma vez seu Ativo, deverá planejar uma Margem de Lucro de 80%:

$$\textbf{TRI} \ = \ \textbf{Margem} \ \times \ \textbf{Giro}$$

$$20\% = x \ \times \ 0{,}25 \quad \rightarrow \quad x \ = \ 80\%$$

Ou seja, de cada bilhete vendido, 20% serão custo e 80% serão lucro. Assim, sem prejudicar a TRI, o giro lento do Ativo será compensado pela boa margem.

Se comprarmos uma lata de leite em pó no domingo, em uma padaria, pagaremos um preço bem mais elevado que em um supermercado. Apesar de nossa reação negativa, poderemos afirmar que o proprietário da padaria não está ganhando mais que o supermercado (talvez menos). O que acontece é que o primeiro está ganhando na Margem (pois as latas ficam estocadas longo tempo nas prateleiras, girando pouco seu Ativo), enquanto o supermercado ganha no Giro (as latas ficam pouco tempo nas prateleiras). Uma empresa que comercia ouro, seguradoras, butiques, hotéis de luxo, algumas companhias aéreas etc. são exemplos de empresas que ganham mais na Margem. Supermercados, atacadistas, jornais, *fastfood* etc. ganham no Giro.

8.4 Rentabilidade e ramos de atividades

A atividade supermercadista, felizmente, ganha no Giro. Conforme exemplo tirado da edição das *Melhores e Maiores*, a Margem de Lucro dos 20 maiores supermercados varia de 0,9% a 6,8%, sendo que o Giro está em torno de três vezes ao ano ou mais. Outras empresas que ganham no Giro: empresas de transportes coletivos, distribuidoras de petróleo, alguns magazines, *pizzarias* (rodízio), revendedores de veículos, revendedores de jornais etc.

No comércio, a exploração de minerais não metálicos, por exemplo, é um ramo de atividade que concentra o ganho na Margem (havendo casos em que ultrapassa 35%), sendo que dificilmente o Giro ultrapassa uma vez. Não significa, basicamente, em alguns casos, uma questão de penalizar a economia, mas grandes investimentos realizados no Ativo. Outras empresas que ganham na margem: hotel, comércio de pedras preciosas, metrôs, companhias de turismo, butiques, algumas de serviços públicos, dentistas (exceto populares) etc.

A seguir, ainda com base nos dados da revista *Exame – Melhores e Maiores*, edição 2010, apenas para fins didáticos, vamos observar empresas de rentabilidade semelhante (mais ou menos 10%) com formas de ganhos diferentes: umas na Margem, outras no Giro:

Empresa	Giro × Margem = TRI	Ramo
TAG (RS)	0,11 × 74,7% = 8,22%	Transporte
Redecard (SP)	0,15 × 53,9% = 8,09%	Serviços
Votorantim Cimentos (SP)	0,43 × 22,1% = 9,50%	Construção
AngloGold Ashanti (MG)	0,66 × 18% = 11,88%	Mineração
Ambev (SP)	0,8 × 15,3% = 12,44%	Bebidas
Gerdau-Aços	0,87 × 12,9% = 11,22%	Siderurgia
Vippal (RS)	0,97 × 11,5% = 11,15%	Auto-Ind.
Grendene (CE)	1,03 × 9,5% = 9,79%	Têxtil
Telefônica (SP)	1,06 × 10% = 10,6%	Telecomunicações
Anhanguera (SP)	1,28 × 8% = 10,24%	Ensino
CPFL-Paulista (SP)	1,46 × 6,8% = 9,92%	Energia
Mili (PR)	1,98 × 5,3% = 10,49%	Papel e Cel.
Drogasil (SP)	2,47 × 3,7% = 9,14%	Varejo
ArcelorMittal (ES)	4,57 × 2,8% = 12,71%	Siderurgia
BR Distribuidora (RJ)	5,31 × 2% = 10,62%	Atacado
Petróleo Sabbá (AM)	7,31 × 1,2% = 8,78%	Atacado

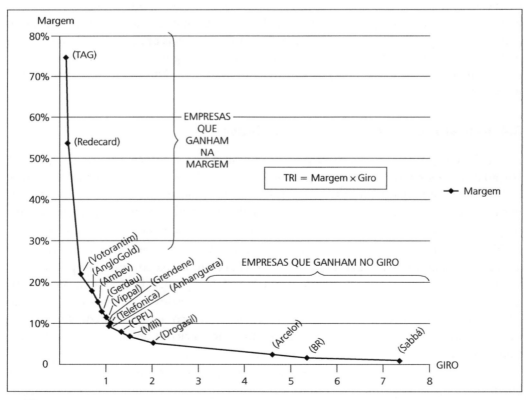

Gráfico 8.1 Margem × Giro.

Como podemos observar no Gráfico 8.1, as empresas *1* a *7* constituem sua rentabilidade ganhando basicamente na Margem de Lucro. As empresas *12* a *16* constituem sua rentabilidade concentrando seu ganho no Giro. As empresas de *8* a *11* equilibram sua rentabilidade ganhando parte na Margem, parte no Giro.

Voltamos a insistir que certas empresas, dadas suas características, como volume de investimentos elevados, precisam ganhar na Margem. Entretanto, há as que poderiam, no sentido de contribuir para reativar nossa economia, ganhar menos na Margem, forçando um Giro maior e, consequentemente, um volume maior de bens e serviços, propiciando mais empregos, mais salários etc., enfim, estimulando a espiral produtiva da economia.

8.5 A fórmula DuPont

Analisaremos, por meio deste modelo, todos os itens que contribuem para a formação da TRI. No Quadro 8.1, temos todos os componentes que formam a Taxa de Retorno.

Tudo será analisado, item por item. Qual item está contribuindo em proporção maior, por exemplo, para a queda da Taxa de Retorno?

Admitamos que a TRI da Cia. Maria Júlia esteja decaindo com o passar dos anos. Apurou-se que a razão básica para isso é a queda da Margem de Lucro, pois o Giro se manteve constante. Aprofundando a análise, ficou constatado que o Custo Total está crescendo mais que as Vendas; que as Despesas Operacionais cresceram em proporção maior que todos os itens de Custos; que as Despesas Administrativas são as que mais subiram. Assim, sabemos no que está o problema e, assim, podemos agir para solucioná-lo.

A Cia. Tatiana, com fim especulativo, compra um grande lote de estoque (a prazo) para ganhar com a inflação. No final do ano, seu presidente constata, com surpresa, que a TRI da Tatiana caiu. Qual foi o motivo? Ora, aumentando o estoque, aumentará o Ativo Circulante, que, por sua vez, aumentará o Ativo Total. Com o aumento do Ativo Total sem a correspondência nas vendas, aumentará o denominador (não aumentará o numerador), o Giro cairá e, consequentemente, cairá a TRI.

Todo esse tipo de análise pode ser realizado simples e objetivamente, de acordo com o Quadro 8.1.

Quadro 8.1 Esquema completo da análise Margem × Giro (DuPont).

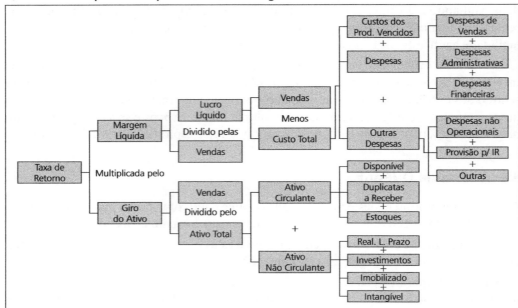

8.6 Exemplo de análise Margem × Giro

BALANÇO PATRIMONIAL

Demonstrações Financeiras da Cia. Deocleciano

Em $ milhões

ATIVO	31-12-de 20X1	31-12-de 20X2	31-12-de 20X3	PASSIVO	31-12-de 20X1	31-12-de 20X2	31-12-de 20X3
Circulante				**Circulante**			
Disponível	400	450	500	Fornecedores	200	400	500
Duplicatas a Receber	500	800	1.400	Empréstimos Bancários	900	1.000	1.100
Estoque	600	750	1.100	Outros	100	100	100
Total do Circulante	1.500	2.000	3.000	Total do Circulante	1.200	1.500	1.700
Não Circulante				**Não Circulante**			
Realizável a L. P.	1.000	1.200	1.200	Financiamentos (ELP)	100	120	1.000
Investimento	1.100	1.350	1.800				
Imobilizado	400	450	500				
Intangível	300	200	100	**Patrimônio Líquido**			
				Capital e Reservas	3.000	3.580	3.900
Total do N. Circulante	2.800	3.200	3.600				
Total do Ativo	4.300	5.200	6.600	Total do Passivo + PL	4.300	5.200	6.600

Cap. 8 • Análise da Taxa de Retorno sobre Investimentos (Margem de Lucro × Giro do Ativo) | 151

DEMONSTRAÇÃO DO RESULTADO DO EXERCÍCIO

Em $ milhões

PERÍODOS	20X1	20X2	20X3
Receita Líquida	2.500	3.000	3.300
(–) Custo da Mercadoria Vendida	(900)	(1.100)	(1.200)
= Lucro Bruto	1.600	1.900	2.100
(–) Despesas Operacionais[2]			
De Vendas	(200)	(300)	(350)
Administrativas	(150)	(180)	(200)
Financeiras	(300)	(400)	(500)
= Lucro Operacional[3]	950	1.020	1.050
(–) Despesa Não Operacional	(110)	(100)	(120)
= Lucro antes do Imposto de Renda	840	920	930
(–) Provisão para Imposto de Renda e Contr. Social	(300)	(320)	(320)
= Lucro Líquido	540	600	610

Taxa de Retorno sobre Investimentos[4]

$$20X1 = \frac{LL}{Ativo} = \frac{540}{4.300} = 12,56\%$$

$$20X2 = \frac{LL}{Ativo} = \frac{600}{5.200} = 11,54\%$$

$$20X3 = \frac{LL}{Ativo} = \frac{610}{6.600} = 9,246\%$$

A rentabilidade da empresa caiu de 12,56% (20X1) para 9,24% (20X3).

20X1 = 12,56%   20X2 = 11,54%   20X3 = 9,24%

Atribuindo o índice 100 para 20X1, teremos:

Basta fazer uma regra de três

$\rightarrow$ 12,56% está para 100
11,54% está para x , assim como, $\rightarrow$

Depois, multiplicar em "X", fazer a mesma coisa para os 9,24% de 20X3

20X1 = 100   20X2 = 92   20X3 = 74

---

[2] O correto seria separar o Lucro antes da Despesa Financeira e Lucro após a Despesa Financeira.
[3] O correto seria separar o Lucro antes da Despesa Financeira e Lucro após a Despesa Financeira.
[4] Considere o Ativo Total.

Portanto, a queda da rentabilidade foi de 26% (74 − 100), de X1 para X3.

Quem está contribuindo mais com a queda da rentabilidade: a *Margem de Lucro* ou o *Giro do Ativo*?

$$\boxed{\text{TRI} = \text{Margem} \times \text{Giro}}$$

$$\text{TRI} = \frac{\text{LL}}{\text{Vendas}} \times \frac{\text{Vendas}}{\text{Ativo}}$$

$$\text{TRI}_{x1} = \boxed{\frac{540}{2.500} = 21,6\%} \times \boxed{\frac{2.500}{4.300} = 0,58...} = \boxed{12,56\%}$$

$$\text{TRI}_{x2} = \boxed{\frac{600}{3.000} = 20,0\%} \times \boxed{\frac{3.000}{5.200} = 0,57...} = \boxed{11,54\%}$$

$$\text{TRI}_{x3} = \boxed{\frac{610}{3.300} = 18,48\%} \times \boxed{\frac{3.300}{6.600} = 0,50...} = \boxed{9,24\%}$$

Tanto a Margem quanto o Giro estão motivando a queda da rentabilidade. Vamos comparar essas quedas utilizando a base 100 para detectarmos quem mais contribui.

Margem de Lucro × **Giro do Ativo**

20X1 → 21,6% → 100	20X1 → 0,58% → 100
20X2 → 20,0% → 92	20X2 → 0,57% → 98
20X3 → 18,5% → 85	20X3 → 0,50% → 86

Tanto a Margem de Lucro quanto o Giro apresentam uma queda (significativa) em torno de 15% (100 − 85 ou 86).

Vamos, agora, detalhar a Margem e o Giro para que possamos averiguar qual item mais colaborou para a redução da rentabilidade.

Cap. 8 • Análise da Taxa de Retorno sobre Investimentos (Margem de Lucro × Giro do Ativo) | 153

Quadro 8.2 Análise Margem × Giro.

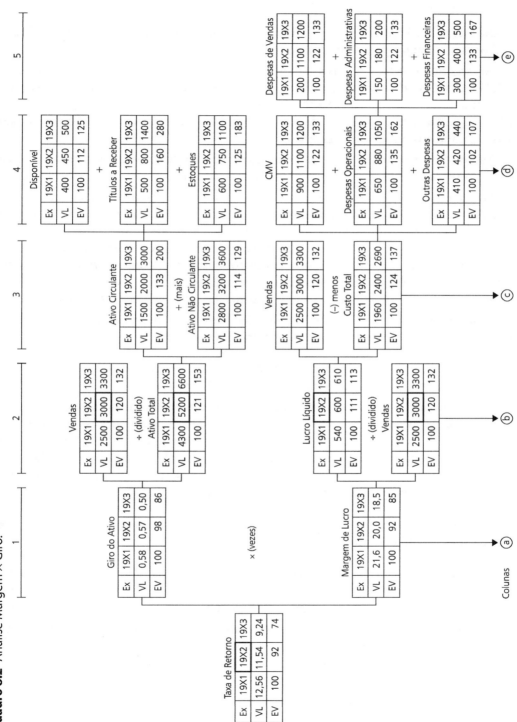

Análise do quadro de análise Margem × Giro

Na primeira coluna (a), Giro × Margem, já analisamos e chegamos à conclusão de que ambos contribuíram para a queda da rentabilidade.

Na segunda coluna (b), observamos que as vendas cresceram em 32% de X1 para X3. O Lucro Líquido não acompanhou o crescimento das vendas, atingindo, apenas, um crescimento de 13%. O que mais preocupa, todavia, é que o Ativo da empresa cresceu 53%, percentual bem superior ao das vendas. Significa que o crescimento das vendas não acompanhou o volume dos investimentos.

Vamos observar, agora, qual grupo do Ativo mais contribuiu para seu crescimento e qual o comportamento do Custo Total em relação às vendas.

Na terceira coluna (c), notamos um crescimento brusco do Ativo Circulante (100%). O crescimento do Ativo Não Circulante foi inferior ao das vendas; portanto, não requer outros estudos. Se desejássemos prolongar a análise do Ativo Não Circulante, nós o dividiríamos em quatro outros retângulos na quarta coluna: Investimentos, Imobilizado e Intangível Realizável L. P. O comportamento dos custos totais, em sua totalidade, foi de crescimento um pouco mais proporcional que o das vendas. Na próxima coluna, serão analisadas as razões desse crescimento do Custo e do salto brusco do Ativo Circulante.

Constatamos, na quarta coluna (d), que certos itens em *nada influíram* no aumento do Ativo e no Custo; portanto, não contribuíram para a queda da rentabilidade. São eles:

- *Disponível*: seu acréscimo em três anos foi de 25%, numa proporção inferior ao crescimento das vendas. Então, aqui, não há problema.
- *Custo da Mercadoria Vendida (CMV)*: aumentou na mesma proporção das vendas. Se tivéssemos uma indústria, não haveria necessidade de nos preocuparmos com matéria-prima, mão de obra direta e custos indiretos de fabricação. Não precisamos, portanto, no momento, demitir pessoal da produção, controlar mais rigidamente os CIF[5] ou estar atentos em relação aos preços da matéria-prima. Há outros itens que requerem atenção imediata.

Observamos que os itens que mais cresceram e, consequentemente, contribuíram para a queda da rentabilidade, foram:

- *Títulos a Receber*: aumentaram de forma desmensurada, desproporcional em relação às Vendas. Uma das razões possíveis é a dilatação do prazo de financiamento das vendas, na expectativa de vender mais.
- *Estoques*: também cresceram de forma desproporcional em relação às Vendas. Notamos que uma política de estocagem em proporção maior que o escoamento (volume de vendas) pode contribuir para a queda da TRI: aumenta o Ativo, diminui o Giro.

---

[5] CIF = Custos Indiretos de Fabricação.

- *Despesas Operacionais*: cresceram percentualmente mais que as vendas. As despesas operacionais que mais contribuíram serão analisadas na coluna cinco.

Na última coluna (e), concluímos que as *Despesas Administrativas* não influenciaram na redução da rentabilidade, uma vez que cresceram proporcionalmente às vendas.

Todavia, as *Despesas de Vendas* cresceram 75%, enquanto as Vendas cresceram 32%. Uma possibilidade é o incremento publicitário com o objetivo de ampliar as vendas.

Aliás, um ângulo da análise que nos ocorre é exatamente este: a empresa, no afã de incrementar suas vendas, dilata o prazo de financiamento das vendas (por isso, aumenta Duplicatas a Receber), amplia seu Estoque e intensifica a propaganda (Despesa de Vendas), sem ter bom resultado em Vendas.

Como consequência desse raciocínio, podemos deduzir que a empresa recorre demasiadamente a Capital de Terceiros — empréstimos e financiamentos —, aumentando, assim, as *Despesas Financeiras*. Note que é necessário que a empresa alimente seu Giro, uma vez que há muito estoque e o recebimento de duplicatas tornou-se lento.

Ao contrário do que ocorre com muitas empresas, não foram os investimentos em Ativo Fixo que provocaram a queda da rentabilidade. Também não adiantariam, nesse caso, demissões de funcionários, fossem eles de produção ou administrativos.

Assim, parece-nos que a empresa está com seu mercado saturado, não tendo tido resultado todos os seus esforços de vendas. O ideal talvez fosse voltar ao nível de vendas de 20X1, reduzindo a propaganda, o estoque e as duplicatas a receber àquele nível.

8.7 Comentários finais

O modelo DuPont tem o mérito de unir, em uma análise única, o Balanço Patrimonial (por meio de Giro do Ativo) e a Demonstração do Resultado do Exercício (por meio da Margem de Lucro).

Em outras palavras, observamos nesse modelo a análise conjunta da produtividade (Giro do Ativo) com a lucratividade (Margem de Lucro), ou seja:

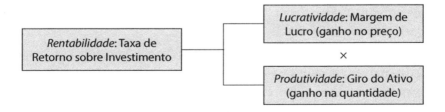

156 | Análise das demonstrações contábeis – *Marion*

PARTE PRÁTICA

A. Questões sobre a leitura introdutória

(Franquia)

1. Por que o setor de franquia sempre é um bom negócio?
2. Por que há menos mortalidade nas empresas franqueadas?
3. Por que a crise, até 2018, pode ter sido benéfica para esse setor?
4. Por que o negócio tem que ser visto sem paixão?

B. Questões sobre o Capítulo 8

1. Por que, quando calculamos a TRI, temos que analisá-la do ponto de vista da Margem e do Giro?
2. Duas empresas individualmente diferentes podem obter a mesma Taxa de Retorno sobre o Investimento. Analise a afirmação.
3. Podemos dizer que algumas empresas ganham na Margem e outras no Giro. Dê exemplos (diferentes dos já citados neste capítulo) de empresas que ganham na Margem e de empresas que ganham no Giro.
4. Na análise DuPont, é comum dizermos que nenhum investimento ou despesa pode crescer mais que as vendas. Explique essa afirmativa.

C. Testes abrangentes

1. Como exemplo de empresas que ganham no Giro, temos:
   - ( ) a) Arapuã, Brahma, Votorantin, Arno.
   - ( ) b) Goodyear, Atlantic, Arapuã.
   - ( ) c) Arapuã, Rhodia, Suzano.
   - ( ) d) N.D.A.

2. Normalmente, é uma característica da indústria automobilística:
   - ( ) a) Margem alta.
   - ( ) b) Valor de venda baixo.
   - ( ) c) Margem alta e valor de venda alto.
   - ( ) d) Margem pequena e valor de venda alto.
   - ( ) e) N.D.A.

3. A Cia. Alfa apresentou o Giro do Ativo igual a 4,0 e teve Margem Líquida igual a 1,5%. Já a Cia. Beta obteve um Giro do Ativo igual a 1,2 e Margem Líquida igual a 3,5%. Qual das empresas obteve a melhor TRI?
   - ( ) a) Cia. Alfa.
   - ( ) b) Cia. Beta.

Cap. 8 • Análise da Taxa de Retorno sobre Investimentos (Margem de Lucro × Giro do Ativo) | 157

( ) c) Ambas as empresas obtiveram o mesmo retorno.

( ) d) Nenhuma das empresas obteve retorno.

4. Assinale a alternativa correta:

( ) a) A análise por meio da fórmula DuPont evidencia, de maneira geral, a composição da TRI.

( ) b) Do ponto de vista da lucratividade, um dos problemas que pode causar queda da TRI é o aumento excessivo de investimentos em outras companhias.

( ) c) Analisando a queda da rentabilidade de uma empresa, a produtividade pode cair por aumento demasiado dos custos de produção.

( ) d) A TRI pode cair por ter um elevado crescimento na Margem Líquida, provocado por aumento excessivo nas despesas financeiras.

D. Exercícios

1. Calcule a TRI da Cia. Multioperacional. Indique quais os itens do Ativo que são operacionais, no caso de desejarmos calcular a Taxa de Retorno sobre Investimentos Operacionais.

Cia. Multioperacional
(Indústria de Clipes)

ATIVO		Em $ milhões
Circulante	Disponível	800
	Duplicatas a Receber	1.200
	Estoque	1.500
	Aplicações Financeiras	1.500
	Total	5.000

Não Circulante	Realizável a L. Prazo	2.000
	Investimentos	2.200
	Imobilizado	800
	Intangível	1.000
	Total	6.000
	Total do Ativo	11.000

DEMONSTRAÇÃO DO RESULTADO DO EXERCÍCIO

Receita Operacional (venda de clipes)		10.000
(–) CPV		(4.000)
→ Lucro Bruto		6.000
(–) Despesas Operacionais		
De Vendas	(1.500)	
Administrativas	(2.000)	
Financeiras	(300)	
Financeiras (Receita)	500	
Dividendos Recebidos	1.000	(2.300)
→ Lucro Operacional		3.700
(–) Outras Despesas Operacionais		(1.000)
→ Lucro antes do Imposto de Renda e Contribuição Social		**2.700**
(–) Provisão para Imposto de Renda e Contribuição Social 24% sobre 1.200		288
→ Lucro Líquido		2.412

2. Faça a análise da Taxa de Retorno sobre Investimentos da Cia. Dantesca.

BALANÇO PATRIMONIAL
Cia. Dantesca

ATIVO	20X2 31-12	20X1 31-12	20X0 31-12	PASSIVO	20X2 31-12	20X1 31-12	20X0 31-12
Circulante				**Circulante**			
Disponível	510	450	380	Fornecedores	500	350	200
Duplicatas a Receber	1.328	910	545	Empréstimos Bancários	900	1.000	850
(–) Prov. Dev. Duv.	(39)	(20)	(15)	Impostos a Pagar	700	–	–
Estoque	1.221	800	540	Total Circulante	2.100	1.350	1.050
Total Circulante	3.020	2.140	1.450				
Não Circulante				**Não Circulante**			
Investimentos				Financiamentos (ELP)	1.070	1.240	1.250
Ações de Out. Empresas	150	100	100				
Imobilizado				**Patrimônio Líquido**			
Máq. e Equip.	2.800	2.575	2.500	Capital Social	1.850	1.350	1.350
Móveis e Utensílios	950	650	300	(–) Cap. a Realiz.	(500)	–	–
Ferram. e Instrumentos	675	400	200		1.350	1.350	1.350
(–) Deprec. Acumulada	(1.025)	(625)	(300)	Reserva Legal	132,5	85	40
Total do Imobilizado	3.400	3.000	2.700	Reservas de Lucros	1.917,5	1.215	560
Total do Não Circulante	3.550	3.100	2.800	**Total do Patr. Líquido**	3.400	2.650	1.950
Total	6.570	5.240	4.250	Total	6.570	5.240	4.250

DEMONSTRAÇÃO DO RESULTADO DO EXERCÍCIO

Discriminação	20X2	20X1	20X0
Receita Líquida	3.250	2.900	2.500
(–) Custo do Produto Vendido[6]	(1.190)	(1.050)	(950)
= Lucro Bruto	2.060	1.850	1.550
(–) Despesas			
Administrativas	(290)	(170)	(150)
Comerciais	(340)	(310)	(200)
Financeiras	(400)	(400)	(335)
	(1.030)	(880)	(685)
= Lucro Operacional	1.030	970	865
(–) Despesas Não Operacionais			
Diversas	(80)	(70)	(65)
= Lucro Líquido	950	900	800

E. Exercícios de integração

1. Margem × Giro

DADOS DA CIA. CONCURSADA

	ATIVO	20X1	%	20X2	%	20X3	%
Balanço Patrimonial	Disponível	100		200		400	
	Duplicatas a Receber	1.000		2.500		6.000	
	Estoque	2.000		4.000		8.000	
	Circulante	3.100		6.700		14.400	
	Não Circulante	2.900		5.300		10.600	
	Total do Ativo	6.000		12.000		25.000	
DRE	Receita	10.000		20.000		40.000	
	(–) CPV	(3.000)		(7.000)		(15.000)	
	Lucro Bruto	7.000		13.000		25.000	
	(–) Desp. Vendas	(2.000)		(4.000)		(6.000)	
	(–) Desp. Adminis.	(1.000)		(3.000)		(8.000)	
	(–) Desp. Financeiras	(500)		(1.500)		(4.000)	
	Lucro Operacional	3.500		4.500		7.000	

a. Explique, com o modelo DuPont, o porquê da rentabilidade decrescente.

b. Em seguida, faça as análises horizontal e vertical das demonstrações.

---

[6] CPV = EI + C + CGF – EF.

2. Empresa Abstrata

BALANÇO PATRIMONIAL

Em $ mil

ATIVO	31-12-20X0	31-12-20X1
Circulante		
Disponível	57.475	55.198
Contas a receber	95.827	119.576
Outros valores a receber	133.262	85.305
Estoques	262.500	439.275
Total Circulante	549.064	699.354
Não Circulante		
Realizável a Longo Prazo	25.005	26.271
Investimentos	50.585	30.378
Imobilizado	114.707	243.045
Intangível	35.660	76.418
Total do Não Circulante	200.952	349.841
TOTAL DO ATIVO	775.021	1.075.466

PASSIVO + PL	31-12-20X0	31-12-20X1
Circulante		
Fornecedores	44.010	58.709
Instituições financeiras	188.379	272.152
Provisão p/ IR	6.248	33.126
Dividendos	55.264	79.832
Outras obrigações	28.160	73.811
Total Circulante	322.061	517.630
Não Circulante		
Financiamentos	33.461	2.906
Contas a pagar	2.120	1.818
Total do Não Circulante	35.581	4.724
Total do Exigível	357.642	522.354
Patrimônio Líquido		
Capital Social	228.360	304.480
Reserva Legal	14.549	18.763
Reservas de Lucros	174.470	229.869
Total do Patrimônio Líquido	417.379	553.112
TOTAL DO PASSIVO + PL	775.021	1.075.466

DEMONSTRAÇÃO DO RESULTADO DO EXERCÍCIO

PERÍODOS	31-12-20X0	31-12-20X1
Receita Líquida	3.166.529	1.824.107
Custo das Mercadorias Vendidas	(2.345.843)	(1.336.125)
Lucro Bruto	820.686	487.982
Despesas Operacionais	(599.318)	(383.933)
Vendas	483.705	305.407
Gerais e Administrativas	113.254	77.445
Depreciação	2.359	1.081
Lucro Operacional	221.368	104.049
Outras Receitas Operacionais	8.832	41.507
Outras Despesas Operacionais	(11.176)	(8.393)
Provisão p/ Imposto de Renda e Contribuição Social	(33.862)	(21.369)
Lucro Líquido do Exercício	185.162	115.794

Pede-se:

Calcule e compare, utilizando o esquema do modelo a seguir, os quocientes indicados para análise, no que tange ao tripé da análise.

A. Quocientes de Liquidez	X0	X1
1. Imediata		
2. Corrente		
3. Seca		
4. Geral		
B. Quocientes de Endividamento		
1. Participação de Capitais de Terceiros sobre Recursos Totais		
2. Capitais de Terceiros sobre Capitais Próprios		
3. Composição do Endividamento		
C. Quocientes de Rotatividade		
1. Prazo Médio de Renovação de Estoque		
2. Prazo Médio de Recebimento de Contas		
3. Prazo Médio de Pagamento de Contas		
4. Giro do Ativo		

F. Estudo de caso

Margem "versus" Giro

As 15 melhores empresas no ramo de comércio varejista, segundo a edição *Melhores e Maiores* da revista *Exame*, jun. de 2010:

	Empresa/Sede	Vendas (em US$ milhões)	Lucro líquido ajustado (em US$ milhões)	Patrimônio líquido ajustado (em US$ milhões)	Margem das vendas (em %)	Giro (em nº índice)	Riqueza criada por empregado (em US$ mil)
1	B2W[26], RJ	2.804,7	32,0	150,9	1,1	2,25	192,0
2	Lojas Americanas[26], RJ	3.266,7	96,7	237,8	3,0	1,32	68,4
3	Magazine Luiza[26,B], SP	2.241,8	30,3	134,6	1,4	2,08	38,8
4	Drogasil[26], SP	1.046,8	38,7	236,7	3,7	2,47	52,5
5	Farmácia Pague Menos[26], CE	1.086,2	16,9	52,7	1,6	3,05	37,8
6	Drogaria São Paulo[26], SP	996,0	19,2	60,2	1,9	4,08	24,5
7	Móveis Gazin[26,B], PR	804,8	25,3	119,8	3,1	2,21	49,3
8	Lojas CEM[36], SP	934,6	54,6	394,3	5,8	1,72	NI
9	Pão de Açúcar[26], SP	9.349,2	250,8	3.853,8	2,7	1,20	42,4
10	Sotreq[26], SP	739,9	52,9	213,1	7,2	1,08	77,8
11	Hermes[26], RJ	621,8	5,3	40,9	0,8	2,47	99,5
12	Green Automóveis[26], SP	451,1	8,2	71,0	1,8	4,87	NI
13	Renner[26], RS	1.790,3	99,5	454,2	5,6	1,66	67,7
14	Sendas Distribuidora[26], RJ	2.029,2	26,3	10,6	1,3	2,12	77,4
15	Coop[26], SP	801,8	10,3	138,1	1,3	3,20	26,8

1. Vendas estimadas pela revista. **2.** Vendas informadas por meio de questionário. **3.** Vendas extraídas da demonstração contábil. **4.** Vendas em moeda constante. **5.** Controle acionário em maio de 2010. **6.** Informações ajustadas calculadas pela revista. **7.** Data do balanço diferente de 31/12/2009. **B.** Bônus: *Guia Exame de Sustentabilidade/Guia EXAME – As 150 Melhores Empresas para Você Trabalhar.* **NA** – Não Aplicável. **NI** – Não informado • Não classificada. **Este setor inclui**: supermercados, redes de lojas de eletrodomésticos, vestuário e calçados, revendedores de veículos etc.

Analisando a rentabilidade com base nos dados apresentados, algumas perguntas são feitas:

1. Qual foi a atividade comercial mais rentável?

2. Por que as grandes empresas no setor, como Carrefour, Ponto Frio e Casas Bahia, não estão nesta lista?

3. Por que o comércio varejista tem Margem de Lucro tão baixa?

G. Trabalho prático

1. Completar o quadro clínico

Cap. 8 · Análise da Taxa de Retorno sobre Investimentos (Margem de Lucro × Giro do Ativo) | **163**

O quadro clínico, como já vimos, equivale ao *check-up* que o médico faz em relação a um paciente. De posse de todos os exames, o médico dá o diagnóstico da saúde do paciente e sugere o remédio. O paciente, neste caso, é a empresa que está sendo analisada. Assim, você completará o quadro clínico do tripé.

Índices		Fórmulas	Ano 1	Ano 2	Ano 3	Conceito	Tendência[7]
Liquidez	Corrente	AC/PC	Já calculado	Já calculado	Já calculado	Já conceituado	Já feito
	Seca	$\dfrac{AC - EST}{PC}$	Já calculado	Já calculado	Já calculado	Já conceituado	Já feito
	Geral	$\dfrac{AC + RLP}{PC + ELP}$	Já calculado	Já calculado	Já calculado	Já conceituado	Já feito
	Imediata	$\dfrac{Disponível}{PC}$	Já calculado	Já calculado	Já calculado		Já feito
Endividamento	Quantidade	$\dfrac{Cap.\ Terceiros}{Passivo}$	Já calculado	Já calculado	Já calculado	Já conceituado	Já feito
	Qualidade	$\dfrac{P.\ Circulante}{Cap.\ Terc.}$	Já calculado	Já calculado	Já calculado	Já conceituado	Já feito
	Grau End.	$\dfrac{Cap.\ Terceiros}{P.\ Líquido}$	Já calculado	Já calculado	Já calculado	Já conceituado	Já feito
Rentabilidade	Empresa	TRI	Já calculado	Já calculado	Já calculado	Já conceituado	Já feito
	Empresário	TRPL	Já calculado	Já calculado	Já calculado	Já conceituado	Já feito
	Margem Líq.	LL/Vendas					
	Giro do Ativo	Vendas/Ativo					

Margem de Lucro e Giro do Ativo

A conceituação da Margem de Lucro pode ser obtida na edição "Melhores e Maiores", da revista *Exame*.

A conceituação do Giro do Ativo poderia ser calculada também naquela revista. Veja que, nesse quadro, temos LL/Ativo (que é a TRI) e LL/Vendas.

A fórmula

$$\boxed{\text{TRI} = \text{Margem de Lucro} \times \text{Giro do Ativo}}$$

poderia ser aplicada. Por exemplo, a mediana no setor têxtil da TRI é 3,1%, enquanto a da margem é 3,5% (olhando no Quadro 7 da edição de jun. de 2000).

---

[7] Melhorar, piorar ou estabilizar.

TRI = Margem de Lucro × Giro do Ativo

3,1% = 3,5% × Giro do Ativo

Giro do Ativo = 0,89

Assim, deveríamos fazer para os demais índices que separam o 1º quartil do segundo e o 3º quartil do 4º.

Endividamento

Segundo "Melhores e Maiores", da revista *Exame*, o endividamento de 1991 a 1996 das empresas brasileiras estava em torno de 40%. Todavia, em 1997, o endividamento começou a subir, chegando a 48% em 1998. Na edição de 2000, o endividamento chegou a 52%, e na edição de 2001, aumentou para 53,4%. Porém, em 2008, caiu para 48%. **Em 2017, subiu para 61%.**

Encontramos o endividamento das empresas de origem estrangeira no Brasil na mudança do século XX para XXI, que certamente ajudará na análise e na redação do relatório final:

1.	Italiano	58,6%	6. Americano		50,1%
2.	Sueco	53,5%	7. Francês		49,6%
3.	Alemão	53,2%	8. Brasileiro		47%
4.	Holandês	52,4%	9. Japonês		43,9%
5.	Suíço	52,3%	10. Inglês		42,2%

Assim, seria interessante comparar a empresa em análise com a média brasileira e com as empresas de origem estrangeira.

Se o endividamento estiver muito acima de 52%, por exemplo, 60% ou mais, é ruim. Imaginemos entre 52% e 60%. Um endividamento razoável. Abaixo de 52% é satisfatório, sendo que seria bom, estimando, abaixo de 45%.

2. Aplique o modelo DuPont em suas Demonstrações Contábeis.

Na *Parte 3* de seu trabalho, você sumarizou o Balanço Patrimonial. Utilize o Ativo sumarizado para aplicar o modelo DuPont. Todavia, você terá ainda que sumarizar a Demonstração do Resultado do Exercício, como segue:

Cap. 8 • Análise da Taxa de Retorno sobre Investimentos (Margem de Lucro × Giro do Ativo) | 165

DRE	Ano	Ano	Ano
Receita Bruta	- - - - -	- - - - -	- - - - -
(–) Deduções	(- - - - -)	(- - - - -)	(- - - - -)
Receita Líquida	- - - - -	- - - - -	- - - - -
(–) Custo das vendas	(- - - - -)	(- - - - -)	(- - - - -)
Lucro Bruto	- - - - -	- - - - -	- - - - -
(–) Despesas Operacionais			
De Vendas	(- - - - -)	(- - - - -)	(- - - - -)
Administrativas	(- - - - -)	(- - - - -)	(- - - - -)
Financeiras	(- - - - -)	(- - - - -)	(- - - - -)
Outras Despesas	(- - - - -)	(- - - - -)	(- - - - -)
Outras Receitas	- - - - -	- - - - -	- - - - -
Lucro Operacional	- - - - -	- - - - -	- - - - -
(–) Desp. Não Operacional	(- - - - -)	(- - - - -)	(- - - - -)
(+) Rec. Não Operacional	- - - - -	- - - - -	- - - - -
(–) I.R. e Contribuição Social	(- - - - -)	(- - - - -)	(- - - - -)
(–) Participações	(- - - - -)	(- - - - -)	(- - - - -)
Lucro Líquido	- - - - -	- - - - -	- - - - -

A seguir, faça o quadro DuPont e comente.

9

Outros Índices Relevantes

 LEITURA INTRODUTÓRIA

EMPRESAS MANTÊM RENTABILIDADE
No 1º trimestre, taxa não ficou muito longe da média dos últimos anos para empresas negociadas na Bolsa

Apesar da queda do lucro líquido, a taxa de rentabilidade das empresas negociadas na Bolsa de Valores de São Paulo (Bovespa) no primeiro trimestre de 2009 não ficou muito longe da média dos últimos anos. Levantamento feito pela empresa de informações financeiras Economática mostra que o conjunto de 149 companhias que já apresentaram balanço apresenta uma rentabilidade de 2,7% sobre o patrimônio.

"Isso significa que, para cada R$ 100 que estão empatados na empresa, ela produziu um lucro de R$ 2,70 no trimestre, o que não é nada mau", afirma Fernando Exel, presidente da Economática.

Para saber se a taxa de rentabilidade é satisfatória, afirma Exel, basta compará-la com a taxa básica de juros (Selic). "Se o empresário estiver ganhando menos que a Selic, é melhor ele vender a empresa e ir para o mercado financeiro", explica, bem-humorado, o presidente da Economática.

Segundo ele, no primeiro trimestre deste ano, a Selic rendeu 2,9%, e, descontando a fatia de 20% de Imposto de Renda e 1,2% referente à inflação, o número cai para 1,1%. "Então, entre 1,1% e 2,7% parece ser muito pouco, no entanto faz muita diferença", observa. "Um empresário que está a cada trimestre gerando lucro de 2,7% não pode estar infeliz", acrescenta.

O levantamento da Economática revelou que a maior queda no lucro líquido foi apresentada pelo setor de alimentos, onde estão a Sadia e a Perdigão, prestes a anunciar uma fusão. Juntas, as sete empresas do setor que já apresentaram balanço tiveram um prejuízo de R$ 754 milhões no trimestre, ante um lucro de R$ 316 milhões em igual período de 2008, o que resultou numa queda de 338% no ganho líquido.

Como se sabe, não existe queda maior que 100%, "desde que o chão seja o limite", ressalta o presidente da Economática. "Quando alguém perde tudo o que tem e ainda passa a dever, aí sim há uma queda superior a 100%", explica Exel. "É o que aconteceu com esse conjunto de empresas, que estava num lucro e entrou no território negativo do prejuízo."

Setores exportadores, como o das siderúrgicas, também tiveram forte queda no lucro líquido do primeiro trimestre, de 55%. Já setores mais ligados ao mercado doméstico, como as empresas de eletricidade e água, tiveram aumento de ganhos. O lucro líquido consolidado de 21 empresas desse setor aumentou 0,6%, em relação ao obtido em igual período do ano passado.

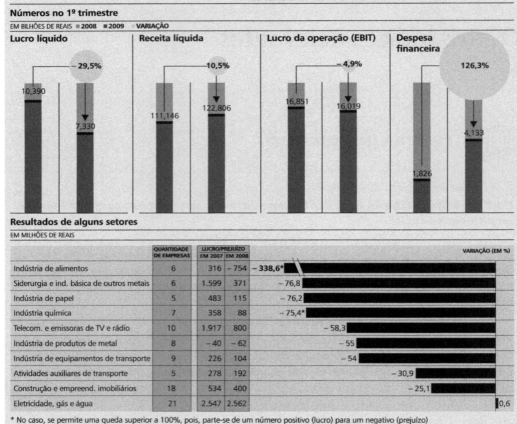

Fonte: *O Estado de S. Paulo*, 16 maio 2009, p. B4.

Relacionaremos a seguir alguns índices tidos como relevantes. Na verdade, há uma infinidade de índices extraídos para a análise das Demonstrações Contábeis.

O analista, de acordo com sua necessidade, poderá criar índices os mais variados possíveis. Conforme o objetivo da análise, poderemos delinear diversos índices.

9.1 Do ponto de vista do investidor

1º) *Valor Patrimonial da Ação*

$$VPA = \frac{\text{Patrimônio Líquido}}{\text{Nº de ações do Capital Social}}$$

É um índice para comparação com o valor de mercado da ação.

2º) *Lucro Líquido por Ação*

$$LLA = \frac{\text{Lucro Líquido}}{\text{Nº de Ações do Capital Social}}$$

Indica quanto cada ação rendeu no exercício.

3º) *Índice Preço/Lucro*

$$P/L = \frac{\text{Valor de Mercado da Ação}}{\text{Lucro Líquido por Ação}}$$

Indica quantos exercícios são necessários para que o investidor recupere o valor investido.

4º) *Dividendos por Ação do Capital Social*

$$DA = \frac{\text{Dividendos}}{\text{Nº de Ações do Capital Social}}$$

9.2 Estrutura de capital

5º) *Imobilização do Patrimônio Líquido*

$$IPL = \frac{\text{Imobilizado}}{PL}$$

Indica quantos reais a empresa imobilizou para cada $ 1,00 de Patrimônio Líquido.

6º) *Imobilização dos Recursos a Longo Prazo e do PL*

$$IPL + ELP = \frac{\text{Imobilizado}}{ELP + PL} \text{ ou } \frac{\text{Imobilizado}}{PNC^1 + PL}$$

Indica quantos reais a empresa aplicou no Permanente (ou Imobilizado) para cada $ 1,00 de ELP e de PL.

---

[1] Passivo Não Circulante.

170 | Análise das demonstrações contábeis – *Marion*

7º) *Participação de Capitais de Terceiros sobre Recursos Próprios*

$$PCT = \frac{\text{Capitais de Terceiros}}{\text{Capitais Próprios}}$$

Indica quantos reais a empresa possui de Capital de Terceiros para cada $ 1,00 de Capital Próprio.

9.3 Do ponto de vista da análise bancária

8º) *Índice de Desconto de Duplicatas*

$$IDD = \frac{\text{Duplicatas Descontadas}}{\text{Duplicatas a Receber}}$$

Indica quantos reais a empresa descontou para cada $ 1,00 de Duplicatas a Receber.

9º) *Reciprocidade Bancária*

$$RB = \frac{\text{Bancos Conta Movimento}}{\text{Duplicatas Descontadas + Empréstimos Bancários}}$$

Indica quantos reais a empresa mantém no banco (saldo médio) para cada $ 1,00 emprestado dos bancos.

10º) *Participação dos Recursos Bancários sobre o Capital de Terceiros*

$$PRB = \frac{\text{Duplicatas Descontadas + Empréstimos Bancários + Financiamentos}}{\text{Capitais de Terceiros}}$$

Indica quantos reais a empresa assumiu nas instituições financeiras para cada $ 1,00 de Capitais de Terceiros.

9.4 Índices combinados

Um dos desafios para o analista é combinar índices do tripé, dando uma nota média para a empresa.

No Brasil, Stephen C. Kanitz desenvolveu um modelo muito interessante de *como prever falências*, por meio de tratamento estatístico de índices financeiros de algumas empresas que realmente faliram.

Nesse modelo, como em outros existentes, o objetivo não é meramente analisar o risco de falência, mas também avaliar a empresa dando a ela uma nota, que varia de (−) 7,0 até 7,0.

Se a nota da empresa for positiva (de zero a 7,0), pode-se dizer que há um equilíbrio na administração do tripé, sendo melhor quanto mais se aproximar do 7,0.

Se a nota for menor que (−) 3,0, a situação tende à falência. Entre (−) 3,0 e zero, é uma região nebulosa, e a empresa pode tanto sair da situação difícil como falir.

O modelo consiste, em primeiro lugar, em encontrar o Fator de Insolvência ou nota da empresa em análise. A fórmula do Fator de Insolvência, não tendo sido explicado pelo referido professor como se chegou a ela, é a seguinte:

$$\begin{cases} X_1 = \dfrac{\text{Lucro Líquido}}{\text{Patrimônio Líquido}} \times 0{,}05 \\ X_2 = \text{Liquidez Geral} \times 1{,}65 \\ X_3 = \text{Liquidez Seca} \times 3{,}55 \\ X_4 = \text{Liquidez Corrente} \times 1{,}06 \\ X_5 = \dfrac{\text{Exigível Total}^2}{\text{Patrimônio Líquido}} \times 0{,}33 \end{cases}$$

$$\boxed{\text{Fator de Insolvência} = X_1 + X_2 + X_3 - X_4 - X_5}$$

Em segundo lugar, averiguamos em que intervalo recai o Fator de Insolvência no Termômetro de Insolvência, de acordo com a Figura 9.1.

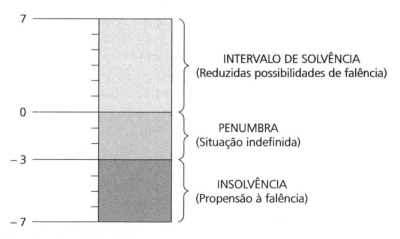

Figura 9.1 Termômetro de insolvência.

---

[2] Exigível Total = Passivo Circulante + Não Circulante.

Exemplo:

A Cia. Falimentar apresenta os seguintes índices, apurados em seu último balanço:

Dados	Cálculo do FI
	Fator de Insolvência
$\dfrac{LL}{PL} = (-)\,0,20$	$\rightarrow X_1 = (-)\,0,20 \times 0,05 = (0,010)$
$LG = 0,50$	$\rightarrow X_2 = 0,50 \times 1,65 = 0,825$
$LS = 0,10$	$\rightarrow X_3 = 0,10 \times 3,55 = 0,355$
$LC = 2,60$	$\rightarrow X_4 = 2,60 \times 1,06 = 2,756$
$\dfrac{ET}{PL} = 2,60$	$\rightarrow X_5 = 2,60 \times 0,33 = 0,858$
$FI = X_1 + X_2 + X_3 - X_4 - X_5$	
$FI = (0,010) + 0,825 + 0,355 - 2,756 - 0,858$	
$FI = (-)\,2,444$	

Esse resultado põe a empresa na faixa de penumbra; todavia, bem perto da insolvência.

Alguns cuidados a serem tomados na aplicação do termômetro:

- O modelo é claramente destinado à indústria e ao comércio, não devendo ser aplicado indiscriminadamente em qualquer tipo avulso. Ao contrário do que muitos analistas vêm fazendo, não deveremos utilizá-lo para bancos, construtoras etc.
- Há necessidade de que as Demonstrações Financeiras reflitam a realidade financeira da empresa. Isso nem sempre ocorre nas pequenas empresas (e, algumas vezes, na média empresa). Nos casos em que a falência realmente ocorre após a previsão, constatou-se que as demonstrações eram fidedignas.
- Evidentemente, o modelo não deve ser considerado de maneira isolada, mas outros indicadores também deverão ser tomados para que haja maior eficiência de análise.
- Seria necessário, sempre, fazer a análise horizontal, analisando a tendência, pelo menos, dos três últimos períodos, conforme a Figura 9.2.

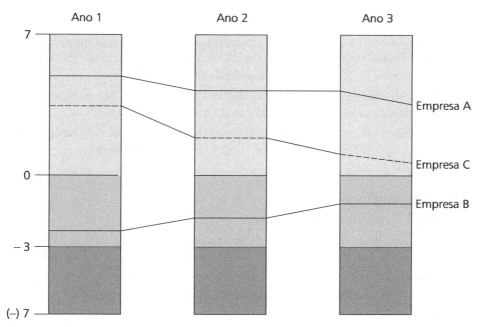

Figura 9.2 Análise horizontal abrangendo três períodos.

A *Empresa A* está bem, porém a nota média está caindo a cada ano. Não há risco, apenas devem-se avaliar os problemas que estão afetando a empresa.

A *Empresa B* está em uma situação difícil, porém em recuperação.

A *Empresa C*, ainda que esteja na região positiva, apresenta uma tendência de cair na penumbra, sendo aquela que apresenta maior risco entre as três.

Essa análise poderia ser feita, também, para avaliar o desempenho da empresa, sem o enfoque de risco de falência.

 **PARTE PRÁTICA**

A. Questões sobre a leitura introdutória

(Empresas mantêm a rentabilidade)

1. Por que optou-se por calcular a rentabilidade sobre o Patrimônio Líquido?
2. Por que o setor exportador teve queda no lucro?
3. O que significa a expressão "o chão é o limite"?
4. A Bovespa foi beneficiada ou prejudicada com a crise de 2008/2009?

B. Questões sobre o Capítulo 9

1. O Índice de Imobilização do Patrimônio Líquido mostra quanto a empresa imobilizou de recursos do seu Patrimônio Líquido. O que podemos dizer quando esse índice é igual a 15%? Qual é a situação dessa empresa?

2. O Fator de Insolvência pode ser aplicado a qualquer tipo de empresa? Quais cuidados devemos tomar quando da sua aplicação?

3. Um índice bastante valorizado pelos bancos para conceder crédito às empresas é a reciprocidade bancária. Por que esse índice é tão importante?

4. Do ponto de vista do investidor, quais são os índices mais analisados? Explique.

C. Testes abrangentes

1. Indique a afirmativa errada:

    ( ) a) O quociente de dividendos por ação avalia a relação entre o montante de dividendos pagos e o número de ações que receberam o benefício.

    ( ) b) O grau de alavancagem indica se os recursos próprios estão obtendo um retorno adequado pela sua aplicação no Ativo da empresa.

    ( ) c) O Giro do Ativo compõe o retorno sobre o investimento.

    ( ) d) O termômetro da insolvência ajuda na tarefa de decidir se é adequado ou não conceder créditos ao cliente.

    ( ) e) N.D.A.

2. O quociente de imobilização do Patrimônio Líquido mostra:

    ( ) a) Quantos reais a empresa imobilizou para cada real de patrimônio líquido.

    ( ) b) Quantos reais a empresa imobilizou para cada real de recursos totais em longo prazo.

    ( ) c) Quanto a empresa pode imobilizar sem comprometer sua situação financeira.

    ( ) d) Quanto a empresa terá de imobilizar para atingir um lucro razoável sobre o patrimônio líquido.

    ( ) e) N.D.A.

3. Uma empresa possui Imobilizado de $ 20.000 e Patrimônio Líquido de $ 15.000. Os acionistas estão pretendendo aumentar o capital com integralização a ser feita em bens imóveis, a fim de reduzir o atual quociente de imobilização. Considerando X como o aumento de capital, qual o seu valor para que o quociente de imobilização passe a ser de 110%?

    ( ) a) 15.000.

    ( ) b) 25.000.

    ( ) c) 35.000.

    ( ) d) 20.000.

    ( ) e) N.D.A.

Cap. 9 • Outros Índices Relevantes | **175**

4. O Termômetro de Insolvência foi calculado por meio de tratamento estatístico. Qual o quociente que tem o maior peso?

( ) a) Liquidez geral.

( ) b) Liquidez corrente.

( ) c) Liquidez seca.

( ) d) Grau de imobilização.

( ) e) N.D.A.

D. Exercícios

1. O Banco Enjoadinho S.A. dispõe, em seu manual de normas, que o limite de crédito para seus clientes será estipulado em até 60% dos recursos totais, como Capital de Terceiros. Seu cliente, A Rainha da Massagem Ltda., apresenta o seguinte Balanço Patrimonial resumido:

ATIVO		PASSIVO + PATRIMÔNIO LÍQUIDO	
Circulante	180.000	Circulante	400.000
Não Circulante		Não Circulante	
Realizável a Longo Prazo	320.000	Exigível a Longo Prazo	200.000
Imobilizado (NC)	700.000	Patrimônio Líquido	600.000
TOTAL	1.200.000	TOTAL	1.200.000

Responda:

a) De quanto será o limite de crédito dessa empresa?

Cia. Alcoólatra

b) Manoel possui 2.000 ações ordinárias, do total de 80.000 ações da Cia. Alcoólatra, subscritas e integralizadas. A companhia lança mais 20.000 ações para obter recursos e expandir os negócios, que estão proporcionando ganhos superiores devido à boa aceitação do produto no mercado e a vários incentivos governamentais. Qual é o mínimo de ações que a companhia deve oferecer preferencialmente a Manoel?

c) Quanto é o Patrimônio Líquido, considerando que o valor nominal da ação é de $ 1,00 e o patrimonial é de $ 5,00?

d) Qual o valor de mercado da empresa, considerando que a ação está cotada por $ 6,00?

e) Supondo que Manoel adquira pelo valor nominal as ações oferecidas obrigatoriamente pela companhia, qual é o valor total da sua participação depois do aumento, já que, antes do aumento, sua participação valia $ 2.000 pelo valor nominal e $ 10.000 pelo valor patrimonial?

f) Se Manoel não adquirir as ações, qual será o valor de sua participação?

176 | Análise das demonstrações contábeis – *Marion*

2. Índices referentes a mercado de capitais.

Interprete cada índice abaixo:

2.1) Valor Patrimonial da Ação → $VPA = \dfrac{\text{P. Líquido}}{\text{Número de Ações}}$

2.2) Lucro por Ação → $LPA = \dfrac{\text{L. Líquido}}{\text{Número de Ações}}$

2.3) Preço sobre Lucro por Ação → $P/L = \dfrac{\text{Valor da Cotação da Ação}}{\text{Lucro por Ação}}$

2.4) Rentabilidade da Ação → $RDA = \dfrac{\text{Lucro por Ação}}{\text{Valor da Cotação por Ação}}$

2.5) Dividendo por Ação → $DPA = \dfrac{\text{Dividendos Pagos}}{\text{Número de Ações}}$

2.6) Índice de Retorno de Caixa → $IRC = \dfrac{\text{Dividendo por Ação}}{\text{Preço da Cotação da Ação}}$

E. Exercícios de integração

1. Análise completa

Cia. Real

Em $ milhões

ATIVO				PASSIVO			
	20X1	**20X2**	**20X3**		**20X1**	**20X2**	**20X3**
Circulante				**Circulante**			
Disponível	100	200	300	Fornecedores	600	1.000	2.000
Dupl. a Rec.	700	1.000	1.500	Contas a Pagar	400	2.000	3.000
Estoque	1.200	1.800	2.200		1.000	3.000	5.000
	2.000	3.000	4.000	**Não Circulante**			
Não Circulante				Financiamento (ELP)	2.000	2.000	2.000
Realizável a LP	300	600	600	**P. Líquido**			
Investimentos	500	1.000	2.000	Capital	500	500	500
Imobilizado	800	1.600	2.200	Reservas de Capital	400	1.000	1.500
Intangível	400	800	1.200	Reservas de Lucros	100	500	1.000
	2.000	4.000	6.000		1.000	2.000	3.000
Total	4.000	7.000	10.000	Total	4.000	7.000	10.000

DEMONSTRAÇÃO DO RESULTADO DO EXERCÍCIO

	Períodos	20X1	20X2	20X3
Dados	Receita	8.000	9.000	10.000
	CPV (CMV)	4.000	5.000	6.000
	Compras	1.000	2.000	3.000
	Lucro Líquido	100	400	500

Pede-se:

1. Monte o quadro clínico da Cia. Real.
2. Faça o diagnóstico (pontos fracos e fortes).
3. Emita um parecer geral sobre a situação econômico-financeira da empresa.
4. Responda às seguintes questões:
   a) Se você fizesse uma análise apenas com três índices, quais você escolheria?
   b) Qual a importância de se calcular o Fator de Insolvência?
   c) Qual o principal índice de liquidez?
   d) Qual a diferença entre as análises vertical e horizontal?
   e) Comente o índice denominado Posição Relativa.

$$\frac{PMRE + PMRV}{PMPC}$$

Explique quando esse índice é considerado bom.

2. Companhia Lambe-Lambe

BALANÇOS PATRIMONIAIS

ATIVO	31-12-X1		31-12-X2		31-12-X3	
	$	%	$	%	$	%
Circulante						
Disponível	27.640	6,0	32.827	5,0	11.418	2,0
Duplicatas a receber	124.638	26,0	229.788	35,0	171.265	30,0
Estoques	28.754	6,0	65.654	10,0	51.379	9,0
Outros	115.362	24,0	124.742	19,0	148.430	26,0
Total Circulante	296.394	62,0	453.011	69,0	382.492	67,0
Não Circulante						
Realizável a LP	36.702	8,0	19.696	3,0	17.126	3,0
Investimentos	75.113	15,0	91.915	14,0	114.177	20,0
Imobilizado	47.832	10,0	32.827	5,0	32.622	6,0
Intangível	12.949	3,0	26.262	4,0	16.311	3,0
Diferido[3]	9.330	2,0	32.827	5,0	8.156	1,0
Total Não Circulante	145.224	30,0	183.831	28,0	171.266	30,0
TOTAL DO ATIVO	478.320	100,0	656.538	100,0	570.884	100,0

---

[3] Extinto a partir de 2009. Considere este saldo formado em exercícios anteriores a 2008.

178 | Análise das demonstrações contábeis – *Marion*

PASSIVO	31-12-X1		31-12-X2		31-12-X3	
	$	%	$	%	$	%
Circulante						
Contas a pagar	72.021	15,1	328.269	50,0	279.733	49,0
Total Circulante	72.021	15,1	328.269	50,0	279.733	49,0
Não Circulante						
Exigível a LP	226.273	47,3	111.611	17,0	62.797	11,0
Total do Exig. a LP	226.273	47,3	111.611	17,0	62.797	11,0
Patrimônio Líquido						
Capital	70.000	14,6	70.000	10,7	70.000	12,3
Reservas	110.026	23,0	146.658	22,3	158.354	27,7
Total Patrimônio Líquido	180.026	37,6	216.658	33,0	228.354	40,0
TOTAL PASSIVO + PL	478.320	100,0	656.538	100,0	570.884	100,0

DEMONSTRAÇÃO DO RESULTADO DO EXERCÍCIO	31-12-X2		31-12-X3	
	$	%	$	%
Receita Líquida	1.101.486	100,0	1.235.942	100,0
Custo das Vendas	(765.533)	(69,5)	(647.634)	(52,4)
Lucro Bruto	335.953	30,5	588.308	47,6
Despesas Operacionais				
Vendas	(189.456)	(17,2)	(407.861)	(33,0)
Administrativas	(50.668)	(4,6)	(61.797)	(5,0)
Resultado Financeiro Líquido	(20.928)	(1,9)	(3.708)	(0,3)
Outras Despesas	(3.304)	(0,3)	(2.472)	(0,2)
	(264.356)	(24,0)	(475.838)	(38,5)
Lucro Operacional	71.597	6,5	112.470	9,10
Resultado Não Operacional	40.755	3,7	17.303	1,4
Outras Receitas Operacionais	(6.609)	(0,6)	(2.472)	(0,2)
Outras Despesas Operacionais	34.146	3,1	14.831	1,2
Lucro Antes do IR e CS	105.743	9,6	127.301	10,3
Provisão p/ IR e CS	(2.333)	(0,2)	(6.180)	(0,5)
Lucro Líquido	103.410	9,4	121.121	9,8

Observação: A empresa faz parte de um conglomerado cujo objetivo é exportar café e outros produtos agrícolas.

Pede-se:

1. Efetue uma análise horizontal, considerando a tendência dos quocientes de liquidez, endividamento, rotatividade (giro) e rentabilidade.

2. Sabendo-se que se trata de uma empresa produtora de café e outros produtos agrícolas para exportação, faça uma tentativa de classificar os índices encontrados como *deficientes, regulares, satisfatórios, bons* e *ótimos*.

F. Estudo de caso

Doces Americanos S.A.

No ano de 2018, a Doces Americanos S.A. publicou suas demonstrações consolidadas com prejuízo em 2016 e 2017. Com data de 21/03/2018, o Relatório da administração é iniciado da seguinte forma:

"Senhores acionistas,

Este exercício foi marcado por grandes influências externas, como a desvalorização do real frente ao dólar norte-americano e uma grande variação na taxa de juros interna. Em meio a essa turbulência, a Santista manteve a sua posição como uma das principais fabricantes de produtos alimentícios e de farinhas de trigo do Brasil. Mantivemos nossa liderança em, praticamente, todos os segmentos de atuação, com presença forte nos mercados de margarina, maionese, mistura para bolos, massa, farinha doméstica e industrial, pães e bolos industrializados, e expandimos nossa liderança no negócio de ingredientes para panificação e *food service*.

Além disso, a empresa apresentou, durante o exercício, uma melhoria significativa, tanto no resultado operacional como na geração de caixa. Essa melhoria torna-se ainda mais significativa quando são comparados os resultados normalizados excluindo-se outras despesas operacionais e itens extraordinários.

Períodos	2017	2016
• Lucro Operacional antes do Resultado Financeiro	31,0	(8,1)
% Receita Líquida	2,1%	–
• Lucro Operacional antes do Resultado Financeiro – Normalizado	50,7	(0,5)
% Receita Líquida	3,5%	–
• Lajida*	116,7	49,3
% Receita Líquida	8,0%	3,7%
* Lucro antes de Juros, Imposto, Depreciação e Amortização (Lajida) = lucro bruto – despesas com vendas – despesas gerais e administrativas – honorários dos administradores + depreciação e amortização.		

O ano de 2017 foi caracterizado por um elevado número de lançamentos de novos produtos, como requeijão com a marca Delícia, geleias e doce de leite com a marca All Day, uma nova lasanha pré-cozida com a marca Petybon, minibolos recheados com a marca Muffs e uma linha profissional de recheios e molhos para *food service* com a marca Bonna.

O faturamento bruto consolidado no ano de 2017 foi de R$ 1.711 milhões, o que representa um crescimento de 10,2% em relação a 2016. Excluindo encargos financeiros, variações cambiais, outras despesas operacionais e itens extraordinários, o Lucro Operacional foi de R$ 51 milhões em 2017, comparado com um prejuízo de R$ 0,5 milhões em 2016. A geração de caixa da companhia em 2017, medida pelo Lajida, foi de R$ 117 milhões, comparada com R$ 49 milhões em 2016. Apesar dessa melhoria muito grande na *performance* operacional da companhia, o prejuízo líquido do ano foi de R$ 207 milhões, principalmente em função da variação cambial (R$ 189 milhões) e das despesas financeiras líquidas (R$ 63 milhões)."

Por que a diretoria teve a iniciativa de mostrar o cálculo de lucratividade por meio de um indicador chamado Lajida?

Por que o Lucro Bruto apresentou um crescimento de 10,2% e o Prejuízo Líquido aumentou?

G. Trabalho prático

Calcule outros índices relevantes para a empresa que você está analisando, principalmente o Fator de Insolvência, a fim de dar uma nota para a empresa nos três anos.

Uma proposta de relatório final

Analisamos o quadro clínico da empresa ① _____nos anos ② _____, _____ e _____.

Dos anos analisados, notamos, com o quadro clínico, que a tendência da Liquidez Corrente foi ③ _____(estabilizar – piorar – melhorar) e que o conceito, em relação à mediana do setor, é ④ _____(bom – ruim – razoável) para o último ano. A Liquidez Seca é _____.

O Endividamento da empresa é ⑤ _____ (alto – baixo – médio), quando comparado com ⑥ _____ (média brasileira – economia internacional). A qualidade do Endividamento da empresa é ⑦ _____ (satisfatória – boa – insatisfatória), todavia, possivelmente ela ⑧ _____ (tem – não tem) problemas de pagamento de suas dívidas, visto que a Liquidez Corrente é ⑨ _____ (baixa – alta).

Notamos que a Rentabilidade da empresa ⑩ _____ (subiu – caiu) de um ano para outro, contudo ainda continua ⑪ _____ (positiva e boa – negativa e ruim) em relação à média de setor.

De maneira geral, a situação da empresa ainda é ⑫ _____ (insatisfatória – satisfatória), mesmo tendo ⑬ _____ (melhorado – piorado) a Margem Líquida e a rentabilidade do ano _____ para o ano _____. Analisando os índices combinados do tripé da empresa (Liquidez, Endividamento e Rentabilidade), as notas foram, respectivamente (conforme o Fator da Insolvência)[4] _____, _____, _____, nos anos _____, _____, _____.

---

[4] Veja que o termômetro Kanitz analisado pode propiciar uma nota para a empresa, independentemente de analisar o risco de falência.

Em termos de sugestões e propostas, considerando que cada vez mais o mercado fica competitivo, a empresa _____ em análise poderia concentrar seus esforços no aumento ⑭ _____ (do capital de terceiros – da produtividade) e, consequentemente, na redução de seus ⑮ _____ (custos de produção – compromissos de curto prazo).

10

Análise dos Fluxos de Caixa

 LEITURA INTRODUTÓRIA

AS RAZÕES DA MORTALIDADE DAS PEQUENAS EMPRESAS
"Pesquisa aponta motivos que pesam no encerramento das atividades

Pesquisa realizada pelo Sebrae revelou que a mortalidade prematura de novas empresas está fortemente ligada a fatores conjunturais, administrativos e financeiros. A pesquisa foi realizada com 3 mil empresas, além de entrevistas qualitativas com 509 empresários. O objetivo maior do trabalho foi procurar o 'porquê' do insucesso das pequenas organizações. Pela ordem, pesaram mais: falta de demanda e de experiência, escassez de crédito, inadimplência de clientes, impostos e encargos. Outra consideração interessante é que o índice de mortalidade aumenta na mesma proporção que o empresário se ausenta do negócio. Ficou patente que a dedicação exclusiva é fundamental para a preservação da empresa nos primeiros anos de vida.

Sessenta por cento dos empreendedores entrevistados, que se dedicaram à sua atividade, permaneciam com as portas abertas. Das empresas que deixaram de existir, 43% contavam com a dedicação integral de seus dirigentes, o que revela que a presença pode ser condição necessária, mas não suficiente, para garantir o êxito do empreendimento. Outros fatores detectados pela pesquisa e relacionados às causas do insucesso foram: falta de experiência prévia no ramo pretendido, falta de qualquer tipo de planejamento operacional e falta de cuidados no estabelecimento do **fluxo de caixa**.

O porte do estabelecimento também exerce influência no índice de mortalidade. Por razões aparentemente óbvias, quanto maior o empreendimento, melhores são as chances de êxito, o que não elimina a possibilidade de sucesso de um pequeno negócio, desde que observadas **regras mínimas de administração**.

Outro erro geralmente cometido pelo empreendedor novato é o de delegar ao **contador** ações que seriam de sua competência. Por deficiência gerencial ou desconhecimento do mercado, essas delegações redundam em fracasso, mesmo porque a atividade do **contador** é mais de retaguarda que de linha de frente. Pecado maior é pretender iniciar a atividade ancorado em capital de terceiros. Hoje em dia, a empresa deve nascer profissionalizada, o que vale dizer que *empirismo e espírito aventureiro são coisas do passado. Uma boa dose de sorte ajuda, mas um velho ditado diz que 'a sorte só ajuda a mente bem preparada'.*

*Na totalidade dos entrevistados, ficou explícito que boa parte dos novos empresários saíram da condição de empregado para patrão, ou seja, a 'escola' ficou restrita ao ambiente anterior de trabalho, o que mostra a necessidade da ampliação de **cursos** voltados à formação do empreendedor, conhecidos também como 'empreendedorismo'. O fato, por exemplo, de uma pessoa ter trabalhado num supermercado não lhe assegura necessariamente êxito empresarial ao abrir uma mercearia, embora o conhecimento da atividade seja importante. Nessa hora é que pesam outras variáveis como o conhecimento do mercado onde irá atuar, nível de renda do consumidor pretendido, fornecedores, capital, localização etc.*

*O levantamento realizado pelo Sebrae mostrou também **que não é verdadeira** a ideia de que 80% dos novos empreendimentos morrem no primeiro ano de vida. O índice detectado foi de 35%.*

Em síntese, o trabalho revela que, cada vez mais, o espírito empreendedor deve estar conjugado com o conhecimento técnico, sem o que, capital e trabalho acabam naufragando no redemoinho de uma economia cada vez mais sofisticada e implacável." (grifos nossos.)

Fonte: LANA, Márcio. As razões da mortalidade das pequenas empresas. *Gazeta Mercantil*, 18 fev. 2000.

Em um primeiro plano, será apresentado um modelo de análise do Fluxo de Caixa Direto. Um segundo modelo será apresentado no exemplo da empresa Casa das Lingeries Ltda.

10.1 Análise simplificada

Aqui faremos uma análise bem simplificada do Fluxo de Caixa, propondo inicialmente uma nova disposição desse fluxo para melhor entendimento.

MODELO DE FLUXO DE CAIXA PARA FACILITAR A ANÁLISE

Itens	Receita recebida (–) Caixa despendido na produção
a.	Caixa Bruto obtido nas operações .... (–) Despesas operacionais pagas – Vendas – Administrativas – Despesas antecipadas
b.	Caixa gerado nos negócios .... Não operacionais (+) Outras receitas (diversas) recebidas (–) Outras despesas pagas

c.	Caixa Líquido após os fatos não operacionais .... (+) Receitas financeiras recebidas (–) Despesas financeiras pagas (–) Dividendos
d.	Caixa Líquido após operações financeiras (–) Amortização de empréstimos
e.	Caixa após a amortização de empréstimos .... (+) Novos financiamentos – Curto prazo – Longo prazo (+) Aumento de capital em dinheiro (+) Outras entradas
f.	Caixa após novas fontes de recursos .... (–) Aquisição de Permanente
g.	Caixa Líquido final

Caixa Bruto obtido nas operações (item a do modelo)

No momento em que se compara o percentual do Caixa Bruto dividido pela Receita Recebida em dois períodos, importantes conclusões podem ser tiradas.

Admita a seguinte situação da Cia. Exemplo:

		Período 1	Período 2
I. Receita recebida		10.000	20.000
II. (–) Caixa despendido na produção		(6.000)	(13.000)
III. Caixa bruto		4.000	7.000
%	III/I	40%	35%

Significa que, para cada real recebido, está havendo um maior desembolso de caixa com a produção (ou custo pago).

Admitindo que a contabilidade indicou na DRE (Fluxo Econômico) uma mesma Margem Bruta de Lucro (Lucro Bruto/Vendas), podemos entender que o crescimento das vendas provocou um desequilíbrio no caixa da empresa (cronograma financeiro), em que o incremento de Contas a Receber ou Estoque consumiu substancialmente a geração interna do caixa.

O importante é avaliar se a empresa conseguirá cobrir todos os outros compromissos ou, caso contrário, como está buscando recursos para incrementar sua insuficiência de caixa.

186 | Análise das demonstrações contábeis – *Marion*

Caixa gerado no negócio (item b do modelo)

Esse caixa gerado no ciclo operacional da empresa é de vital importância.

Considerando apenas seu negócio principal (objeto social), a empresa poderá pagar juros (item *d*), amortizar dívidas (item *e*) e realizar novos investimentos (itens *f* e *g*)?

Repare que, nesse item, não foram subtraídas as depreciações (tanto custo como despesa), pois não representam saída do caixa; portanto, espera-se parcelas mais relevantes que um fluxo econômico.

Absurdamente, se esse item fosse negativo, salvo em situações excepcionais (de fácil explicação), não haveria motivação para a continuidade da empresa.

Nessa situação, a empresa teria que buscar, em primeiro plano, nas receitas extraordinárias (não operacionais), saída de curto prazo: vendas de ações, imobilizado, negociações forçadas de estoque etc. Isso evidenciaria índices de liquidação da empresa, ou seja, pré-falência.

Em um segundo plano, buscaria novos aportes de capital (pouco provável, pois ninguém estaria motivado para investir na empresa nessa situação) ou novos financiamentos (também pouco provável pela precariedade financeira da empresa), que só iriam piorar, considerando novos desembolsos de despesas financeiras, o item *d* no Fluxo de Caixa.

Portanto, a hipótese de caixa negativo nesse item é praticamente descartável, e são normais, diante de uma boa administração, valores crescentes em termos reais.

Caixa líquido após os fatos não operacionais (item c do modelo)

Nesse item, consideramos que fatos extraordinários, como venda de Ativo Permanente (com lucro/prejuízo), ganhos e perdas em geral e outras situações, ainda que repetitivos, nenhuma relação têm com a atividade da empresa: dividendos recebidos, aluguéis recebidos etc.

Não estamos incluindo nesse item os juros, dividendos pagos, *leasing* etc., que entram no seguinte.

Esse item pode ter o incremento de Dividendos Recebidos de outras empresas. Isso significa, porém, que, em anos anteriores, houve desembolso na compra de ações de outras companhias (itens *f/g*). Uma correlação entre Investimentos e Dividendos seria aconselhável.

Fora disso, normalmente, não se esperam grandes mudanças em relação ao item anterior.

Caixa Líquido após operações financeiras (item d do modelo)

Por meio desse item, observamos se a empresa tem coberto os custos financeiros (juros) com os recursos gerados após suas operações mais as receitas financeiras obtidas no período.

O ideal seria que a empresa pudesse cobrir os custos financeiros apenas com o item *b*, isto é, o "Caixa gerado no negócio" (ou seja, com as operações normais, com as atividades operacionais da empresa).

Considerando que o caixa gerado pelas atividades não operacionais não é frequente, habitual (excepcional), seria temeroso contar com tais recursos para cobertura dos juros.

Como regra geral, uma empresa solvente teria que ter caixa disponível após o pagamento de juros para poder pagar o principal (o empréstimo vencendo).

É lógico que, se a empresa não cobrir as despesas financeiras, pode estar a caminho da insolvência, pois terá que fazer novos empréstimos (o que ocasionará novas despesas financeiras) simplesmente para pagar juros.

Portanto, o item *d* deverá ser positivo, exceto quando uma empresa vive um período de rápido crescimento com acréscimos substanciais de Contas a Receber e Estoques. Ressaltamos que isso poderia acontecer em um curto período.

Observe que, nesse item, inclui-se não somente o pagamento de juros que remuneram o Capital de Terceiros, mas também os dividendos que remuneram o Capital Próprio (Patrimônio Líquido).

Caixa após amortização dos empréstimos (item e do modelo)

O ideal seria que a empresa, diante de um bom planejamento, cobrisse o pagamento de seus empréstimos e ainda sobrassem recursos para novos investimentos.

Todavia, se o item *d* for positivo e o item *e,* negativo, significa que a empresa dispunha de recursos para pagar parte dos financiamentos antigos; resta o consolo de que uma parte do financiamento foi liquidada com recursos gerados na própria empresa.

Se a empresa gerou caixa para pagar percentuais pelo menos acima de 50% da dívida vencida, a situação não é tão dramática.

Seria uma situação caótica e com indícios de insolvência se a empresa tivesse o item *d* negativo, evidenciando-se que não consegue pagar seus juros, quanto mais a dívida principal.

Caixa após novas fontes de recursos (item f do modelo)

O ideal seria que o item *e* fosse positivo, pois, assim, as novas fontes de recursos seriam voltadas para novos investimentos, acréscimo de capital de giro, ampliação etc.

Ainda que o item *e* seja negativo, olhando para os fluxos de caixa anteriores, podemos detectar que foram realizados grandes investimentos cujo fluxo de caixa esperado será de longo prazo. Daí recorre-se a fontes de financiamentos para, no presente, atender às necessidades da empresa.

Não há dúvida de que a melhor fonte é o Capital Próprio, já que a remuneração desse recurso será dividendo, e este ocorre apenas quando a empresa tem lucro e dispõe de situação financeira favorável para pagar (por nossa Lei das Sociedades por Ações, a empresa poderá postergar pagamentos de dividendos quando sua situação financeira for precária).

Cabe analisar a capacidade de aquisição, por parte da empresa, de recursos de Longo Prazo, normalmente menos onerosos, para financiar as insuficiências de caixa e, principalmente, as novas aquisições do Ativo Permanente.

É interessante que a empresa tenha gerado internamente alguns recursos (caixa) para pagamento de novos permanentes (pelo menos igual ao valor da depreciação no fluxo econômico), não dependendo totalmente de financiamentos. Nesse caso, o caixa gerado após amortização de empréstimo (item *e*) deveria ser positivo.

Caixa Líquido final (item g do modelo)

Esse item deve coincidir com o valor do disponível no Ativo Circulante.

188 | Análise das demonstrações contábeis – *Marion*

Com essa análise superficial, detectamos em que circunstâncias há aquele saldo disponível.

Outros índices da análise das DFC estão destacados no *site* www.marion.pro.br.

10.2 Exemplo de análise da DFC dos Fluxos de Caixa

A seguir, serão apresentados os Fluxos de Caixa da Casa das Lingeries Ltda. para análise:

A) Modelo indireto

Partindo do Lucro Econômico obtido na DRE

a. Atividades operacionais		
Lucro líquido		24.000
+ Despesas econômicas (não afetam o caixa):		
Depreciação		<u>10.000</u>
		34.000
Ajuste por mudança de capital de giro		
(Aumento ou redução durante o ano)		
Ativo circulante		
Duplicatas a receber – aumento (reduz o caixa)	(70.000)	
Estoque de *lingeries* – aumento (reduz o caixa)	<u>(30.000)</u>	
	(100.000)	
Passivo circulante		
Fornecedores – aumento (melhora o caixa)	20.000	
Salários a pagar – aumento (melhora o caixa)	10.000	
Impostos a recolher – redução (piora o caixa)	<u>(54.000)</u>	
	(24.000)	<u>(124.000)</u>
Fluxo de caixa das atividades operacionais		(90.000)
b. Atividades de investimento		
Não houve variação do imobilizado	- - - - -	
Vendas de ações de coligadas	10.000	
Recebimento de empresas coligadas	<u>10.000</u>	
	20.000	
c. Atividades de financiamentos		
Novos financiamentos	50.000	
Aumento de capital em dinheiro	40.000	
Dividendos	<u>(50.000)</u>	
	40.000	60.000
Redução de caixa no ano		(30.000)
Saldo inicial do caixa	**40.000**	**40.000**
Saldo final do caixa	**10.000**	**10.000**

Cap. 10 • Análise dos Fluxos de Caixa | **189**

B) Modelo direto

a. **Operações**		
Receita recebida	730.000	
(–) Caixa despendido nas compras	(660.000)	70.000
(–) Despesas operacionais pagas		
– Vendas	(30.000)	
– Administrativas	(50.000)	
– Despesas antecipadas	- - - - -	(80.000)
Caixa gerado no negócio		(10.000)
b. **Outras receitas e despesas**		
(+) Receitas financeiras recebidas	10.000	
(–) Despesas financeiras pagas	(30.000)	(20.000)
Caixa líquido após operações financeiras		(30.000)
(–) Imposto de Renda pago		(60.000)
Caixa líquido após Imposto de Renda		(90.000)
c. **Atividades de investimento**		
Não houve variação do imobilizado	–	–
(+) Vendas de ações coligadas	10.000	
(+) Recebimentos de ações coligadas	10.000	20.000
d. **Atividades de financiamento**		
(+) Novos financiamentos	50.000	
(+) Aumento de capital em dinheiro	40.000	
(–) Dividendos	(50.000)	40.000
Redução do caixa no ano		(30.000)
Saldo inicial do caixa		**40.000**
Saldo final do caixa		**10.000**

A análise deve começar pela conta Caixa (ou Disponível), no Balanço Patrimonial. Nesse exemplo, observamos que a Casa das Lingeries teve uma redução de caixa de $ 30.000.

Ativo Circulante	**31/12/X4**	**31/12/X5**
Caixa	40.000	10.000

Essa redução do caixa é estranha, já que a liquidez aumentou de um ano para outro. Por que a situação financeira da empresa melhorou, se aparentemente há um aperto significativo no caixa?

Modelo direto

Olhando para a DFC no Modelo Direto, observamos que a empresa não está conseguindo gerar caixa nas atividades operacionais do negócio ($ 10.000). A situação piora

Análise das demonstrações contábeis – *Marion*

após a inclusão dos encargos financeiros líquidos e o pagamento do Imposto de Renda, chegando a um resultado negativo de $ 90.000.

Para amenizar esse déficit financeiro, a empresa não faz novos investimentos, muito pelo contrário, há um desinvestimento, considerando que ações de coligadas são vendidas e empréstimos, também de coligadas, são parcialmente recebidos. Isso permite uma redução de $ 20.000 do déficit.

Ainda, na busca de redução do déficit financeiro, a empresa contrai um financiamento de $ 50.000, que, fugindo da tradição, não é aplicado no Ativo Permanente (fica clara a intenção de socorrer o caixa).

Dentro das atividades de financiamentos, a empresa paga dividendos ($ 50.000), como se cumprisse uma obrigação. Para não complicar de vez sua situação financeira imediata, a companhia reivindica um aporte de capital dos sócios ($ 40.000), quase compensando integralmente o pagamento dos dividendos. Nesse grupo, o déficit é ampliado em $ 10.000.

De maneira geral, os grupos Investimentos e Financiamentos foram positivos na formação do caixa, ficando a responsabilidade na própria atividade operacional.

Nas operações dos negócios da empresa, a situação é desfavorável, principalmente em função de dívidas elevadas decorrentes do exercício anterior, tais como Impostos e Dividendos, sacrificando o caixa atual.

Modelo Indireto

No Modelo Indireto, percebemos mais facilmente os fatores que contribuíram para a redução do caixa.

Nas atividades operacionais, podemos detectar:

- Que houve realmente um lucro financeiro de $ 34.000, que melhorou o caixa.
- Que houve realmente ampliação significativa do capital de giro (Duplicatas a Receber e Estoque), o que retardou o recebimento do dinheiro que vai para o caixa, sacrificando recursos financeiros existentes para financiar essa ampliação.
- Que houve redução de Passivo Circulante em função de dívidas antigas, e o dinheiro foi usado para pagamento de impostos anteriores, impedindo a liberação desse mesmo dinheiro para outros pagamentos.

Saídas como estimular antecipação do recebimento das duplicatas, acelerar venda dos estoques e adiar pagamentos do Passivo Circulante (renegociar) são inadiáveis.

Por outro lado, na análise das atividades de investimentos e financiamentos, o saldo foi positivo, como já vimos no Modelo Direto.

10.3 Análise da comparação dos fluxos econômicos e financeiros

Seria um risco considerável fazer uma análise exclusivamente financeira. É sempre bom comparar os fluxos econômicos (DRE) com os financeiros (DFC).

Contas	Fluxos econômicos DRE	Fluxos financeiros DFC – Direto	Variações – Equivalente ao Modelo indireto
Receita	800.000	730.000 →	(70.000) Recebeu menos do que vendeu
(–) CMV	(650.000)	(660.000) →	(10.000) Pagou mais do que comprou no período
Lucro Bruto	150.000	70.000 →	(80.000) Lucro Bruto Financeiro é pior que o econômico
(–) Desp. Vendas	(30.000)	(30.000) →	Não houve variação
(–) Desp. Admin.	(70.000)	(50.000) →	20.000 é positivo para o
(–) Desp. Financ.	(20.000)	(20.000)	caixa, pois pagou
	120.000	(100.000)	menos que incorreu
Lucro Operacional	30.000	(30.000) →	(60.000)
(–) Imposto de Renda	(6.000)	(60.000) →	(54.000) Pagou mais que foi gerado no ano
Lucro Líquido de	24.000	(90.000) →	(114.000) desfavorável
(+) Vendas de Ações	–	10.000 →	10.000
(+) Rec. de Colig.	–	10.000 →	10.000
(+) Financiamentos	–	50.000 →	50.000
(+) Aumentos de Capital	–	40.000 →	40.000
(–) Dividendos	–	(50.000) →	(50.000)
Resultado final	24.000	(30.000)	(54.000)

A coluna das variações mostra que o maior problema é a receita não recebida, deixando de entrar $ 70.000, o que fica bem claro na análise do Modelo Indireto.

A despesa administrativa reduz um pouco o déficit, já que é composta de Depreciação (não sai dinheiro do caixa) e Salários; no Passivo Circulante, essa dívida (Salário a Pagar) aumentou $ 10.000.

Por fim, o déficit é consideravelmente reduzido nas operações de investimentos e financiamentos.

O que detectamos de interessante é que, na comparação de ambos os fluxos (econômico × financeiro), na coluna de variações, praticamente é a DFC – Modelo Indireto. A diferença é Lucro Líquido Ajustado no final da DFC. Assim, teremos:

192 | Análise das demonstrações contábeis – *Marion*

DRE		Ajuste por mudança de Capital de Giro	DFC – Modelo indireto
Receita	800.000	– Ativo Circulante: Aumenta <u>Dupl. Receber</u>	(70.000)
(–) CMV	(650.000)	– Ativo Circulante: Aumenta <u>Estoques</u>	<u>(30.000)</u>
(EI + Compras – EF)			(100.000)
		– Passivo Circulante: Aumenta <u>Fornecedores</u>	<u>20.000</u>
Lucro Bruto	150.000	- -	(80.000)
(–) Desp. Vendas	(30.000)	Não houve alteração	
(–) Desp. Admin.	(70.000)	– Passivo Circulante: Aumenta Salários a Pagar	10.000
<u>(–) Desp. Financ.</u>	<u>(20.000)</u>	Não houve alteração	
Lucro Operacional	30.000	- -	(70.000)
(–) Imp. Renda	(6.000)	– Passivo Circulante: Diminui <u>Imp. a Recolher</u>	(54.000)
Lucro Líquido	24.000	– Lucro (Atividades Operacionais)	24.000
(+) Ajustes	- - - - -	– Depreciação (Despesa Econômica)	10.000
(+) Ativid. Invest.	- - - - -	– Vendas e Recebimentos de Coligadas	20.000
(+) Ativid. Financ.	- - - - -	– Financ.+ Aum. Capital (–) Dividendos	40.000
Resultado Final	24.000	Redução de Caixa – Modelo Indireto	(30.000)

Essas comparações ajudam na interpretação dos resultados dos negócios da empresa. Fica mais fácil explicar por que uma empresa que dá lucro não consegue pagar suas contas, se estiver com um caixa ruim. Explica a distorção de um lucro apurado pelo regime de competência (DRE) com o regime caixa (DFE). Explica onde há decisões que afetam a saúde financeira da empresa (por exemplo, duplicatas não recebidas, aumento nos estoques, impostos elevados e não pagos em exercício anterior, pagamento de dividendos etc.).

10.4 Índices importantes para análise da DFC

CIA. EXEMPLO

Receita Recebida	24.000
(–) Custos Pagos	<u>(4.000)</u>
a) Caixa Bruto nas Operações	20.000
(–) Desp. Vendas/Administrativas	<u>(5.000)</u>
b) Caixa gerado nas Operações	15.000
(–) Despesas Não Operacionais	<u>(3.000)</u>
c) Caixa após Itens Não Operacionais	12.000
(–) Desp. Financeiras Pagas	<u>(5.000)</u>
d) Caixa após Operações Financeiras	7.000
(–) Amortização de Empréstimos	<u>(3.000)</u>

e) Caixa após Amortização de Empréstimos	4.000
Novos Financiamentos	3.500
f) Caixa após Novas Fontes	7.500
(–) Aquisição de Imobilizado	(4.000)
g) Caixa Líquido Final	3.500

10.4.1 Cobertura de juros

$$\frac{\text{Caixa Gerado nas Operações } (b)}{\text{Juros Pagos no Período}}$$

Nesse caso, o Caixa Gerado nas Operações (CGO) seria antes dos Impostos e Juros. Admita que a empresa tem um CGO de $ 15.000 e pagou $ 5.000 de juros no ano. Assim, a cobertura de juros seria:

$$\frac{\$\ 15.000}{\$\ 5.000} = 3,0$$

A cada $ 1,00 pago de juros, foram gerados $ 3,00 de caixa na atividade operacional. Ou seja, a empresa trabalha 4 meses (12/3) para gerar caixa relativo aos juros.

10.4.2 Capacidade de quitar dívidas

$$\frac{\text{Caixa Gerado nas Operações após Operações Financeiras}(d)}{\text{Financiamentos Onerosos}}$$

Nesse caso, o Caixa Gerado nas Operações seria depois do pagamento dos Impostos e Juros. Também seriam subtraídos os dividendos pagos no período, pois eles (os dividendos) são obrigações anuais repetitivas.

Admita que o novo CGO seja de $ 7.000 e que os financiamentos de Longo Prazo que geraram os juros de $ 5.000 acima sejam $ 28.000:

$$\frac{\$\ 7.000}{\$\ 28.000} = 0,25$$

A empresa gerou recursos para pagar 25% da dívida. Assim, poderia pagar esse financiamento de longo prazo em 4 anos (100%/25%). Se o prazo de financiamento for superior a 4 anos (por exemplo, 8 anos), a empresa poderá gerar caixa para reinvestimento).

Esse índice poderia ter, no denominador, toda a dívida da empresa, incluindo o curto prazo.

10.4.3 Taxa de retorno do caixa

$$\frac{\text{Caixa Gerado nas Operações }(b)}{\text{Ativo}}$$

Admita o CGO de $ 15.000 e um ativo total de $ 75.000. Nesse caso, o CGO é antes dos Juros e Impostos. Assim:

$$\frac{\$\ 15.000}{\$\ 75.000} = 0,20$$

O ativo da empresa gera 20% de recuperação de caixa por ano, demorando, assim, 5 anos em média para converter seu equivalente a ativo em caixa.

Esse indicador poderia ser calculado sobre o Ativo Operacional e, até mesmo, sobre o Patrimônio Líquido, calculando-se a taxa de retorno do caixa em relação aos recursos investidos pelos proprietários.

10.4.4 Nível de recebimento das vendas

$$\frac{\text{Caixa Gerado nas Vendas}}{\text{Vendas}}$$

Admita que, em um total vendido de $ 30.000, a empresa teve um recebimento de caixa de $ 24.000. Assim:

$$\frac{\$\ 24.000}{\$\ 30.000} = 0,80$$

80% das vendas foram recebidos. Esse indicador é bom quando comparado com anos anteriores e com as concorrentes, avaliando-se política de crédito, cobrança etc.

10.4.5 Capacidade de novos investimentos

$$\frac{\text{Caixa Gerado nas Operações após Operações Financeiras}(d)}{\text{Novos Investimentos no Imobilizado}}$$

Os novos investimentos no imobilizado foram de $ 4.000.

$$\frac{\$\ 7.000}{\$\ 4.000} = 1,75$$

Mede a capacidade de gerar recursos, após pagamento dos dividendos, para a continuidade do negócio, financiando com recursos próprios novos imobilizados. Nesse caso, a empresa poderia adquirir os novos investimentos com recursos gerados no caixa.

A empresa fez novos financiamentos, já que a amortização dos empréstimos absorveu 43% (3.000/7.000) do Caixa Líquido após a remuneração ao capital (*d*).

Esse índice poderia ser sobre o Ativo Permanente, dando-se maior abrangência.

PARTE PRÁTICA

A. Questões sobre a leitura introdutória

(As razões da mortalidade das pequenas empresas)

1. Por que um empresário sem dedicação exclusiva tem maior chance de ver seu negócio falir?
2. A falta de Fluxo de Caixa pode ser citada como uma razão do insucesso das pequenas empresas? Explique.
3. Por que o contador, conhecido como "médico de empresas", pode não ajudar o pequeno empresário? Você concorda com essa ideia?
4. Qual é o conceito de empreendedorismo?

B. Questões sobre o Capítulo 10

1. As dificuldades financeiras da empresa nascem do descompasso entre entradas e saídas de caixa, que só podem ser detectadas com a análise dos Fluxos de Caixa. Comente essa afirmativa.
2. Na Demonstração dos Fluxos de Caixa, explique quais as vantagens e desvantagens de utilizar o Modelo Direto e o Modelo Indireto.
3. O caixa gerado no ciclo operacional da empresa é de vital importância para ela. Pode esse caixa ser negativo? Qual a melhor atitude a ser tomada nesses casos?
4. A Demonstração dos Fluxos de Caixa é imprescindível em qualquer atividade empresarial e também para as pessoas físicas, pois apresenta a situação de liquidez. Que informações podemos extrair dela?

C. Testes abrangentes

1. A empresa ABC vendeu $ 25 milhões, recebendo apenas $ 10 milhões; teve como despesa, no mesmo período, $ 15 milhões, pagando apenas $ 5 milhões. Quais são os resultados pelos regimes de Competência e de Caixa, respectivamente?

    ( ) a) 5.000 e 10.000.
    ( ) b) 10.000 e 5.000.
    ( ) c) 9.000 e 4.000.

196 | Análise das demonstrações contábeis – *Marion*

    ( ) d) 6.000 e 15.000.

    ( ) e) N.D.A.

2.   A Demonstração dos Fluxos de Caixa explica as variações:

    ( ) a) No disponível.

    ( ) b) Em duplicatas a receber.

    ( ) c) No patrimônio líquido.

    ( ) d) Nas aplicações financeiras.

    ( ) e) N.D.A.

3.   Na análise "item por item" para estruturar a DFC, normalmente há ligação entre duas variáveis. Indique a alternativa que não tenha ligação:

    ( ) a) Duplicatas a receber e vendas a prazo.

    ( ) b) Fornecedores e compras a prazo.

    ( ) c) Contas a pagar e despesas operacionais.

    ( ) d) Estoques e depreciação.

    ( ) e) N.D.A.

4.   Um dos objetivos da DFC é:

    ( ) a) Avaliar a variação do CCL.

    ( ) b) Medir a situação patrimonial da empresa.

    ( ) c) Analisar a situação financeira e econômica da empresa.

    ( ) d) Avaliar a situação presente e futura de caixa da empresa.

    ( ) e) N.D.A.

D. Exercícios

1.   Cia. Elisantina

BALANÇO PATRIMONIAL

ATIVO	31-12-X7	31-12-X8	PASSIVO	31-12-X7	31-12-X8
Disponibilidade	10.000	10.000	Fornecedores	90.000	150.000
Clientes	100.000	68.000	Dív. Longo Prazo	90.000	20.000
Estoques	70.000	119.000	Capital	50.000	80.000
Investimentos	5.000	8.000	Reservas	(15.000)	5.000
Imobilizado	50.000	80.000			
Depr. Acumul.	(20.000)	(30.000)			
	215.000	255.000		215.000	255.000

DEMONSTRAÇÃO DE RESULTADOS DE 20X8

Vendas		300.000
(–) CMV		(200.000)
LB		100.000
(–) *Despesas Operacionais*		
De Vendas	(10.000)	
Administração	(20.000)	
Financeiras	(20.000)	
Depreciação	(10.000)	(60.000)
(–) Imp. Renda		40.000
Lucro Líquido		(5.000)
		35.000
Distribuição Lucro		
Aumento Capital		10.000
Dividendos		5.000
Reservas		20.000
Total		35.000

DEMONSTRAÇÃO DOS FLUXOS DE CAIXA

Modelo Direto			**Modelo Indireto**		
Saldo em 31-12-X7		10.000	Lucro do Exercício		35.000
Entrada			(+) Depreciação		10.000
Vendas Recebidas		330.000			45.000
Aum. Capital		20.000	**Capital de Giro**		
		360.000	Redução de Clientes		32.000
			Aumento de Estoque		(49.000)
Saídas			Aumento Fornecedores		60.000
Compras Pagas	(189.000)				88.000
Compras Investimentos	(3.000)		**Novos Investimentos**		
Compra de Imobilizado	(30.000)		Imobilizado		(30.000)
Pagamentos de Financ.	(70.000)		Investimentos		(3.000)
Pagto. de Dividendos	(3.000)				(33.000)
Despesas Pagas	(50.000)		**Financiamentos**		
I. Renda Pago	(5.000)	(350.000)	Aum. Capital		20.000
Saldo em 31-12-X8		10.000	(–) Dividendos		(5.000)
			Amortização de Dívidas		(70.000)
					(55.000)
			Variação no Caixa		____

Pede-se:

1. Estruture as Demonstrações dos Fluxos de Caixa (Modelos Direto e Indireto) para fins de análise, dividindo-se os grupos Operacional, Investimento e Financiamento.
2. Calcule indicadores da DFC – Modelo Direto.
3. Tire conclusões na análise dos dois modelos.
4. Compare o Fluxo Financeiro com o Econômico e analise as variações.

2. Cia. Grampo – Demonstrações Contábeis

BALANÇO PATRIMONIAL

ATIVO				PASSIVO e PL			
Circulante	20X4	20X5	20X6	**Circulante**	20X4	20X5	20X6
Disponível	1.000	1.500	2.000	Diversos a pagar	4.000	8.000	15.000
Duplicatas a Receber	4.000	6.000	7.000	Fornecedores	1.000	2.000	3.000
Estoque	5.000	7.500	11.000	**Não Circulante**	5.000	10.000	18.000
	10.000	15.000	20.000				
				Financiamento pagar	5.000	5.000	2.000
Não Circulante				**Patrimônio líquido**			
Investimento	5.000	10.000	20.000	Capital + Reservas	10.000	20.000	30.000
Imobilizado	5.000	10.000	10.000				
TOTAL	20.000	35.000	50.000	TOTAL	20.000	35.000	50.000

D.R.E.

PERÍODOS	20X4	20X5	20X6
Vendas	30.000	45.000	60.000
(–) Custos[1]	(5.000)[1]	(10.000)[1]	(15.000)[1]
Lucro Bruto	25.000	35.000	45.000
(–) Despesas			
De vendas	(2.000)	(4.000)	(6.000)
Administrativas	(4.000)	(5.000)	(6.000)
Financeiras	(10.000)	(11.000)	(18.000)
Lucro Operacional	9.000	15.000	15.000
(–) Imposto Renda	(4.000)	(5.000)	(5.000)
Lucro Líquido	5.000	10.000	10.000

---

[1] Compras = ?

CMV = EI + C – EF.

DEMONSTRAÇÃO DOS FLUXOS DE CAIXA (MODELO DIRETO)

PERÍODOS	20X5	20X6
Saldo Inicial	1.000	1.500
Entradas		
Vendas	43.000	59.000
Aumento de Capital (Reservas)	–	–
Subtotal	44.000	60.500
(–) Saídas		
Compras	(11.500)	(17.500)
Investimentos	(5.000)	(10.000)
Imobilizado	(5.000)	–
Despesas Operacionais	(16.000)	(23.000)
Imposto de Renda	(5.000)	(5.000)
Pagamento de Financiamento	–	(3.000)
Total de Saídas	(42.500)	58.500
Saldo Final	1.500	2.000

Pede-se:

1. Após estruturar adequadamente os Fluxos de Caixa (Caixa Operacional, Investimento e Financiamento), faça uma análise indicando como poderia ser melhorado esse fluxo da empresa.

2. Faça a DFC (Modelo Indireto) e tente melhorar suas conclusões.

200 | Análise das demonstrações contábeis – *Marion*

E. Exercícios de integração

1. *Cia. Administrativa*

31-12   Em $ mil

ATIVO			PASSIVO E PL		
Circulante	**20X1**	**20X2**	**Circulante**	**20X1**	**20X2**
Disponível	100	300	Fornecedores	400	1.000
Dupl. Receber	1.000	2.000	Contas a Pagar	200	340
Estoque	800	1.500	Emprést. a Pagar	1.500	4.310
Desp. Exerc. Seguinte	100	200	Dividendo a Pagar	–	660
	2.000	4.000	I. Renda a Pagar	–	2.100
				2.100	8.410
Não Circulante			**Não Circulante**		
Realizável a Longo Prazo	500	1.000	Financiamentos	1.400	3.000
Investimentos	1.000	8.000	**Patrimônio Líquido**		
Imobilizado	1.500	5.500	Capital	1.500	3.000
(–) Deprec. Acumul.	(150)	(600)	Res. Capital	250	2.000
Intangível	500	1.500	Res. Legal	100	387,5
(–) Amort. Acumul.	(50)	(200)	Res. Estatutária	50	475
Diferido (saldo antes 2009)	1.000	2.800	Res. de Contingência	20	40
(–) Amort. Acumul.	(800)	(2.000)	Res. Orçamentária	30	435
	3.000	15.000	Res. de Lucros	50	2.252,50
				2.000	8.590
TOTAL	5.500	20.000	**TOTAL**	5.500	20.000

2. DRE

		20X2
Receita Bruta		40.000
(–) Deduções		(4.000)
Receita Líquida		36.000
(–) Custo do Produto Vendido		(16.000)
Lucro Bruto		20.000
(–) *Despesas Operacionais*		
Vendas		(6.000)
Administrativas		(9.000)
Financeira	(6.000)	
(–) Receita Financeira	1.400	
Variação Cambial	(1.400)	(6.000)
(+) Resultado da Equivalência Patrimonial		4.000
Lucro Operacional		3.000
(+) Outras Receitas Operacionais		2.000
(+) Ganhos Extraordinários		1.100
Lucro Antes do I. Renda e C. Social		6.100
(–) Prov. I. Renda e C. Social		(2.100)
Lucro Líquido		4.000

Cap. 10 • Análise dos Fluxos de Caixa | 201

Pede-se:

1. Monte a Demonstração dos Fluxos de Caixa (Modelo Direto) e, a seguir, compare com a DRE (Fluxo Econômico).
2. Analise a empresa no que tange ao seu tripé.
3. Análise de Balanços – Cia. Grampo S.A. = 1,00 cada.

Demonstrações Financeiras da Cia. Grampo S.A.:

BALANÇO PATRIMONIAL

ATIVO				PASSIVO e PL			
Circulante	**20X2**	**20X3**	**20X4**	**Circulante**	**20X2**	**20X3**	**20X4**
Disponível	1.000	1.500	2.000	Diversos a pagar	5.000	10.000	18.000
Duplicatas a Receber	4.000	6.000	7.000	**Não Circulante**			
Estoque	5.000	7.500	11.000	Financiamento a pagar (ELP)	5.000	5.000	2.000
	10.000	15.000	20.000	**Patrimônio Líquido**			
Não Circulante				Capital + Reservas	10.000	20.000	30.000
Investimento	5.000	10.000	20.000				
Imobilizado	5.000	10.000	10.000				
TOTAL	20.000	35.000	50.000	**TOTAL**	20.000	35.000	50.000

DRE

PERÍODOS	20X2	20X3	20X4
Vendas	30.000	45.000	60.000
(–) Custos	(5.000)	(10.000)	(15.000)
Lucro Bruto	25.000	35.000	45.000
(–) Despesas			
De vendas	(2.000)	(4.000)	(6.000)
Administrativas	(4.000)	(5.000)	(6.000)
Financeiras	(10.000)	(11.000)	(18.000)
Lucro Operacional	9.000	15.000	15.000
(–) Imposto de Renda e C. Social	(4.000)	(5.000)	(5.000)
Lucro Líquido	5.000	10.000	10.000

202 | Análise das demonstrações contábeis – *Marion*

Pede-se:

1º) Monte o quadro clínico:

Índices	Fórmulas	20X2	20X3	20X4	Índice-padrão Mediana 20X4	Conceito em 20X4 Bom, Satisfatório, Razoável ou Ruim
Liquidez	Corrente				1,50	
	Seca				0,90	
	Geral				1,00	
Endividamento	Quantidade				40%	
	Qualidade				50%	
Rentabilidade	TRPL				25%	
	TRI				15%	
	Margem				15%	
	Giro Ativo				1,20	

2º) Faça o modelo DuPont para identificar os principais problemas de rentabilidade, incluindo os dados de custos na folha seguinte.

ANÁLISE DE BALANÇOS – CIA. GRAMPO S.A.

FOLHA DO ESQUEMA COMPLETO DA ANÁLISE

MARGEM × GIRO (DUPONT)

CUSTOS	20X2	20X3	20X4
Mão de obra	1.000	5.000	9.000
Matéria-prima	2.000	3.000	4.000
Outros custos	2.000	2.000	2.000

Após preencher o quadro clínico da Cia. Grampo S.A., responda aos seguintes testes:

1. A situação financeira da empresa, em 2004, é:

   ( ) a) Razoável e boa em relação ao padrão.

   ( ) b) Ruim e razoável em relação ao padrão.

   ( ) c) Apertada e ruim em relação ao padrão.

   ( ) d) Boa e ruim em relação ao padrão.

   ( ) e) N.D.A.

2. Um dos grandes problemas da empresa é:

   ( ) a) Matéria-prima.

   ( ) b) Outros custos de produção.

Cap. 10 • Análise dos Fluxos de Caixa | 203

( ) c) Mão de obra da fábrica.

( ) d) Despesas administrativas.

( ) e) N.D.A.

3. Em 20X4, a rentabilidade da empresa e do empresário são, respectivamente:

( ) a) Satisfatória e razoável.

( ) b) Boa e excelente.

( ) c) Boa e razoável.

( ) d) Razoável e satisfatória.

( ) e) N.D.A.

4. A empresa ganha:

( ) a) Na Margem, porém, o Giro está aumentando.

( ) b) Na Margem, mas o Giro está caindo.

( ) c) Na Margem e no Giro, pois ambos estão aumentando.

( ) d) No Giro, porém, a Margem está caindo.

( ) e) N.D.A.

5. O principal problema da empresa, hoje, é:

( ) a) Situação econômica (rentabilidade).

( ) b) Situação financeira.

( ) c) Endividamento.

( ) d) Margem de lucro.

( ) e) N.D.A.

6. Após fazer o modelo DuPont, detecta-se que a margem de lucro não é melhor em função de:

( ) a) Crescimento do ativo.

( ) b) Gastos no departamento administrativo.

( ) c) Gastos com juros.

( ) d) Gastos na fábrica.

( ) e) N.D.A.

7. O item que mais impediu o crescimento da produtividade foi:

( ) a) Duplicatas a receber.

( ) b) Imobilizado.

( ) c) Departamento administrativo.

( ) d) Investimento.

( ) e) N.D.A.

8. Uma atitude que pode estar prejudicando a rentabilidade da empresa é:

( ) a) Investir em outras empresas.

( ) b) Ampliar demais a fábrica.

( ) c) Pagar muitos juros.

( ) d) Vender muito a prazo.

( ) e) N.D.A.

9. Outra postura da empresa que prejudica a rentabilidade pode ser:

( ) a) Excesso de propaganda.

( ) b) Excesso de honorários para a diretoria.

( ) c) Excesso de Imposto de Renda.

( ) d) Excesso de financiamento e juros.

( ) e) N.D.A.

10. Como administrador, vou concentrar meus esforços, principalmente:

( ) a) Na fábrica e no departamento de vendas.

( ) b) Na fábrica e no setor administrativo.

( ) c) No departamento de vendas e no setor administrativo.

( ) d) Nos empréstimos (juros) e no setor de vendas.

( ) e) N.D.A.

F. Estudo de caso

Administração em cima do caixa.

Há quem diga que as empresas que procuram evoluir, hoje, podem ser divididas em três tipos:

a) Aquelas que pensam exclusivamente em vender mais.

b) Aquelas que pensam em vender mais para ter lucro.

c) Aquelas que pensam exclusivamente no *cash flow*.

As empresas do primeiro grupo são tidas como primitivas, não atentando para os problemas a que estoque, contas a receber e endividamento bancário podem levar. Essas são sérias candidatas à falência.

As empresas do segundo grupo recebem críticas dos incautos, que dizem: "Lucro é uma ficção contábil". Admitem que o lucro pode ser falso; que o lucro pode não significar dinheiro; que o lucro é uma parcela econômica etc.

As empresas do terceiro grupo são as mais elogiadas. Nada que comprometa o caixa deve ser feito. O principal alvo é contemplar e analisar os Fluxos de Caixa.

Dentro de uma análise cuidadosa, qual das três correntes é a mais sadia? Explique.

G. Trabalho prático

Tente obter em jornais, empresas, revistas ou mesmo em livros, as Demonstrações Contábeis de uma empresa que tenha a Demonstração do Resultado do Exercício e a Demonstração dos Fluxos de Caixa.

Após uma breve análise dos Fluxos de Caixa, faça uma comparação com a Demonstração do Resultado do Exercício indicando as principais variações, mostrando por que o lucro econômico é diferente do lucro financeiro.

Tente fazer um relatório final explicando as principais diferenças e destacando a importância da comparação do Fluxo Econômico com o Financeiro.

11

Análise da Demonstração do Valor Adicionado

 LEITURA INTRODUTÓRIA

"FISCO LEVA 40,3% DO VALOR ADICIONADO
Com cobrança de tributos, governo fica com a maior fatia da riqueza gerada por empresas

Com o recolhimento de tributos, o governo leva a maior fatia na distribuição da riqueza gerada pelas empresas. As cobranças de impostos, taxas e contribuições – por parte da União, estados e municípios – ficam com uma média de **40,3% do valor adicionado** pelas empresas. Os salários e obrigações trabalhistas ficam com o segundo maior pedaço do bolo, com 28,6%. A conclusão está num levantamento do professor Ariovaldo dos Santos, da Faculdade de Economia e Administração (FEA/USP).

O estudo considera como valor adicionado a riqueza agregada pelas empresas da indústria, comércio e serviços, incluindo estatais. Numa fórmula simples, seria o **faturamento menos o que é pago para fornecedores**. 'É interessante notar que os donos do capital, os investidores, ficam com a menor parte da divisão', diz Santos. Os juros sobre capital próprio e os **dividendos**, lembra, ficam com apenas 5,9% do valor gerado pelas empresas.

Os números levam em conta a média dos valores pagos por 829 empresas de diversos setores em 1998. Juntas, elas foram responsáveis por um valor adicionado de US$ 126,79 bilhões. Segundo Santos, a alta representatividade do governo na divisão não foi situação específica de 1998.

Em sua tese de livre docência, o professor fez um levantamento da distribuição de valor adicionado em 1996 e 1997. Nesses dois anos, a arrecadação de tributos também abocanhou a maior fatia. Em 1996, o recolhimento de impostos e contribuições significou 40,4% na média geral de 414 empresas. No ano seguinte, o mesmo universo de companhias gastou 37,7% do seu valor adicionado com tributos. Os dispêndios com salários e obrigações trabalhistas ficaram em 33,1% e 31,9%, respectivamente. As companhias que participaram do levantamento somaram, em 1996, valor adicionado de US$ 61,98 bilhões. E em 97, de US$ 63,52 bilhões.

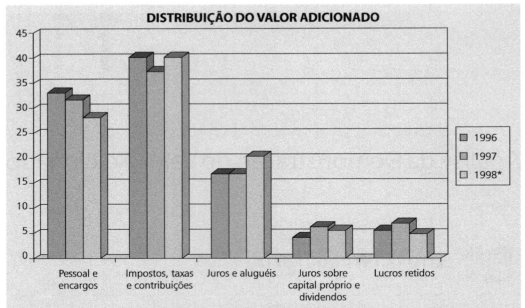

Gráfico 11.1 Levantamento com universo maior de empresas.
Fonte: Professor Ariovaldo dos Santos (FEA/USP).

Na realidade, diz Santos, o governo fica com um percentual um pouco maior do que o indicado no estudo. 'O levantamento levou em consideração os impostos e contribuições pagos pelas pessoas jurídicas', explica. Ele lembra que o Imposto de Renda (IR) Pessoa Física retido na fonte não foi contabilizado como valor pago pelas empresas ao governo porque o contribuinte efetivo, neste caso, é o empregado. Foram tratados da mesma forma a contribuição do trabalhador ao INSS e o FGTS.

Esses descontos, diz o professor, foram somados aos salários e obrigações trabalhistas pagos pelas empresas. 'Isso quer dizer que há uma parcela desse bolo que vai, no final das contas, para o governo.'

Apesar de não possuir ainda dados relativos ao valor adicionado em 1999, Santos acredita que o **perfil** na distribuição da riqueza gerada pelas empresas **não deve ter mudado** neste ano. Em relação a 2000, a expectativa é também de que a representatividade das despesas seja mantida.

'Essa distribuição só deve ser alterada se ocorrer uma reforma tributária', concorda o advogado Ricardo Tosto, sócio do Leite, Tosto e Barros. 'Os dados mostram que os tributos pesam e que o sistema atual não incentiva o **dono do capital** a investir numa empresa.'

Para o tributarista Waldir Braga, do escritório Braga & Marafon, a tendência é que no próximo ano, a exemplo de 1999, o governo fique com uma fatia cada vez maior da distribuição de riqueza das empresas. 'As alterações de legislação nos últimos anos não indicam que haverá redução de carga tributária.'

Braga refere-se às mudanças que elevaram, pouco a pouco, a Contribuição para o Financiamento da Seguridade Social (Cofins). A última grande mudança no tributo aconteceu neste ano, quando a Cofins aumentou de 2% para 3%, além de ter tido base de cálculo alargada. Em vez de ser cobrada somente sobre faturamento, ela passou a incidir sobre todas as receitas. O

Programa de Integração Social (PIS) também teve ampliação semelhante. 'Os dois tributos são cumulativos, da mesma forma que a CPMF, elevada de 0,2% para 0,38%.'

Pelas informações da Secretaria do Tesouro Nacional, as mudanças nas duas contribuições faz diferença no recolhimento de tributos. A arrecadação de impostos e contribuições da Receita Federal em outubro último cresceu 32,4% em relação ao mesmo mês do ano passado.

Segundo relatório do Tesouro Nacional, o aumento está relacionado especialmente à receita da Cofins e da CPMF. O aumento da Cofins e a extensão de sua cobrança às instituições financeiras resultaram em aumento de R$ 1,3 bilhão na arrecadação. A elevação da CPMF contribuiu para recolhimento adicional de R$ 479 milhões em outubro." (grifos nossos.)

Fonte: WATANABE, Marta. Fisco leva 40,3% do valor adicionado. *Gazeta Mercantil*, São Paulo, 20 dez. 1999.

11.1 Valor Adicionado – considerações iniciais

A Lei nº 11.638/07 que alterou a Lei nº 6.404/76 das Sociedades Anônimas tornou obrigatória a apresentação da Demonstração do Valor Adicionado para as companhias abertas.

Muito comum nos países da Europa Ocidental, o Valor Adicionado ou Valor Agregado procura evidenciar para quem a empresa está canalizando a renda obtida; ou, ainda, admitindo que o valor que a empresa adiciona por meio de sua atividade seja um "bolo", para quem estão sendo distribuídas as fatias e de que tamanho elas são?

Se subtrairmos das *vendas* todas as *compras de bens e serviços*, teremos o montante de recursos que a empresa gera para remunerar salários, juros, impostos e reinvestir em seu negócio. Esses recursos financeiros gerados levam-nos a contemplar o montante de valor que a empresa está agregando (adicionando) como consequência de sua atividade.

Imagine, por exemplo, que a prefeitura de uma cidade terá que tomar a decisão de receber ou não determinada empresa em seu município. A pergunta correta seria: quanto essa empresa vai agregar em renda para a região?

Por causa dessa empresa, o orçamento do município será acrescido, pois terá que investir em infraestrutura e em sua manutenção em função de uma nova demanda.

Admita-se que a prefeitura tenha gastos adicionais anuais na área de ensino, saúde, segurança e ambiente (despoluição de rio e outros) no total de $ 250, tudo em decorrência da instalação da nova empresa.

Para melhor análise, solicita uma Demonstração do Valor Adicionado da empresa, que mostra o seguinte:

	Ano 1	%	Ano 2	%
Vendas	5.000	–	5.000	–
(–) Compras de Bens/Serviços	(2.500)	–	2.000	–
Valor Adicionado	2.500	100%	3.000	100%
Distribuição Valor Adicionado				
Salários				
Pessoal de Fábrica	500	20%	510	17%
Pessoal Administrativo	400	16%	480	16%
		36%		33%
Diretoria/Acionistas				
Pró-labore (honorários da Diretoria)	800	32%	1.050	35%
Dividendos	250	10%	360	12%
		42%		47%
Juros	150	6%	90	3%
Impostos				
Municipal	25	1%	30	1%
Estadual	50	2%	60	2%
Federal	75	3%	90	3%
		6%		6%
Reinvestimento	200	8%	270	9%
Outros	50	2%	60	2%

Na Demonstração do Valor Adicionado, observa-se que o item *Impostos* permanece inalterado, o que propicia melhor análise para a prefeitura. Todavia, o valor do imposto recolhido ao município é muito baixo.

Admitindo-se que os diretores/acionistas não morarão na cidade e que os juros não se reverterão em favor do município, o que se agregará ao fluxo de renda do município será o item *Salário*.

Com esses dados caberia analisar se o pequeno imposto para o município e o acréscimo no fluxo de renda em salário de pessoas que residirão na região (gerando mais negócios, mais arrecadação) compensarão o acréscimo no orçamento e se o benefício da ida da empresa seria viável.

Imagine, ainda, o presidente do sindicato analisando a "distribuição do bolo" que aumentou em 20% do *ano 1* para o *ano 2*. Certamente, ele não ficaria calado diante de uma redução da fatia para seus afiliados (salário de fábrica caiu de 20% para 17%). Poderia ficar irritado ao ver que essa fatia aumentou consideravelmente para os diretores/acionistas. Seria um bom motivo para uma greve?

11.2 Exemplo de DVA

DEMONSTRAÇÃO DO VALOR ADICIONADO Casa das Lingeries Ltda.	$	Análise Vertical
Receita Operacional	800.000	
(–) Custo da Mercadoria Vendida (Compras)	(650.000)	
Valor Adicionado Bruto Gerado nas Operações	150.000	
(–) Depreciação	(10.000)	
Valor Adicionado Líquido	140.000	
(+) Receita Financeira	10.000	
Valor Adicionado	150.000	100%
Distribuição do Valor Adicionado		
Empregados	(90.000)	60%
Juros	(30.000)	20%
Dividendos	(14.000)	9,33%
Impostos	(6.000)	4%
Outros		0%
Lucro Reinvestido	(10.000)	6,67%

A seguir, faremos a análise da DVA apresentada.

11.2.1 Índices em que o Valor Adicionado (ou Agregado) aparece no numerador

1. *Potencial de gerar riqueza do Ativo*

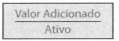

O Ativo, financiado por Capital Próprio e Capital de Terceiros, é que gera receita, a qual, por sua vez, gera riqueza para a empresa.

No Capítulo 7, Índices de Rentabilidade, estudamos a Taxa de Retorno sobre Investimento (TRI ou ROI), em que analisamos o poder de ganho da empresa. Em um extremo, poderíamos ter uma empresa com uma taxa de retorno não tão atraente, mas com potencial significativo de gerar riqueza.

Nesse caso, o administrador poderia argumentar que, se o retorno econômico não foi tão especial, o resultado social superou a expectativa (remuneração do quadro de funcionários, diretores, pagamento de impostos, acionistas etc. são relevantes em relação ao mercado).

Esse índice mede quanto cada real investido no Ativo gera de riqueza (Valor Adicionado), a ser transferida para vários setores que se relacionam com a empresa.

Na empresa Casa das Lingeries, temos o seguinte indicador:

$$\frac{150.000}{830.000} = 0,18$$

O ideal é que esse índice cresça ao longo dos anos.

2. *Retenção da Receita*

Da Receita Total, parte é comprometida com terceiros (matéria-prima, embalagem, serviços etc.), ou seja, transferida para outras empresas que não agregam valor para a empresa em análise.

Esse percentual mostra quanto fica dentro da empresa, acrescentando valor ou benefício para funcionários, acionistas, governo, financiadores e lucro retido.

Nesse caso, uma análise horizontal (vários anos ou períodos) mostra a tendência da empresa de aumentar ou diminuir a receita que fica lá dentro.

Na Empresa Casa das Lingeries:

$$\frac{150.000}{800.000} = 0,19$$

3. *Valor Adicionado* per capita

$$\boxed{\frac{\text{Valor Adicionado}}{\text{N}^\circ \text{ de Funcionários (Média)}}}$$

Essa é uma forma de avaliar quanto cada empregado contribui para a formação da riqueza da empresa.

De certa forma, é um indicador de produtividade que informa a participação de cada empregado na riqueza gerada na organização.

Na Empresa Casa das Lingeries Ltda., imaginando 10 funcionários:

$$\frac{150.000}{10} = \$\ 15.000 \text{ por funcionário}$$

11.3 Índices em que o Valor Adicionado é destacado no denominador

Esses índices são relacionados à distribuição da riqueza gerada na organização. A seguir, apresentamos alguns indicadores:

$$\frac{\text{Empregados}}{\text{Valor Adicionado}} = \frac{90.000}{150.000} = 60\%$$

$$\frac{\text{Juros}}{\text{Valor Adicionado}} = \frac{30.000}{150.000} = 20\%$$

$$\frac{\text{Dividendos}}{\text{Valor Adicionado}} = \frac{14.000}{150.000} = 9,33\%$$

$$\frac{\text{Impostos}}{\text{Valor Adicionado}} = \frac{6.000}{150.000} = 4\%$$

$$\frac{\text{Lucro Reinvestido}}{\text{Valor Adicionado}} = \frac{10.000}{150.000} = 6,67\%$$

Numa análise horizontal (sequência de períodos), esses índices são relevantes para analisar a tendência de distribuição da riqueza. Admita o Quadro 11.1:

Quadro 11.1 Análise horizontal.

Distribuição	20X3	20X4	20X5
Empregados	52%	57%	60%
Juros	26%	23%	20%
Dividendos	11%	10%	9,33%
Impostos	4%	4%	4%
Lucro Reinvestido	7%	6%	6,67%
Total	100%	100%	100%

Enquanto observamos uma estabilidade em relação a Impostos e Lucro Reinvestido, percebemos que a "fatia" dos empregados tem aumentado no bolo, principalmente em função da redução dos juros.

Os acionistas tiveram também sua participação reduzida no que tange aos dividendos.

Outros indicadores poderão ser encontrados no *site* www.marion.pro.br.

PARTE PRÁTICA

A. Questões sobre a leitura introdutória

(Fisco leva 40,3% do valor adicionado)

1. Por que o sistema atual desestimula o dono do capital a investir na empresa?
2. O artigo mostra que a carga tributária tende a diminuir, permanecer ou aumentar? Explique.
3. Por que a Cofins tem se tornado um ônus pesado para as empresas?
4. Como os donos das empresas têm participado no Valor Agregado gerado pela companhia?

B. Questões sobre o Capítulo 11

1. Por que é tão importante analisarmos a Demonstração do Valor Adicionado (DVA) por meio da análise horizontal?
2. Podemos ter uma empresa com TRI com pequeno poder de ganho e alto potencial de gerar riqueza? Explique.
3. Analise a afirmativa: "O valor adicionado *per capita* é um indicador de produtividade".
4. Neste capítulo apresentamos a Demonstração do Valor Adicionado da Casa das Lingeries. A qual conclusão você chegaria analisando esta demonstração?

C. Testes abrangentes

1. A distribuição do Valor Adicionado pela empresa será da seguinte forma:
    ( ) a) Juros, impostos, clientes, acionistas, fornecedores.
    ( ) b) Impostos, bancos, empregados, juros, acionistas.
    ( ) c) Reinvestimentos, financiamentos, clientes, juros, acionistas.
    ( ) d) Reinvestimentos, acionistas, juros, impostos, salários.
    ( ) e) N.D.A.
2. Uma forma de medir o quanto cada funcionário participa na formação da riqueza gerada na empresa é:
    ( ) a) Retenção da receita.
    ( ) b) Potencial do ativo em gerar riqueza.
    ( ) c) Valor Adicionado *per capita*.
    ( ) d) N.D.A.
3. Uma forma de analisarmos quanto o Ativo gera de receita é:
    ( ) a) Retenção da receita.
    ( ) b) Potencial do Ativo em gerar riqueza.

Cap. 11 • Análise da Demonstração do Valor Adicionado | 215

( ) c) Valor adicionado *per capita*.

( ) d) N.D.A.

4. Qual dos índices abaixo está relacionado com a distribuição de riqueza?

( ) a) $\dfrac{\text{Valor Adicionado}}{\text{N}^{\underline{o}}\text{ de funcionários}}$

( ) b) $\dfrac{\text{Valor Agregado}}{\text{Receita total}}$

( ) c) $\dfrac{\text{Impostos}}{\text{Valor adicionado}}$

( ) d) N.D.A.

D. Exercícios

1. A Cia. Alta, a seguir, vai se instalar em um município de Goiás. Comente se receber a empresa é um bom negócio para esse município.

BALANÇO SOCIAL
(Relatório da Administração)

	20X5	20X6
Vendas	160	230
(–) Compras B/ Serviços	(60)	(80)
VALOR ADICIONADO	**100**	**150**
DESTINO		
Salário	15	15
Pró-labore (Diretores)	15	30
Dividendos (Acionistas)	34	51
Juros (Bancos)	10	15
Impostos (Governo)	12	18
Lucro Reaplicado	14	21
Os gastos previstos pela prefeitura em função dessa empresa serão de $ 18 anuais (despoluição de rio, segurança, hospital, escola, manutenções diversas etc.). O município oferece suspensão dos Impostos Municipais por 10 anos.		

2. Empresa Alemã × Empresa Francesa

Faça uma análise, a seguir, de acordo com os dados apresentados comparando as DVAs de uma empresa alemã com as de uma empresa francesa.

DEMONSTRAÇÃO DE VALOR ADICIONADO
Robert GmbH (Alemanha – 1989)

DISTRIBUIÇÃO DE VALOR ADICIONADO	Em milhões de marcos	%
Valor adicionado líquido	6.336	100,00
Transferências:		
Para os empregados		
salários, programas de assistência médica e social, fundos de pensão etc.	5.025	79,3
Para o Governo		
impostos e contribuições	921	14,5
Para a companhia		
formação de reservas e lucros acumulados	225	3,6
Para o mercado financeiro		
juros	122	1,9
Para os acionistas		
dividendos	43	0,7

DEMONSTRAÇÃO DE VALOR ADICIONADO
Bruto – Solvay & Cia. S.A. (França – 1990)

O VALOR ADICIONADO BRUTO FOI DE $ 114,5 BILHÕES EM 1990. ISSO PROPICIOU:	Em milhões de francos	%
• REMUNERAÇÃO DE EMPREGADOS		
– incluindo despesas brutas com salários 41,1%	69,1	60,3
– despesas com previdência e bem-estar social 19,2%		
• CONTRIBUIÇÕES PARA OS GASTOS DA SOCIEDADE (Impostos)	7,0	6,1
• PAGAMENTO DE JUROS PARA O MERCADO FINANCEIRO	7,0	6,1
• FINANCIAMENTO PARA O DESENVOLVIMENTO DA COMPANHIA	25,0	21,9
• PAGAMENTO DE DIVIDENDOS AOS NOSSOS ACIONISTAS	6,4	5,6

Adaptado de CHOL, Frederick D. S.; MÜELLER, Gerhard G. *International Accounting*. 2. ed. Englewood Cliffs: Prentice Hall, 1992.

Cap. 11 • Análise da Demonstração do Valor Adicionado | 217

E. Exercício de integração

1.   Cia. Embu Tecidos

CGC . . . .

RELATÓRIO DA DIRETORIA

Prezados Acionistas,

Atendendo às disposições legais e estatutárias, submetemos à apreciação de V. S[as]. as Demonstrações Financeiras relativas ao exercício de 20X9.

Apesar de uma inflação de 15% em 20X9, tivemos um desempenho extraordinário nesse ano:

– aumentamos as vendas;

– reduzimos nossos custos drasticamente;

– houve crescimento de 10% no lucro.

O nosso Balanço Social evidencia um cuidado muito especial com recursos humanos, apesar da grande fatia que destinamos ao governo em forma de impostos:

Em $ milhares

BALANÇO SOCIAL	20X8	20X9
Vendas	$ 160	$ 590
(–) Compras	$ 60	$ 290
Valor adicionado	100	300

Destino do Valor Adicionado:

	20x8	20x9
Juros	$ 10	$ 75 ....
Pessoal Administrativo	$ 10	$ 25 ....
Pessoal Fábrica	$ 20	$ 53 ....
Diretoria	$ 15	$ 90 ....
Impostos	$ 25	$ 30 ....
Dividendos	$ 10	$ 25 ....
Lucro reinvestido	$ 10	$ 02 ....

A empresa está preocupada com a assistência médica de seus funcionários. O item Assistência Médica está incluso em Pessoal de Fábrica e Pessoal Administrativo no Balanço Social.

Nós, na qualidade de presidentes da empresa e principais acionistas, colocamo-nos à disposição para qualquer outro esclarecimento:

DEMONSTRAÇÕES FINANCEIRAS

Em $ milhares

BALANÇO PATRIMONIAL

ATIVO			PASSIVO e PL		
	Data			Data	
	20X8	20X9		20X8	20X9
XXX	XX	XX	XXX	XX	XX
XXX	XX	XX	XXX	XX	XX
XXX	XX	XX	XXX	XX	XX
Total	80	500		80	500

DEMONSTRAÇÃO DO RESULTADO DO EXERCÍCIO

Receita bruta	20X8	20X9
Vendas	160	590
(–) custos	40	250
XXXX	XX	XX
XXXX	XX	XX
XXXX	XX	XX
Lucro Líquido	20	22

DEMONSTRAÇÃO DAS MUTAÇÕES DO PL ou DEMONSTRAÇÃO DOS LUCROS OU PREJUÍZOS ACUMULADOS

	Data	
	20X8	20X9
Saldo Exercício Anterior	–	10
Lucro Líquido do Exercício	20	22
(–) Dividendos	(10)	(25)
Saldo Final	10	07

DEMONSTRAÇÃO DOS FLUXOS DE CAIXA

	Data	
	20X8	20X9
XXXX	XX	XX
XXXX	XX	XX
XXXX	XX	XX

Notas explicativas (não são destacadas as notas explicativas que não interferem na solução deste exercício)

a) ....

b) ....

c) ....

d) ....

e) O total do nosso Ativo até 30-12-X9 era de $ 158. Em 31-12-X9, foi contabilizado um acréscimo de $ 342 referente à reavaliação (antes de 2008) de um terreno cujo valor estava desatualizado. A empresa especializada em avaliação é a Cia. "X", pertencente ao grupo "M", considerada a segunda maior multinacional de auditoria.

f) .... g) .... h) .... i) .... j) ....

ASSINATURAS	PARECER DA AUDITORIA
José Hermano (Presidente)	– Examinamos as Demonstrações Financeiras da Cia. Embu Tecidos em 31-12-X9.
José Hermano Filho (Vice-Presidente)	– Nossos exames foram efetuados de acordo com as normas de auditoria geralmente aceitas.
M. das Graças Gushman Hermano (Superintendente)	– Os valores referentes ao ano anterior foram auditados pelo grupo "M".
Bartolomeu Bueno (Téc. Contab. 30.216 - SP)	– Em nossa opinião, as Demonstrações Financeiras representam adequadamente a posição patrimonial e financeira da Cia. Embu, apresentada conforme os princípios contábeis.
	– Ressaltamos a excelente iniciativa da empresa em publicar também o Balanço Social, bem como seu excelente desempenho financeiro como consequência de uma administração eficiente e democrática.
	São Paulo, 27 de março de 19X0 PIRITUBA – Auditoria, Consult., Planej. CPD ... S/C J. J. Bonilha Gushman Cont. CRC 198.392 (SP)

Pede-se:

1. Você concorda com a afirmação de que a empresa teve um bom desempenho:

   – nas vendas?

   – na redução de custo?

   – no crescimento do lucro?

2. A empresa tem um "carinho especial" com recursos humanos? Houve progresso real para o pessoal de fábrica e administrativo em termos salariais?

3. O governo realmente é a causa da redução da participação de diversos setores no Valor Adicionado?

4. Se o governo não for a causa, qual será efetivamente?

5. A empresa realmente está investindo em assistência médica para seus funcionários?

6. A reavaliação realizada é de boa qualidade, confiável? É aconselhável ou é mais uma burla? (A partir de 2008, a prática da reavaliação foi extinta.)

7. O Ativo cresceu em termos reais?

8. O auditor afirma que a empresa é "democrática". Podemos concordar com essa afirmação?

9. O técnico em contabilidade que assinou as Demonstrações Financeiras pode ser considerado um profissional atualizado e de alto nível?

10. O contabilista que assinou o Parecer da Auditoria pode ser considerado um profissional experiente? Podemos dizer que se trata de uma auditoria

independente? Admita que o CRC tenha atingido o nº 200.000 em seu registro de contabilista.

11. O último parágrafo do Parecer da Auditoria é compatível? Reflete a realidade? Mostra que foi realizado por uma empresa de auditoria séria?

12. A empresa de auditoria é nacional ou multinacional? É uma empresa especializada e voltada exclusivamente para a auditoria?

13. A troca de auditores, por parte da empresa foi positiva?

14. É possível uma empresa que teve o lucro de $ 22 distribuir $ 25 de dividendos?

15. Por que a empresa distribuiu tantos dividendos? Essa distribuição nos ajuda a desmascarar o parecer do auditor?

2. Empresa que faliu

DEMONSTRAÇÃO DO VALOR ADICIONADO EXERCÍCIO FINDO EM 31-12-X4		Em milhares de reais
GERAÇÃO DO VALOR ADICIONADO		
Receita de Vendas e não Operacionais		712.029
Menos:		
Custo das Mercadorias e Serviços Vendidos		(482.481)
Serviços de Terceiros		(27.981)
Materiais, Energia, Comunicação, Propaganda etc.		(7.988)
VALOR ADICIONADO BRUTO		**193.579**
Depreciações e Amortizações		(8.107)
VALOR ADICIONADO LÍQUIDO		**185.472**
Recebido de Terceiros (Receita Financeira)		18.420
DISTRIBUIÇÃO DO VALOR ADICIONADO		
Remuneração do Trabalho	62.986	
Governo (Impostos)	96.904	
Juros e Aluguéis	41.565	
Dividendos e Lucros Retidos	2.437	

Essa demonstração é do Mappin, que teria sua falência decretada após alguns anos.

Tente identificar algumas razões, se possível, que poderiam contribuir para a falência dessa empresa.

F. Estudo de caso

A Empresa Alva, em crise, deixa de pagar impostos.

Com um declínio enorme em seu faturamento e sem condições de pagar sua folha e fornecedores, a companhia consulta um advogado tributarista sobre o risco de atrasar impostos. O advogado diz:

"Deixar de pagar impostos para arcar com compromissos mais urgentes não configura crime contra a ordem tributária, mas a inadimplência deve ser criteriosa. Não se pode atrasar INSS e Imposto de Renda, ambos retidos na fonte. Também não se pode atrasar o IPI."

O advogado apurou que não pagar ICMS, ISS e outras formas de Imposto de Renda, quando a empresa está em crise financeira, não é crime.

Por fim, ele insiste em dizer que o fato de a empresa em crise deixar de pagar os impostos citados é diferente de esconder dados, efetuar operações simuladas, enganar a fiscalização (que representam práticas criminosas).

Qual das atitudes listadas a seguir você recomendaria para a Empresa Alva?

( ) a)   Tentar um parcelamento com a Secretaria da Receita ou Fazenda de até 60 meses, pagando juros e multas;

( ) b)   Fazer confissão espontânea da dívida, demonstrando-se boa-fé, para pagamento futuro;

( ) c)   Esperar uma anistia para pagar impostos sem juros e multas;

( ) d)   Tomar outras decisões, como: ....

G. Trabalho prático

Tente obter em jornais, empresas, revistas ou mesmo em livros as Demonstrações Contábeis de uma empresa que tenha Balanço Patrimonial, Demonstração do Resultado do Exercício e Demonstração do Valor Adicionado.

Depois, faça uma breve análise da Demonstração do Valor Adicionado, com o Balanço Patrimonial e a Demonstração do Resultado do Exercício, evidenciando onde algumas das informações da DVA são encontradas.

Tente fazer um relatório final explicando outras informações sobre Balanço Social encontradas na Demonstração Contábil em análise.

12

Índices-padrão

 LEITURA INTRODUTÓRIA

A CONTABILIDADE SEGUNDO PETER DRUCKER, EM OS NOVOS PARADIGMAS DA ADMINISTRAÇÃO

"As ferramentas que moldamos originalmente para **levar o exterior para o interior** foram todas penetradas pelo foco interno da administração. Transformaram-se em ferramentas usadas para capacitar a administração a ignorar o exterior. Pior ainda, são usadas para fazer a direção acreditar que pode manipular o que é exterior e direcioná-lo para as finalidades da organização.

Tome-se o caso do **marketing**. Esse termo foi cunhado há 50 anos para enfatizar que o objetivo e os resultados de uma empresa estão inteiramente fora dela. O marketing ensina que são necessários esforços organizados para levar uma compreensão do ambiente externo – da sociedade, da economia e do cliente – para o interior da organização e para transformá-la em uma base para estratégia e políticas.

No entanto, o marketing raramente desempenha essa tarefa grandiosa. Em lugar disso, transformou-se em uma ferramenta de apoio às vendas. Ele não começa perguntando: 'Quem é o cliente?', mas sim 'O que queremos vender?'. É direcionado a conseguir que as pessoas comprem as coisas que você quer produzir. Isso significa virar as coisas pelo avesso. Foi assim que a indústria americana perdeu o ramo dos aparelhos de fax. A pergunta deveria ser: 'Como podemos produzir as coisas que os consumidores querem comprar?'.

A ascensão da tecnologia de informática nas últimas décadas, veio agravar essa focalização para dentro da administração, e não abrandá-la. Até agora, é bem possível que a informática tenha prejudicado seriamente a administração, porque ela é tão boa em conseguir informações adicionais do tipo errado. Baseada no **sistema de contabilidade** criado há 700 anos para registrar e reportar dados internos, a informática gera mais dados sobre o lado interno. Ela praticamente não produz informações sobre qualquer coisa que acontece fora da empresa. Praticamente todas as conferências sobre informação tratam exclusivamente de como obter mais dados internos. Ainda não tive notícia de nenhuma que tenha sequer levantado a pergunta: 'De que **informações externas** precisamos e como podemos consegui-las?'.

224 | Análise das demonstrações contábeis – *Marion*

> *A administração não precisa de mais informações sobre o que está acontecendo internamente. Precisa de mais **informações** sobre o que está acontecendo **lá fora**.*
>
> *Ninguém até agora criou uma maneira de conseguir dados externos significativos de forma sistemática. No que diz respeito às informações externas, ainda nos encontramos, em grande medida, na **etapa anedótica**. Podemos prever que o principal desafio da informática nos próximos 30 anos será organizar o fornecimento sistemático de informações externas significativas."* (grifos nossos.)
>
> **Fonte**: *Exame*. São Paulo: Abril, p. 52-53, 24 fev. 1999.

Como podemos avaliar se os índices apurados para a Análise de Balanço são favoráveis ou desfavoráveis? Como estão as concorrentes? O Endividamento é maior que o das outras empresas do mesmo ramo de atividade? A Rotação dos Estoques é rápida ou lenta em relação às empresas que operam com o mesmo produto?

Sem dúvida, só poderemos avaliar bem os índices econômico-financeiros de empresas do mesmo ramo de atividade.

Um índice de Liquidez Corrente igual a 1,20 para indústria têxtil pode ser baixo, se comparado com o de outras. No entanto, uma Liquidez Corrente de 0,80 pode ser satisfatória para uma instituição de ensino (pois ela não possui Estoques de Duplicatas a Receber em seu Ativo Circulante, mas recebe Receita à vista) ou para uma empresa de transportes coletivos.

Uma Liquidez Seca de 0,40 é deficiente para uma metalúrgica, enquanto, para um grande atacadista (cujo maior investimento é o Estoque) e para um supermercado, é satisfatória.

Certa Margem de Lucro de 3% é satisfatória para um supermercado, mas é péssima para uma joalheria, pois o primeiro opera com grandes quantidades, enquanto a segunda, não.

Assim, certificamo-nos de grande diversidade de um ramo de atividade para outro, em termos de avaliação de índice. Por isso, há necessidade de se comparar os índices de uma empresa com os de outras do mesmo ramo de atividade.

Quando calculamos os índices de Demonstrações Financeiras de empresas do mesmo ramo de atividade para servir de base de comparação para outras desse mesmo ramo, estamos calculando os Índices-padrão.

12.1 Como preparar índices-padrão

Por meio de trabalhos realizados com alunos de graduação em Contabilidade, na disciplina Análise de Balanços, constatamos que a elaboração de índices-padrão em quartil (medida de posição 4 em partes) traz bons resultados. A sequência para apuração dos índices-padrão é a seguinte: apresentamos, por exemplo, índices de Liquidez Corrente de 24 empresas do ramo têxtil:

0,61	0,9	1,25	1,58	1,20	1,28	1,36
1,48	1,46	0,80	0,60	0,68	2,31	0,70
0,76	2,10	1,52	1,61	1,92	0,84	1,00
0,94	0,99	0,95				

Em seguida, colocamos os índices apresentados em ordem crescente de grandezas:

1º	2º	3º	4º	5º	6º	
0,60	0,61	0,68	0,70	0,76	0,80	¼ dos índices
0,84	0,91	0,94	0,95	0,99	1,00	¼ dos índices
1,20	1,25	1,28	1,36	1,46	1,48	¼ dos índices
1,52	1,58	1,61	1,92	2,10	2,31	¼ dos índices

Então, encontramos os quartis e a mediana (exatamente o índice do meio, a metade) dessa série de Liquidez Corrente.

O 1º quartil será o valor que deixar 25% (1/4) dos índices do conjunto abaixo de si mesmo e 75% (3/4) acima.

No exemplo dado, estamos utilizando o 6º elemento, ou seja, o índice 0,80. O próximo elemento, o índice 0,84, que é o sétimo na sequência, inicia o 2º quartil. Assim, a linha divisória entre o 1º e o 2º quartis poderá ser determinada pela média entre o último elemento do primeiro quartil e o primeiro elemento do 2º quartil, ou seja:

$$\frac{0,80 + 0,84}{2} = 0,82$$

1º quartil	2º quartil

0,82

Dessa forma, todos os índices inferiores a 0,82 estão contidos no 1º quartil, o que significa que 25% das empresas pesquisadas têm os piores índices de Liquidez Corrente.

Em seguida, calculamos o índice que separa o 2º do 3º quartil.

Da mesma forma que encontramos o índice anterior (que separa o 1º do 2º quartil), encontraremos o atual, que nada mais é do que a média do 12º elemento (isto é, o último índice do 2º quartil) com o 13º elemento (ou seja, o primeiro índice do 3º quartil):

$$\frac{1,00 + 1,20}{2} = 1,10$$

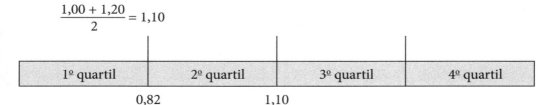

Da mesma forma, encontramos o índice que separa o 3º do 4º quartil, ou, ainda, que separa o 1,48 (último índice do 3º quartil) do 1,52 (1º índice do 4º quartil):

$$\frac{1,48 + 1,52}{2} = 1,50$$

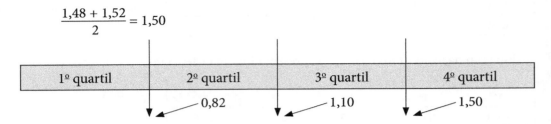

Os índices inferiores a 0,82 representam os mais baixos dos calculados: 25% das empresas analisadas (seis empresas em 24).

Os índices superiores a 1,50 representam os mais elevados dos calculados: 25% das empresas analisadas (seis empresas em 24).

Os índices entre 0,82 e 1,50 representam 50% das empresas analisadas. Não são nem baixos nem elevados.

O índice 1,10 é exatamente a *mediana*[1] desse ramo de atividade: do conjunto dos índices, 50% estão abaixo de 1,10 e 50% estão acima.

12.2 Conceituação dos índices

O objetivo dos índices-padrão é servir de base para a comparação entre as empresas que operam no mesmo ramo de atividade.

Analisaremos, por exemplo, o cálculo da Liquidez Corrente da Têxtil São Judas Ltda. Se der 1,28, em relação ao padrão, saberemos que ele se situa no 3º quartil.

1º quartil	2º quartil	3º quartil	4º quartil
0,82	1,10	↑ 1,28	1,50

Cabe agora discutir se a posição no 3º quartil dos índices-padrão é satisfatória, boa, razoável ou deficiente.

Uma forma mais prática de conceituação sugerida, principalmente a nível acadêmico, é semelhante à da Serasa. Assim, considerando os quartis, temos:

---

[1] A metade do índice do meio (metade dos índices ficam abaixo e metade acima).

a) Índices quanto maiores, melhor: Liquidez, Rentabilidade e Pagamento das compras.

1º quartil	2º quartil	3º quartil	4º quartil
Deficiente	Razoável	Satisfatório	Bom

b) Índices quanto menores, melhor: Endividamento (CT/PL), Composição do Endividamento (PC/CT), Prazos Médios de Vendas e de Rotação de Estoques.

1º quartil	2º quartil	3º quartil	4º quartil
Bom	Satisfatório	Razoável	Deficiente

Portanto, a Liquidez Corrente da Têxtil São Judas, de 1,28, no 3º quartil, será conceituada como satisfatória, pois pertence ao grupo A.

12.3 Exemplo prático de índices-padrão – edição *Melhores e Maiores*

Desde 1974, a revista *Exame* tem contribuído sensivelmente com indicadores de desempenho das 500 maiores empresas do Brasil, por meio da edição "Melhores e Maiores", normalmente publicada na metade de cada ano.

Os gráficos foram atualizados por meio da edição *Melhores e Maiores* publicada em julho de 2008, e a partir da edição de 2002 foram incluídas as empresas estatais na lista das *500 Melhores e Maiores*, o que provocou impacto no *ranking* e, consequentemente, nos principais indicadores econômico-financeiros.

12.3.1 Principais indicadores

a. Endividamento

a.1 *Endividamento Geral*

É a soma do Passivo Circulante, incluindo-se as Duplicatas Descontadas, com o Exigível a Longo Prazo, dividida pelo Ativo Total ajustado. O resultado é apresentado em porcentagem e representa a participação de recursos financeiros por terceiros. É um bom indicador de risco da empresa.

Comportamento do Endividamento das empresas no Brasil:

Os percentuais são a mediana, ou seja, o índice do meio, significando que há 50% acima (as melhores) e 50% abaixo (as piores) dos percentuais indicados.

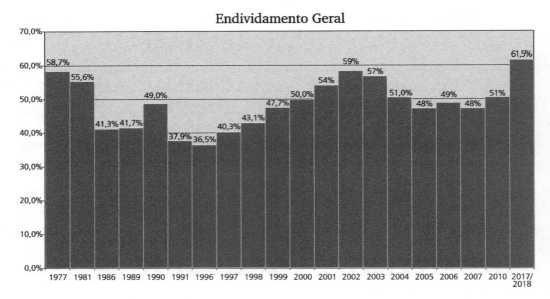

Figura 12.1 Evolução do Endividamento Geral.

Como podemos ver na Figura 12.1, o Endividamento começa a cair na década de 1980, volta a subir no final da década de 1990, e cai novamente a partir de 2003. Em 2016 e 2017, o Endividamento aumenta consideravelmente (59,2% e 61,5%, respectivamente), conforme a publicação de 2018.

a.2 *Endividamento de Longo Prazo*

É o Exigível a Longo Prazo dividido pelo Ativo Total ajustado, em porcentagem. É um indicador importante porque as Dívidas a Longo Prazo são geralmente onerosas, o que ocorre com grande parte das Exigibilidades incluídas no Passivo Circulante.

b. Liquidez

b.1 *Liquidez Corrente*

É o Ativo Circulante dividido pelo Passivo Circulante.

O comportamento dessa Liquidez nos últimos anos é a mediana. Veja a Figura 12.2.

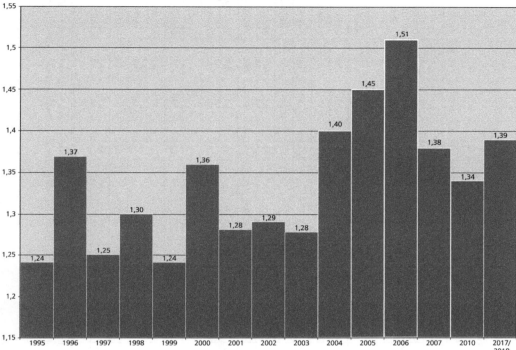

Figura 12.2 Evolução da Liquidez Corrente.

b.2 *Liquidez Corrente por ramo de atividade*

Reproduzimos os dados publicados na revista *Exame* – Melhores e Maiores de 2018, classificando empresas do ramo de atividade "eletroeletrônicos" nas Demonstrações Financeiras do ano anterior. O importante é a comparação com a mediana. Colocamos outros indicadores desse ramo, além da Liquidez Corrente.

MELHORES ELETROELETRÔNICOS

As melhores – Classificação das empresas por pontos obtidos

ORDEM 2017	PONTOS	EMPRESA/SEDE	VENDAS LÍQUIDAS (em milhões de reais)	(em US milhões)	LUCRO LÍQUIDO AJUSTADO (em US$ milhões)	PATRIMÔNIO LÍQUIDO AJUSTADO (em US$ milhões)	MARGEM DAS VENDAS (em %)	GIRO (em nº índice)	RIQUEZA CRIADA POR EMPREGADO (em US$ mil)	NÚMERO DE EMPREGADOS	NEGÓCIO EM BOLSA	CONTROLE ACIONÁRIO
1	630	Multilaser[2,6], SP	1.417,1	428,4	63,2	260,2	14,7	0,88	85,8	2.475	Não	Brasileiro
2	615	Intelbras[3,6,8], SC	1.613,3	487,7	51,8	159,9	10,6	1,31	NI	3.023	Não	Brasileiro
3	535	Semp TLC[3,6], AM	766,1	231,6	20,9	83,3	9,0	1,22	130,0	771	Não	Brasileiro
4	480	Lorenzetti[3,6], SP	903,7	273,2	32,9	208,6	12,0	0,94	52,2	3.780	Não	Brasileiro
5	425	Whirlpool[3,6,8], SP	6.786,0	2.051,4	124,0	683,4	6,0	1,12	43,1	15.348	Sim	Americano
6	420	Alubar Metais e Cabos[3,6], PA	588,8	178,0	27,5	73,7	15,5	0,81	89,4	642	Não	Brasileiro
7	420	WEG Drives & Controls – Aut.[3,6], SC	699,6	211,5	25,0	147,3	11,8	0,93	48,4	2.446	Não	Brasileiro
8	400	Elgin[3,6], SP	662,9	200,4	16,2	95,2	8,1	1,11	85,9	666	Não	Brasileiro
9	360	Prysmian Group[3,6], SP	1.185,9	358,5	9,0	145,6	2,5	1,24	90,4	1.001	Não	Italiano
10	315	Electrolux[3,6,8], PR	4.589,9	1.387,5	27,0	290,9	1,9	1,35	NI	6.712	Não	Sueco
11	310	Esmaltec[3,6], CE	834,6	252,3	-0,4	177,5	-0,2	1,14	NI	NI	Não	Brasileiro
12	260	Furukawa[3,6,7], PR	676,2	204,4	-0,3	113,6	-0,1	1,12	57,0	884	Não	Japonês
13	235	Siemens[3,6,7,8], SP	2.571,0	777,2	-13,5	163,5	-1,7	0,93	NI	3.152	Não	Alemão
14	230	Ericsson[3,6], SP	2.145,9	648,7	10,0	157,5	1,5	0,80	NI	1.616	Não	Sueco
15	50	Nexans[3,6], SP	605,4	183,0	-29,4	55,3	-16,1	1,11	NI	NI	Não	Francês

1. Vendas estimadas pela revista. **2.** Vendas informadas por meio de questionário. **3.** Vendas extraídas da Demonstração Contábil. **4.** Vendas em moeda constante. **5.** Controle acionário em maio de 2018. **6.** Informações ajustadas calculadas pela revista. **7.** Data do Balanço diferente de 31-12-2017. **B.** Bônus: *Guia Exame de Sustentabilidade/Guia Você S/A – As Melhores Empresas para Você Trabalhar.* **NI** – Dados não informados. **NA** – Não aplicável. Este setor inclui: fabricantes de aparelhos eletroeletrônicos, da linha branca, de equipamentos de telefonia, fabricantes de cabos etc.

As maiores – Classificação das empresas por vendas líquidas – em US$ milhões

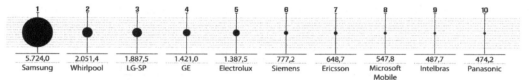

OS NÚMEROS DO SETOR
CRESCIMENTO

Aumento de Vendas Líquidas no ano, já descontada a inflação – em %

1	**Intelbras**	38,1
2	Elgin	31,4
3	Multilaser	21,1
4	Prysmian Group	15,5
5	Ericsson	13,1
6	Electrolux	10,9
7	Lorenzetti	2,8
8	Whirlpool	0,0
9	Esmaltec	– 1,5
10	Furukawa	– 1,6
Mediana: 20 empresas		**– 1,5**

LIDERANÇA DE MERCADO

Mercado conquistado nas vendas das maiores – em %

1	**Whirlpool**	11,2
2	Electrolux	7,6
3	Siemens	4,2
4	Ericsson	3,5
5	Intelbras	2,7
6	Multilaser	2,3
7	Prysmian Group	2,0
8	Lorenzetti	1,5
9	Esmaltec	1,4
10	Semp TCL	1,3
Mediana: 21 empresas		**2,3**

LIQUIDEZ CORRENTE

Reais realizáveis para cada real de dívida no curto prazo – em número de índice

1	Esmaltec	4,93
2	WEG Drives & Controls – Automação	3,78
3	Lorenzetti	3,02
4	Furukawa	2,19
5	Multilaser	2,15
6	Semp TCL	2,07
7	Intelbras	1,88
8	Prysmian Group	1,70
9	Nexans	1,56
10	Elgin	1,40
Mediana: 15 empresas		**1,70**

RENTABILIDADE

Retorno do investimento obtido no ano – em %

1	Alubar Metais e Cabos	34,7
2	Intelbras	29,5
3	Semp TCL	24,3
4	Multilaser	23,5
5	Elgin	17,0
6	WEG Drives & Controls – Automação	15,0
7	Lorenzetti	14,4
8	Whirlpool	13,8
9	Electrolux	9,1
10	Ericsson	6,3
Mediana: 15 empresas		**13,8**

RIQUEZA/EMPREGADO

Riqueza criada por empregado – em US$

1	Semp TCL	130.024
2	Prysmian Group	90.417
3	Alubar Metais e Cabos	89.363
4	Elgin	85.936
5	Multilaser	85.787
6	Furukawa	56.998
7	Lorenzetti	52.247
8	WEG Drives & Controls – Automação	48.436
9	Whirlpool	43.123
–		
Mediana: 9 empresas		**85.787**

Fonte: Revista *Exame – Melhores e Maiores*, Edição 2018, 22 ago. 2018.

c. Rentabilidade/Lucratividade

c.1 *Margem Líquida das Vendas*

Mede o Lucro Líquido em relação às Vendas. É a divisão do Lucro Líquido pelas Vendas, em porcentagem.

Apresentamos na Figura 12.4 o comportamento da margem das vendas (mediana).

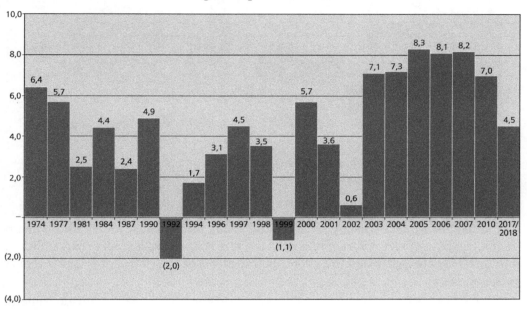

Figura 12.4 Margem Líquida das Vendas.

c.2 *Rentabilidade do Patrimônio Líquido*

Mede o retorno dos investimentos aos acionistas, em porcentagem. É o Lucro Líquido (ajustado) dividido pelo Patrimônio Líquido (ajustado), multiplicado por 100. Para esse cálculo, consideram-se como Patrimônio os dividendos distribuídos no exercício e juros sobre o capital próprio, considerados como Passivo. Veja a Figura 12.5.

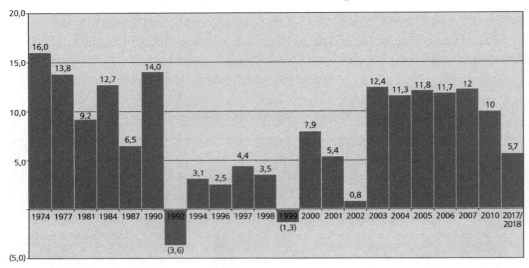

Figura 12.5 Rentabilidade do Patrimônio Líquido.

d. Valor adicionado por empregado

É o total de riqueza criada pela empresa dividida pela média aritmética do número de empregados, sem levar em conta eventuais serviços terceirizados. Serve para indicar a produtividade dos trabalhadores e a contribuição média de cada um para a riqueza gerada pela empresa.

Este indicador é bem recente na edição das "Melhores e Maiores", chamado riqueza, criada por empregado em dólar:

- em 1997, a mediana era de $ 55.043;
- em 1998, a mediana era de $ 51.172;
- em 1999, a mediana era de $ 69.274;
- em 2007, a mediana era de $ 70.850;
- em 2010, a mediana era de $ 78.082;
- em 2014, a mediana era de $ 66.504;
- em 2016, a mediana era de $ 69.679;
- em 2017, a mediana era de $ 77.550.

RIQUEZA CRIADA POR EMPREGADO

Classificação da riqueza criada por empregado – em US$

	SETOR	2014	2015	2016	2017
1	Atacado	98.321	171.851	104.413	**77.642**
2	Autoindústria	43.193	33.532	46.858	**52.534**
3	Bens de Capital	53.825	38.850	36.285	**43.182**
4	Bens de Consumo	70.002	59.149	70.336	**72.539**
5	Eletroeletrônicos	60.844	55.206	47.285	**85.787**
6	Energia	379.732	528.177	531.655	**546.550**
7	Farmacêutico	122.674	109.694	120.848	**119.146**
8	Indústria da construção	64.727	52.046	67.882	**66.177**
9	Indústria Digital	53.977	50.053	62.862	**61.111**
10	Infraestrutura	115.946	103.032	98.187	**112.941**
11	Mineração	68.280	99.990	86.068	**178.163**
12	Papel e celulose	97.646	80.853	69.021	**77.457**
13	Química e Petroquímica	173.683	173.765	118.076	**124.286**
14	Serviços	55.389	70.532	331.566	**70.705**
15	Serviços de Saúde	49.075	40.228	39.965	**49.068**
16	Siderurgia e Metalurgia	100.343	81.577	56.060	**82.577**
17	Telecomunicações	448.187	98.335	71.820	**106.035**
18	Têxtil	20.467	21.474	23.829	**24.095**
19	Transporte	45.700	55.433	111.502	**87.752**
20	Varejo	27.218	25.961	23.951	**25.741**
	MEDIANA DOS SETORES	**66.504**	**64.841**	**69.679**	**77.550**

12.3.2 Conceitos utilizados

A edição "Melhores e Maiores" define da seguinte maneira os termos contábeis empregados nos indicadores apresentados:

- *Ativo Total Ajustado*: é o total dos recursos à disposição da empresa. Não deduzimos as duplicatas descontadas do Ativo Circulante, preferindo reclassificá-las no Passivo Circulante, por considerar que, na quase totalidade dos casos, elas constituem um empréstimo com garantia e não uma operação de cessão de crédito. Embora não publicado, o valor do Ativo Total Ajustado pode ser obtido dividindo-se o Patrimônio Líquido Ajustado pelo Endividamento Geral, subtraído de 100; e multiplicando por 100 o resultado encontrado.
  - Os ajustes de Patrimônio Líquido e, por consequência, do Ativo Total são oriundos do reconhecimento da inflação que as empresas deixaram de incorporar nas Demonstrações Contábeis, por imposição legal.

- *Exigível a Longo Prazo*: é um indicador derivado, obtido da multiplicação do Ativo Total Ajustado pelo Índice de Endividamento a Longo Prazo, com o resultado sendo dividido por 100.

- *Exigível Total:* outro indicador derivado, obtido por meio da multiplicação do Ativo Total Ajustado pelo Endividamento Geral, com o resultado dividido por 100.

- *Investimentos no Imobilizado*: é obtido com base na Demonstração de Origens e Aplicações de Recursos e representa um bom indicador da expansão dos negócios da empresa.

- *Lucro Líquido Ajustado*: é o Lucro Líquido real apurado depois de reconhecidos os efeitos da inflação nas Demonstrações Contábeis. Parte da empresa, mesmo sendo exigência legal, calculou e divulgou esse efeito mediante Demonstrações Complementares, Notas Explicativas ou questionário elaborado por "Melhores e Maiores". Para as empresas que não fizeram tal divulgação, esses efeitos foram calculados pela revista, tomando-se o Ativo Permanente e o Patrimônio Líquido de início de período, já ajustados pela inflação do ano anterior, e as respectivas mutações, consideradas homogeneamente, ocorridas nesses grupos. Nesse valor, estão incluídos os juros sobre o capital próprio, considerado como Despesa Financeira.

- *Lucro Líquido Legal*: é o resultado nominal do exercício, apurado de acordo com as regras legais (sem considerar os efeitos da inflação), depois de descontada a Provisão para o Imposto de Renda e a Contribuição Social e ajustados os juros sobre o Capital Próprio, considerado como Despesa Financeira.

- *Passivo Circulante*: é um indicador derivado, obtido da multiplicação do Ativo Total Ajustado pela diferença entre o Endividamento Geral e o Endividamento a Longo Prazo, dividindo-se o resultado final por 100.

- *Patrimônio Líquido Ajustado*: é o Patrimônio Líquido Legal devidamente atualizado pelos efeitos da inflação. Também essa informação tenha sido passada por boa parte das empresas, mesmo sem exigência legal. Para as empresas que não fizeram tal divulgação, esses efeitos foram calculados pela revista, considerando-se, inclusive, os efeitos dos impostos.

- *Patrimônio Líquido Legal*: é a soma do capital, das Reservas, dos Lucros Acumulados e dos Resultados de Exercícios Futuros, menos a soma do Capital a Integralizar, das ações em tesouraria e dos Prejuízos Acumulados, sem considerar os efeitos da inflação.

- *Receita Líquida*: é calculada pela diferença aritmética entre o valor das Vendas e o valor dos Impostos sobre Vendas.

- *Salários e Encargos*: é o total dos Salários mais os Encargos Sociais proporcionais. Não estão incluídas as despesas com alimentação, assistência médica, transporte e outras que não guardam proporcionalidade com os Salários.

- *Valor Adicionado*: representa o valor da riqueza gerada pela empresa. Nesse cálculo, também são considerados os valores recebidos em transferência, como Receita Financeira e resultado de Equivalência Patrimonial e as Depreciações.

12.3.3 Como usar os índices-padrão

Em *primeiro lugar*, você pode comparar os indicadores de sua empresa com a média da economia.

Por exemplo, no cálculo do Endividamento Geral (A1), admita que o percentual de endividamento de sua empresa seja de 35%. Comparando no gráfico do item a.1, a mediana em 2003 (referindo-se ao ano anterior) era de 57,1%.

Dessa forma, sua empresa está bem abaixo da mediana. Por um lado, um endividamento abaixo pode representar menos riscos. Por outro, pode significar Ativo envelhecendo, não competitivo, pois o financiamento (dívida) é uma das principais fontes de renovação do Ativo.

Dessa forma, poderá ser feito com os índices de Liquidez, Rentabilidade etc., comparando o desempenho da empresa em análise com a economia.

Em *segundo lugar*, o que é mais importante, analise o setor em que sua empresa (a empresa em análise) atua. Como dizem os editores,

> *"[...] compare o desempenho dela com o das concorrentes. Identifique as que melhoraram ou pioraram de posição de um ano para o outro. E não se esqueça de ler o relato sobre a empresa que conseguiu o melhor desempenho do setor: nessas histórias, revelam-se alguns importantes segredos do sucesso. Não se restrinja à leitura da entrevista da melhor de seu setor: os relatos das melhores de outros ramos também são cheios de dicas e revelações de estratégias interessantes.*
>
> *Estude os setores a que pertencem seus principais clientes e fornecedores. É uma maneira de colher subsídios valiosos para o planejamento da empresa e analisar a cadeia de valor de um produto. Se seu cliente ou seu fornecedor está ficando com a parte preponderante do lucro total do produto, está na hora de rever sua estratégia.*
>
> *Para ter um quadro sintético dos destaques da edição, detenha-se na seção 'Os melhores e os piores'. Lá você encontra, entre outros, os maiores lucros, os maiores prejuízos, os que conseguiram sair do vermelho, além dos que cresceram ou encolheram.*
>
> *Na introdução da seção Indicadores Setoriais, é possível avaliar o comportamento de cada um dos ramos de atividade e compará-lo com os dos outros. Itens como Crescimento das Vendas, Rentabilidade do Patrimônio, Margem das Vendas, Liquidez Corrente, Investimentos no Imobilizado e Valor Adicionado por Empregado podem não revelar tudo, mas são mais do que suficientes em uma análise desse tipo."*

Por exemplo, vamos analisar a empresa hipotética de bebidas: Refrigereco Crescente S.A.

Considere que essa empresa tem os seguintes indicadores, além do Endividamento de 35%, já analisado, em relação à economia:

Liquidez Corrente	= 1,21
Margem de Lucro	= 5%
Giro do Ativo	= 1,6
TRI	= 8% (5% × 1,6)
Aumentos da Aquisição do Imobilizado	= 8,2%

Outros indicadores poderiam ser comparados.

Consultando a edição de 1999 (p. 152), constatam-se as seguintes medianas no ramo de bebidas:

Liquidez Corrente	= 0,89	(a mais elevada é da Heublein = 5,69)
Margem de Lucro	= 5,6%	(margem da Coca-Cola; Antarctica Polar = 17,5%)
Giro do Ativo	= 1,83	(Giro da Coca-Cola; Brahma = 1,07)
TRI	= 2,9%	(a mais elevada é da Skol = 22,0%)
Aumento do Imobilizado	= 13,2%	(o mais elevado é da CRBS = 22,3%)

A Liquidez Corrente está acima da mediana (0,89%), o que parece bom. Todavia, a melhor do setor está com LC = 5,69; a Coca-Cola está com LC = 2,85.

Aparentemente, o Giro do Ativo pode ser melhorado (o Giro da Coca-Cola é 1,83), desde que a empresa reduza mais sua Margem. Possivelmente, para esse tipo de empresa, o ganho na quantidade (Giro) ocorre quando se reduz a Margem (o preço). Todavia, a Taxa de Retorno de Investimento está acima da mediana de 2,9%, embora haja várias empresas que atingiram o Retorno de Investimento superior a 14%.

O aumento da Aquisição do Imobilizado está muito baixo em relação à mediana de 13,2%. Esse é um setor em que as empresas estão crescendo (veja Crescimento das Vendas) e é interessante aumentar os investimentos.

Se o Endividamento dessa empresa se posicionasse no 4º quartil, grupo B, seria conceituado como deficiente.

Exemplo didático

O ideal, para uma boa comparação, é ter conhecimento, além da mediana, dos Intervalos de Variação dos Indicadores para se avaliar a distância da empresa em análise com a mediana do setor.

Apenas para *fins didáticos*, arbitramos acrescentar e reduzir 20% da mediana. Assim, multiplicamos, por exemplo, a mediana da Liquidez Seca de 0,89 por 1,20 e 0,80, propiciando quatro intervalos, como mostrado na Figura 12.6: o primeiro intervalo seria um índice preocupante, no segundo intervalo seria razoável, no terceiro satisfatório e no quarto bom (veja Seção 12.2).

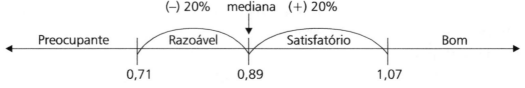

Figura 12.6 Intervalos de variação dos indicadores.

12.4 Índices-padrão "Empresas Mais"

A seguir, explicamos a metodologia do *ranking* das 1.500 maiores companhias do Brasil, criado pelo "Estadão" (jornal *O Estado de S. Paulo*) e pela FIA (Fundação Instituto de Administração), conforme publicação em 28 de setembro de 2018.

12.4.1 Medir com objetividade

A metodologia Coeficiente de Impacto Estadão (CIE), desenvolvida com exclusividade pela FIA, identifica as empresas brasileiras que mais influenciaram de maneira positiva seus setores de atuação.

O Gráfico 12.1 apresenta a distribuição das cerca de 100 empresas mais impactantes, em termos de porte e desempenho. A área maior destacada no canto superior direito representa as corporações com coeficiente de impacto maior ou igual a 80.

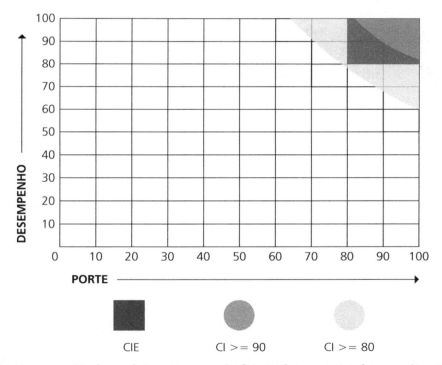

Entre as empresas no Quadrante de Impacto com o Coeficiente de Impacto igual ou superior a 80, estão as do Coeficiente de Impacto Estadão. Esse grupo aparece na área menor destacada no canto superior direito do gráfico acima.

Fonte: <http://publicacoes.estadao.com.br/empresasmais2018/metodologia/>.

Gráfico 12.1 Quadrante de alto impacto.

"Estabelecer um *ranking* que apresente as empresas que melhor influenciaram seus setores de atuação não é exatamente uma tarefa simples. Para chegar a uma lista clara e objetiva, é necessário reunir bases de informações históricas, consolidar dados, ponderar os critérios mais relevantes e, então, encontrar aquelas que não apenas são as maiores, mas também apresentaram melhor desempenho e consistência de resultados nos últimos quatro anos. Para resolver essa equação, **O Estado de S. Paulo** contou com a valiosa parceria da FIA – Fundação Instituto de Administração e da Austin Rating, agência classificadora de riscos. Combinando as especialidades de cada um desses parceiros, foi possível estabelecer não apenas o *ranking* das 1.500 maiores empresas do Brasil, com base no faturamento apurado pela Austin, mas também encontrar aquelas que tiveram maior impacto em seus setores, unindo seu porte a um desempenho acima da média.

Assim, as companhias que se destacam na lista das 100 Empresas Mais são as maiores e as de melhor desempenho financeiro em 2017 no seu setor. O indicador de impacto para cada empresa é o Coeficiente de Impacto Estadão (CIE), que é a ponderação de duas métricas com escala de 0 a 100:

Porte
Indica a dimensão da empresa em seu respectivo setor.

Desempenho
Indica o desempenho financeiro da empresa em seu respectivo setor.

Base de Dados

Foram utilizadas duas fontes de dados e empresas abertas e fechadas que atuam no mercado brasileiro, divididas em 23 segmentos econômicos:

1 Base de dados da Austin Rating

2 Informações de balanço fornecidas diretamente pelas empresas

É importante reforçar que, para efeito do *ranking* estabelecido pelo CIE, só foram consideradas empresas que tinham todos os dados necessários dos últimos quatro anos – com informações de desempenho de 2014 a 2017. Assim, é possível avaliar a consistência de seus resultados ao longo do tempo.

A categorização das empresas por setores foi efetuada de acordo com a classificação oficial da Classificação Nacional das Atividades Econômicas (CNAE) do IBGE, à qual foram feitos agrupamentos para evitar a excessiva fragmentação do número de instituições entre setores, o que reduziria a qualidade estatística dos resultados obtidos setorialmente. Esse critério, entre outros pontos importantes, agrupa empresas que atuam dento de perfis de tributação semelhantes. Para melhor categorização, foi feita uma filtragem na base de dados das empresas, procurando agrupá-las de maneira mais coerente. Foram também desconsideradas as companhias com faturamento anual inferior a R$ 100 milhões e aquelas com informações incompletas para o período analisado. Também foram filtradas as empresas com receitas ou Ativos negativos e aquelas cujo Ebitda negativo seja, em termos absolutos, maior que o Ativo.

Neste ano, foram separadas na análise as companhias individuais e os grupos empresariais, que reúnem duas ou mais empresas, muitas vezes atuantes em diferentes segmentos da economia. O objetivo foi tornar o estudo mais próximo da realidade dos setores econômicos. Para isso, a Austin e a FIA analisaram as companhias de forma individual (tabela CIE/Individuais), focando em suas atividades, com os respectivos portes e desempenho. Separadamente, foram analisadas a empresa e suas Controladas Diretas ou Indiretas que constituem diferentes *holdings* e estão classificadas na tabela CIE/Grupos."

Medir com objetividade. Disponível em: <http://publicacoes.estadao.com.br/empresasmais2018/metodologia/>.

12.4.2 Um exemplo das Maiores no setor agropecuário

CLASSIFICAÇÃO*				DEMONSTRAÇÃO DE RESULTADO				BALANÇO PATRIMONIAL	
CATEGORIA 2017	GERAL CIE 2017	EMPRESA	UF SEDE	RECEITA LÍQUIDA (R$ MIL)	RECEITA LÍQUIDA EVOLUÇÃO %	LUCRO/ PREJUÍZO OPERAC. (R$ MIL)	LUCRO/ PREJ. LÍQ. (R$ MIL)	ATIVO TOTAL (R$ MIL)	PATRIMÔNIO LÍQUIDO (R$ MIL)
1	35	COAMO	PR	10.352.333	– 2,8	664.414	740.516	9.483.631	4.628.381
2	62	C. VALE	PR	6.829.396	1,0	232.516	75.123	5.362.660	1.550.769
3	89	LAR	PR	4.956.044	5,0	217.866	99.600	4.452.217	1.189.389
4	135	COOXUPE	MG	3.639.934	– 2,6	84.714	76.002	2.968.475	953.618
5	137	BTG PACTUAL COMMODITIES S	SP	3.567.684	– 9,2	3.326	– 17.725	1.444.032	290.507
6	162	COPACOL	PR	3.224.648	5,9	229.455	156.205	3.111.911	1.154.096
7	164	COMIGO	GO	3.199.222	– 11,3	88.127	91.212	2.380.373	1.459.918
8	191	CASTROLANDIA	PR	2.745.825	1,9	91.501	78.385	2.261.171	1.037.444
9	192	INTEGRADA COOPERATIVA	PR	2.665.271	– 2,0	148.044	63.507	2.053.604	551.631
10	271	SLC AGRÍCOLA	RS	1.970.694	39,6	378.160	356.341	4.718.347	2.513.199
11	274	ALZ GRÃOS	BA	1.947.778	225,1	– 20.063	3.491	535.051	104.290
12	334	EISA	ES	1.524.564	– 1,9	– 37.751	58.465	839.326	197.334
13	341	COPAGRIL	PR	1.473.892	2,4	61.337	27.113	1.159.788	284.013
14	342	SÃO JOSÉ – SEDE	PR	1.466.235	– 3,6	78.080	58.043	1.229.879	324.656
15	372	COPERCAMPOS	SP	1.340.302	– 9,0	46.215	27.955	1.301.090	424.295
16	384	COTRISAL	RS	1.279.889	3,8	66.123	71.342	892.094	419.342
17	405	CAPAL	PR	1.198.684	– 7,3	37.834	41.106	791.768	334.678
18	411	COPLACANA	SP	1.183.644	6,9	2.508	14.902	1.068.625	280.325
19	453	COPASUL	MS	1.012.658	9,8	29.633	33.119	791.930	281.008
20	473	AFG BRASIL	MT	959.079	15,0	120.793	73.332	655.113	267.586

(Continua)

CATEGORIA 2017	GERAL CIE 2017	EMPRESA	EBITDA (R$ MIL)	NECESSIDADE DE CAPITAL DE GIRO (R$ MIL)	INCIDÊNCIA TRIBUTÁRIA (%)	MARGEM DE LUCRO (%)	GIRO DOS ATIVOS (%)	ENDIVIDAMENTO (%)	RETORNO SOBRE CAPITAL (%)
1	35	COAMO	817.749	3.193.408	111,5	6,4	109,2	204,9	16,0
2	62	C. VALE	353.345	914.269	32,3	3,4	127,4	345,8	4,8
3	89	LAR	296.458	251.820	45,7	4,4	111,3	374,3	8,4
4	135	COOXUPE	118.431	1.220.534	89,7	2,3	122,6	311,3	8,0
5	137	BTG PACTUAL COMMODITIES S	4.144	278.285	− 532,9	0,1	247,1	497,1	− 6,1
6	162	COPACOL	360.885	361.049	68,1	7,1	103,6	269,6	13,5
7	164	COMIGO	139.338	906.712	103,5	2,8	134,4	163,0	6,2
8	191	CASTROLANDIA	158.314	397.512	85,7	3,3	121,4	218,0	7,6
9	192	INTEGRADA COOPERATIVA	171.283	107.350	42,9	5,6	129,8	372,3	11,5
10	271	SLC AGRÍCOLA	447.310	417.326	94,2	19,2	41,8	187,7	14,2
11	274	ALZ GRÃOS	− 15.353	− 14.953	DI	− 1,0	364,0	513,0	3,3
12	334	EISA	− 36.556	133.660	DI	− 2,5	181,6	425,3	29,6
13	341	COPAGRIL	81.670	92.558	44,2	4,2	127,1	408,4	9,5
14	342	SÃO JOSÉ – SEDE	101.371	84.129	74,3	5,3	119,2	378,8	17,9
15	372	COPERCAMPOS	60.586	82.096	60,5	3,4	103,0	306,6	6,6
16	384	COTRISAL	81.199	207.740	107,9	5,2	143,5	212,7	17,0
17	405	CAPAL	46.674	163.095	108,6	3,2	151,4	236,6	12,3
18	411	COPLACANA	6.212	175.255	594,2	0,2	110,8	381,2	5,3
19	453	COPASUL	40.068	90.846	11,8	2,9	127,9	281,8	11,8
20	473	AFG BRASIL	121.187	8.491	60,7	12,6	146,4	244,8	27,4

* Baseada em receita líquida   DI: Dado indisponível

PARTE PRÁTICA

A. Questões sobre a leitura introdutória
(A Contabilidade, segundo Peter Drucker, em *Os novos paradigmas da Administração*)

1. Como o autor do artigo traça uma comparação entre o Marketing e a Contabilidade?
2. Como a ascensão da Tecnologia de Informática veio agravar o foco das empresas para dentro de si, para olharem para seu próprio "umbigo"?
3. Qual seria a principal crítica que o "guru" da Administração faz para a Contabilidade?
4. Como você acredita que a Contabilidade poderia trazer informações externas para dentro da empresa?

B. Questões sobre o Capítulo 12

1. Analise a afirmativa: "Só podemos analisar bem os índices econômico-financeiros de empresas do mesmo ramo de atividade".
2. A revista *Exame* tem contribuído muito para a análise dos índices-padrão. Comente os índices de Rentabilidade de acordo com a revista.
3. Fale a respeito de valores em dólares, Lucro Líquido Ajustado e Valor Adicionado.
4. Suponha que você é analista de crédito de um banco e elabore um roteiro para a utilização dos índices-padrão, explicando cada passo a ser seguido.

C. Testes abrangentes

1. Uma forma de conceituarmos um índice é por meio da:
   - ( ) a) Média
   - ( ) b) Moda
   - ( ) c) Mediana
   - ( ) d) N.D.A.

2. Como entidades que fornecem índices-padrão temos:
   - ( ) a) Revista *Exame* e Bancos Comerciais
   - ( ) b) Serasa e Bancos Comerciais
   - ( ) c) Revista *Exame*, Serasa e Empresas Mais
   - ( ) d) N.D.A.

3. É um bom indicador de risco das empresas:
   - ( ) a) Composição do Endividamento
   - ( ) b) Investimento no Imobilizado
   - ( ) c) Endividamento geral
   - ( ) d) N.D.A.

Cap. 12 • Índices-padrão | **245**

4. Assinale a alternativa incorreta:

( ) a) Os investimentos no Imobilizado são um bom indicador da expansão dos negócios da empresa.

( ) b) O Lucro Líquido legal é apurado tomando-se como base as regras legais.

( ) c) Os investimentos no Imobilizado representam o quanto a empresa adquiriu de Imobilizado durante o período.

( ) d) O Lucro Líquido legal é aquele apurado após o cálculo do Imposto de Renda e da Contribuição Social.

D. Exercícios

1. Indicamos abaixo diversas afirmações abrangendo Liquidez, Endividamento, Lucratividade e Atividade. Comente cada uma das afirmações dando sua opinião.

- Um índice de Liquidez elevado significa um nível reduzido de riscos, já que a empresa deverá pagar pontualmente os seus compromissos. Por outro lado, esta mesma Liquidez elevada pode significar aplicações (no Ativo Circulante) ociosas, aplicações especulativas (no caso de Estoque, principalmente). Evidencia que a empresa não está investindo na sua expansão, por, possivelmente, não haver projetos viáveis de ampliação; poderá, a médio prazo, reduzir sua Rentabilidade (a empresa não está utilizando recursos disponíveis para sua expansão).

- Há quem afirme que, para fins creditícios, quanto maior a Liquidez, melhor. Discordamos disso, uma vez que o emprestador de dinheiro, ou aquele que vende a crédito, deve estar preocupado com o desempenho financeiro e a lucratividade da empresa cliente, aspectos que garantem o retorno do dinheiro emprestado, ou o recebimento (salvo quando o empréstimo for a curto prazo).

- Inversamente, uma Liquidez Corrente mais apertada pode significar ampliações sucessivas de vendas. Pode significar um controle maior dos itens do Ativo Circulante, um verdadeiro planejamento financeiro em termos de Fluxo de Caixa, Estoques Mínimos e Contas a Receber, evidenciando um "rico" desempenho financeiro da empresa.

- Um Endividamento elevado torna a empresa economicamente vulnerável. O oposto também não é adequado: um Endividamento excessivamente baixo pode impedir que a empresa maximize o retorno dos seus acionistas. A expansão do seu Ativo estará limitada. Os recursos dos proprietários estarão em proporção maior, sujeitos a perda de substância em virtude da inflação.

- Lucratividade baixa não interessa a ninguém. Lucratividade excessivamente elevada pode significar "oportunismo" circunstancial por parte da empresa, sendo que a situação pode se inverter. A verdade é que em um mercado concorrente ninguém faz "milagres". Certas empresas podem, isto sim, apresentar desempenho melhor que outras, cujo fruto será a Rentabilidade melhor – mas não disparidades. Claro que, para as empresas que compõem um oligopólio ou cartel, deveremos dar um tratamento diferente.

- Evidentemente, em um mercado de livre concorrência os prazos médios referentes aos índices de atividades em um mesmo ramo de atividade não deverão apresentar grandes variações. Se a mediana de Rotação do Estoque for de 80 dias para as indústrias têxteis, e uma empresa, neste setor, apresentar uma rotação de 20 dias, poderá estar "liquidando" seus estoques, ou reduzindo drasticamente a sua margem de lucro etc.
- Portanto, os índices-padrão apresentados terão a incumbência de evidenciar se o índice a ser comparado é *elevado, baixo* ou *satisfatório* em relação ao ramo de atividade.

2. Utilização de padrões

Estamos analisando as Demonstrações Financeiras das empresas têxteis a seguir relacionadas e delas extrairemos os índices de Liquidez Corrente apresentados, que deverão ser comparados aos padrões.

Empresas	Liquidez Corrente	Endividamento
a) Indústria Têxtil Leão de Ouro S.A.	1,90	36%
b) Têxtil São Judas Ltda.	1,28	61%
c) S.A. Têxtil Carmona	0,65	50%

Os padrões do setor têxtil para a Liquidez Corrente são:

1º Quartil	2º Quartil	3º Quartil	4º Quartil
0,82	1,10	1,50	

a) *Indústria Têxtil Leão de Ouro S.A.* O índice de Liquidez Corrente é elevado em relação às empresas do setor.

b) *Têxtil São Judas Ltda.* O índice da Liquidez Corrente é satisfatório em relação às empresas do setor.

c) *S.A. Têxtil Carmona.* O índice de Liquidez Corrente é baixo em relação às empresas do setor.

Os padrões do setor têxtil em relação ao endividamento.

CT/PL		
40%	58%	72%

O índice do meio é exatamente a mediana. O primeiro índice é aquele que separa o 1º quartil do 2º quartil. O terceiro índice é o que separa o 3º quartil do 4º quartil, ou seja:

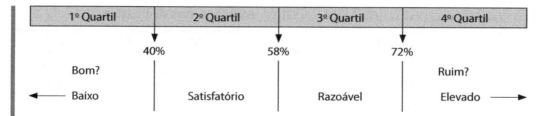

Após conceituar as três empresas com os padrões propostos, compare-os também com a média das empresas brasileiras.

E. Exercícios de integração

1. Indicadores Financeiros e Padrões

Preencha um Balanço Patrimonial, indicando os números nas linhas pontilhadas, conforme os dados da Cia. Concursada e calcule para os três anos:

a) Liquidez Corrente.
b) Endividamento da empresa.
c) Composição do Endividamento.
d) Liquidez Seca.
e) Taxa de Retorno Operacional.

ATIVO				PASSIVO e PL			
Circulante	20X1	20X2	20X3	**Circulante**	20X1	20X2	20X3
Disponível	----	----	----	Contas a Pagar	1.500	4.000	5.000
Duplicatas a Receber	----	----	----				
Estoque	----	----	----	**Não Circulante**	2.000	2.000	5.000
Total do Circulante	----	----	----				
Não Circulante	----	----	----	Patrimônio Líquido	2.500	6.000	15.000
Total	----	----	----	**Total**	6.000	12.000	25.000

Análise das demonstrações contábeis – *Marion*

DADOS DA CIA. CONCURSADA – Ind. de Plástico

ATIVO		20X1	20X2	20X3
Balanço Patrimonial	Disponível	100	200	400
	Duplicatas a Receber	1.000	2.500	6.000
	Estoque	2.000	4.000	8.000
	Circulante	3.100	6.700	14.400
	Não Circulante	2.900	5.300	10.600
	Total do Ativo	6.000	12.000	25.000
DRE	Receita	10.000	20.000	40.000
	(–) CPV	(3.000)	(7.000)	(15.000)
	Lucro Bruto	7.000	13.000	25.000
	(–) Despesas de Vendas	(2.000)	(4.000)	(6.000)
	(–) Despesas Administrativas	(1.000)	(3.000)	(8.000)
	(–) Despesas Financeiras	(500)	(1.500)	(3.000)
	Lucro Operacional	**3.500**	**4.500**	**8.000**

Conceitue os índices encontrados para os três anos, considerando que os índices-padrão para as indústrias de plásticos são:

Taxa de Retorno Operacional	30%	36%	42%
Liquidez Corrente	1,20	1,60	1,90
Liquidez Seca	0,80	1,00	1,20
Quantidade da dívida	40%	50%	55%
Qualidade da dívida	30%	42%	48%

2. A empresa de Confecções e Têxtil Albatroz Ltda., ainda que seja uma média empresa, tem como objetivo ser avaliada diante dos padrões obtidos pela edição "Melhores e Maiores" da revista *Exame* em agosto de 2018. Consultando essa edição, o analista obtém os seguintes indicadores no ramo de confecções e têxteis:

MELHORES TÊXTEIS

As melhores – classificação das empresas por pontos obtidos

ORDEM 2017	PONTOS	EMPRESA/SEDE	VENDAS LÍQUIDAS (em milhões de reais)	(em US$ milhões)	LUCRO LÍQUIDO AJUSTADO (em US$ milhões)	PATRIMÔNIO LÍQUIDO AJUSTADO (em US$ milhões)	MARGEM DAS VENDAS (em %)	GIRO (em nº índice)	RIQUEZA CRIADA POR EMPREGADO (em US$ mil)	NÚMERO DE EMPREGADOS	NEGÓCIO EM BOLSA	CONTROLE ACIONÁRIO
1	870	Beira Rio[3,6], RS	2.367,5	715,7	89,7	349,4	12,5	1,31	48,2	10.495	Não	Brasileiro
2	735	Grendene[3,6], CE	2.253,4	681,2	185,1	975,3	27,2	0,63	18,6	20.852	Sim	Brasileiro
3	635	Hering[3,6], SC	1.582,5	478,4	75,2	375,4	15,7	1,02	31,0	7.014	Sim	Pulverizado
4	560	Alpargatas[3,6], SP	2.526,3	763,7	101,9	665,1	13,3	0,78	27,9	15.447	Sim	Brasileiro
5	550	Arezzo&Co[3,6], MG	1.086,7	328,5	43,1	201,4	13,1	1,05	89,4	987	Sim	Brasileiro
6	500	Dass[3,6], CE	960,6	290,4	70,3	206,3	24,2	0,85	15,3	11.111	Não	Brasileiro
7	485	Vulcabras / Azaleia-CE[3,6], CE	797,6	241,1	57,2	237,9	23,7	0,81	20,1	9.530	Não	Brasileiro
8	460	Lupo[3,6], SP	638,8	193,1	25,9	191,4	13,4	0,80	27,2	4.707	Não	Brasileiro
9	250	Guararapes[3,6], RN	862,1	260,6	154,7	1.220,2	59,3	0,18	14,1	12.991	Sim	Brasileiro
10	245	Vicunha[3], CE	1.265,6	382,6	26,9	352,7	7,0	0,58	24,1	6.362	Não	Brasileiro
11	235	Coteminas[3,6,8], MG	1.117,4	337,8	-15,2	309,1	-4,5	0,51	17,1	8.105	Não	Brasileiro

1. Vendas estimadas pela revista. **2.** Vendas informadas por meio de questionário. **3.** Vendas extraídas da Demonstração Contábil. **4.** Vendas em moeda constante. **5.** Controle acionário em maio de 2018. **6.** Informações ajustadas calculadas pela revista. **7.** Data do Balanço diferente de 31-12-2017. **B.** Bônus: Guia Exame de Sustentabilidade/Guia VOCÊ S/A – As melhores empresas para você trabalhar. **NI** – Dados não informados. **NA** – Não aplicável. Este setor inclui: fabricantes de tecidos, de peças e vestuários, calçados, lingerie, fios têxteis, malharias etc.

As maiores – classificação das empresas por vendas líquidas

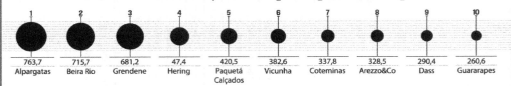

OS NÚMEROS DO SETOR
CRESCIMENTO

Aumento de Vendas Líquidas no ano, já descontada a inflação – em %

1	Dass	22,4
2	Beira Rio	12,7
3	Lupo	10,5
4	Grendene	6,4
5	Vulcabras /Azaleia-CE	2,3
6	Hering	2,3
7	Arezzo&Co	1,6
8	Coteminas	– 0,1
9	Vicunha	– 0,5
10	Alpargatas	– 11,4
Mediana: 12 empresas		**1,9**

LIDERANÇA DE MERCADO

Mercado conquistado nas vendas das maiores – em %

1	Alpargatas	15,0
2	Beira Rio	14,1
3	Grendene	13,3
4	Hering	9,4
5	Vicunha	7,5
6	Coteminas	6,6
7	Arezzo&Co	6,4
8	Dass	5,7
9	Guararapes	5,1
10	Vulcabras / Azaleia-CE	4,7
Mediana: 12 empresas		**7,1**

LIQUIDEZ CORRENTE

Reais realizáveis para cada real de Dívida no Curto Prazo – em % em número de índice

1	Grendene	8,78
2	Beira Rio	4,19
3	Lupo	3,67
4	Hering	3,54
5	Guararapes	3,52
6	Alpargatas	2,55
7	Arezzo&Co	2,39
8	Vulcabras /Azaleia-CE	2,28
9	Coteminas	1,71
10	Dass	1,65
Mediana: 11 empresas		2,55

RENTABILIDADE

Retorno do investimento obtido no ano – em %

1	Dass	32,7
2	Vulcabras /Azaleia-CE	24,1
3	Beita Rio	23,6
4	Grendene	17,0
5	Arezzo&Co	16,8
6	Hering	16,6
7	Allpargatas	14,3
8	Lupo	12,7
9	Guararapes	12,3
10	Vicunha	6,8
Mediana: 11 empresas		16,6

RIQUEZA/EMPREGADO

Riqueza criada por empregado – em %

1	Arezzo&Co	89.416
2	Beira Rio	48.167
3	Hering	30.988
4	Alpargatas	27.865
5	Lupo	27.235
6	Vicunha	24.095
7	Vulcabras /Azaleia-CE	20.055
8	Grendene	18.555
9	Coteminas	17.108
10	Dass	15.293
Mediana: 11 empresas		24.095

Fonte: Revista *Exame – Melhores e Maiores*, Edição 2018, 22 ago. 2018.

252 | Análise das demonstrações contábeis – *Marion*

Os dados obtidos no seu Balanço (empresa Confecções Albatroz Ltda.), com data de encerramento em 31-1-2000 foram:

- Rentabilidade do PL (TRPL) → 4,9%
- Aumento de Vendas no Ano → 21%
- Liquidez Corrente → 1,6
- Riqueza gerada por empregado → $ 10.800
- Margem Líquida → 6,0%
- Giro do Ativo → 1,5
- Taxa de Retorno sobre Investimento → 9%

Compare o desempenho da Albatroz com os padrões destacados da edição "Melhores e Maiores".

F e G. Estudo de caso e trabalho

Cia. Relâmpago

Na edição da revista *Exame* – "Melhores e Maiores" de 2018, a Cia. Relâmpago foi avaliada como a melhor empresa no ramo do setor alimentício. No entanto, na edição da mesma revista do ano 2018 (referente às Demonstrações Contábeis de 2017) ela não aparece entre as 15 melhores. O que aconteceu? Analisemos essa empresa. No final, faça um relatório explicando o porquê dessa mudança.

1. O primeiro passo é observar o relatório contábil da Cia. Relâmpago, ler as Notas Explicativas e a reportagem descrita da edição 2018 das "Melhores e Maiores" da revista *Exame*, sublinhando as partes mais importantes. Dessa forma, você vai conhecer melhor alguns detalhes da empresa e do setor, o cenário, a estratégia, a política, os procedimentos fiscais e societários etc.

2. Após a leitura, monte o quadro clínico, que equivale a um *check-up* que o médico faz em relação a um paciente. De posse de todos os exames, o médico dá o diagnóstico ao paciente que, neste caso, é a empresa Cia. Relâmpago. Preencha o quadro a seguir. Para esse caso, não há necessidade de reclassificação. Nos quadros com asteriscos é dispensável o preenchimento.

Cap. 12 • Índices-padrão | **253**

(Resultado do índice ou %)

Índices		Fórmulas	2016 ↑ Melhor do ano	2017 ↑ Por que caiu?	Mediana		Conceito		Tendência
					2017	2016	2017	2016	
Liquidez	Corrente								
	Seca								
	Geral								
Endividamento	Quantidade								
	Qualidade								
Rentabilidade	Empresa								
	Empresário								
	Margem Líquida				********		*********		
	Giro do Ativo				********		**********		

Tendência: aumentar, diminuir, melhorar, piorar ou estabilizar.

3. Agora você vai para a parte mais importante, que é a *Conceituação dos Índices*. Os dados da leitura recomendada no item anterior darão os subsídios.

   3.a Compare a Liquidez Corrente da Cia. Relâmpago com as das dez melhores empresas do ramo de atividade e classifique.

   3.b Compare a Liquidez Corrente da Cia. Relâmpago com a mediana desse ramo de atividade. O ideal seria dizer se a Liquidez Corrente é boa, satisfatória, razoável ou ruim. Para tanto, usamos de um instrumento que não é tecnicamente perfeito, mas ajuda a melhorar a análise.

Após evidenciar a mediana, multiplique-a por 1,20 e 0,80, dividindo-se, assim, em quatro intervalos. O primeiro intervalo será chamado de ruim; o segundo de razoável; o terceiro de satisfatório e o quarto de bom:

Mediana

	⇐ (–) 20%	(+) 20% ⇒	
Ruim	Razoável	Satisfatório	Bom

Indique o conceito no quadro clínico

   3.c Para conceituar os demais indicadores de liquidez, seria interessante pesquisar as medianas do grupo Serasa (empresa que presta serviços para as instituições financeiras), Gazeta Mercantil, Fiesp, Sindicato, Federação ou outras entidades do setor.

4. Análise do Endividamento

Segundo as "Melhores e Maiores" da revista *Exame*, nota-se que o Endividamento de 1991 a 1996 das empresas brasileiras estava em torno de 40%. Todavia, em 1997 (na edição de 1998) esse Endividamento subiu para 47%, chegando a 51% em 1999. Depois de 10 anos, o Endividamento chegou a 51%. Em 2018, o Endividamento atingiu 60%.

Considere que o Endividamento das empresas de origem estrangeira no Brasil, segundo a edição "Melhores e Maiores", era de:

1. Italiano	58,6%	6. Americano	50,1%
2. Sueco	53,5%	7. Francês	49,6%
3. Alemão	53,2%	8. Brasileiro	47,0%
4. Holandês	52,4%	9. Japonês	43,9%
5. Suíço	52,3%	10. Inglês	42,2%

Assim, seria interessante comparar a Cia. Relâmpago com a média brasileira e com as empresas de origem estrangeira. Descreva e comente no relatório final.

No quadro clínico, descreva o conceito em relação a *média internacional,* dizendo se o Endividamento é muito baixo, razoável ou muito alto. Admita um Endividamento das empresas dos países desenvolvidos de 60%.

Descreva no quadro clínico o conceito em relação a *qualidade da dívida,* dizendo se é boa, satisfatória ou insatisfatória, pressupondo-se que a **mediana é cerca de 70%** para dívidas de curto prazo. Como está o caso da Cia. Relâmpago?

5.   Considerando o mesmo critério usado para a Liquidez Corrente (mediana e a variação de 20%), e conceitue a **Rentabilidade da Empresa** e indique no quadro clínico.

No que tange a **Rentabilidade do Empresário**, admita que a rentabilidade média do ano foi de 18% para os dois anos. Como fica a Cia. Relâmpago?

6.   A seguir, apresentamos as Demonstrações Contábeis da Cia. Relâmpago.

Cia. Relâmpago

RELATÓRIO DA ADMINISTRAÇÃO

Senhores Acionistas: Atendendo às disposições legais e estatutárias, submetemos à apreciação de V.Sas., o Balanço Patrimonial e demais Demonstrações Financeiras, relativas ao Exercício Social encerrado em 31 de Dezembro de 2009, acompanhadas das respectivas Notas Explicativas. Permanecemo-nos ao inteiro dispor de V.Sas. para quaisquer esclarecimentos necessários.

São Bernardo do Campo, 21 de Fevereiro de 2010   A Administração

BALANÇO PATRIMONIAL ENCERRADO EM 31 DE DEZEMBRO

ATIVO	2016 R$ mil	2017 R$ mil	PASSIVO	2016 R$ mil	2017 R$ mil
Circulante	148.455	163.555	**Circulante**	54.274	67.425
Disponível	3.530	2.231	Fornecedores	4.762	5.442
Contas a Receber de Clientes	23.671	22.695	Contas a Pagar	5.191	4.158
Adiantamentos	492	552	Salários e Encargos Sociais	9.233	8.892
Estoques	26.942	17.615	Obrigações Tributárias	4.563	5.238
Títulos e Valores Mobiliários	72.486	102.398	Provisão p/ Imp. Renda e Contribuição		
Impostos a Recuperar	20.502	17.346	Social	14.865	22.255
Despesas Antecipadas e Outros Créditos	832	718	Dividendos e Participações	15.660	21.440
			Não Circulante	1.384	–
Não Circulante			Provisão p/ Imp. Renda Diferido	1.384	–
Realizável a Longo Prazo	831	958	**Patrimônio Líquido**	221.000	209.701
Investimentos	15.690	9.430	Capital Social	29.000	19.800
Imobilizado	110.070	102.005	Reservas de Capital	2.197	9.637
Intangível	1.612	1.178	Reservas de Lucros	189.208	179.501
TOTAL DO ATIVO	276.658	277.126	Lucros Acumulados	595	763
			TOTAL DO PASSIVO	276.658	277.126

DEMONSTRAÇÃO DAS ORIGENS E APLICAÇÕES DE RECURSOS

	2016 R$ mil	2017 R$ mil	Aplicações dos Recursos	2016 R$ mil	2017 R$ mil
			Aumento de Investimentos	7.494	8.203
Origens dos Recursos			Aumento do Imobilizado	22.848	48.273
Lucro Líquido do Exercício	25.200	40.290	Aumento (redução) do Realizável a		
Depreciações e Amortizações	12.504	8.835	Longo Prazo	(128)	33
Incentivos Fiscais do Imposto de			Dividendos e Participações	15.660	21.440
Renda	1.760	3.117	**TOTAL DAS APLICAÇÕES**	45.874	77.949
Variações Monetárias Líquidas	–	(18)	**Aumento (Redução) do Capital**		
Prov. p/ Perdas c/ Inc. Fiscais e Outros			**Circulante**	(1.948)	(18.472)
Investimentos	1.133	6.638	**Capital Circulante Líquido**		
Alienação de Direitos do Imobilizado	1.945	615	No Início do Exercício	96.129	114.601
Aumento do Exigível a Longo Prazo	1.384	–	No Final do Exercício	94.181	96.129
TOTAL DAS ORIGENS	43.926	59.477	Variações	(1.948)	(18.472)

DEMONSTRAÇÃO DO RESULTADO DO EXERCÍCIO ENCERRADO EM 31 DE DEZEMBRO

	2016 R$ mil	2017 R$ mil
Receita Operacional Bruta	290.256	306.698
Descontos e Abatimentos	(3.223)	(3.290)
Impostos Faturados	(56.669)	(60.134)
Receita Operacional Líquida	230.364	243.274
Custo dos Produtos Vendidos	(70.870)	(66.955)
Lucro Bruto	159.494	176.319
Receitas e Despesas Operacionais		
Despesas com Vendas	(118.646)	(106.545)
Despesas Administrativas	(20.885)	(22.007)
Receitas Financeiras Líquidas	23.819	21.802
Outras Despesas Operacionais	(1.529)	(831)
Lucro Operacional	42.253	68.738
Resultado Não Operacional	(805)	(6.193)
Lucro Antes dos Impostos	41.448	62.545
Imposto de Renda e Contribuição Social	(16.248)	(22.255)
Lucro Líquido do Exercício	25.200	40.290

DEMONSTRAÇÃO DOS LUCROS ACUMULADOS

	2016 R$ mil	2017 R$ mil
Saldo no Início do Exercício	763	913
Lucro Líquido do Exercício	25.200	40.290
Reservas de Lucros	(9.708)	(19.000)
Dividendos e Participações	(15.660)	(21.440)
SALDO NO FINAL DO EXERCÍCIO	595	763

NOTAS EXPLICATIVAS ÀS DEMONSTRAÇÕES FINANCEIRAS - (Valores expressos em milhares de reais)

NOTA 1 – RESUMO DOS PROCEDIMENTOS CONTÁBEIS

a) Apuração do resultado: O resultado, apurado pelo regime de competência de exercícios, inclui, quando aplicável, os rendimentos, os encargos e as variações monetárias e cambiais, a índices oficiais ou contratados, incidentes sobre Ativos e Passivos Circulantes e a Longo Prazo.

b) Estoques: Avaliados ao custo médio de aquisição ou produção, que não excede o custo de reposição ou o valor de mercado.

c) Títulos e Valores Mobiliários: Demonstrados pelos valores de realização, incluindo os rendimentos e variações monetárias "pro-rata" dia ou cambiais auferidos, não excedendo o valor de mercado.

d) Investimentos, inclusive em Controladas: Demonstrados ao custo de aquisição, deduzidos de provisão para prováveis perdas na realização, quando aplicável.

e) Ativo Permanente: Demonstrado ao custo de aquisição. A Depreciação do Imobilizado foi calculada pelo método linear, a taxas que levam em consideração a vida útil econômica dos bens, segundo parâmetros estabelecidos pela legislação tributária.

f) Provisão para Férias: Constituída de Férias vencidas e proporcionais e dos respectivos Encargos Sociais, estando agregado à conta Salários e Encargos Sociais o montante de R$ 5.807.

g) Provisões p/ Imp. Renda e Contribuição Social: Calculadas de acordo com o regime de apuração anual, com base no lucro real, conforme a legislação tributária. As antecipações realizadas por estimativa estão demonstradas na conta Impostos a Recuperar.

h) Provisão para Imposto de Renda Diferido: Constituída sobre depreciação acelerada a ser adicionada ao lucro líquido nos exercícios subsequentes.

NOTA 2 – CONTAS A RECEBER DE CLIENTES

	2016	2017
Clientes	22.619	22.249
Contas a Receber e Outros	1.334	597
Provisão para Devedores Duvidosos	(282)	(151)
Total	23.671	22.695

NOTA 3 – ESTOQUES

	2016	2017
Produtos Acabados	2.678	1.863
Produtos em Elaboração	1.955	1.899
Matérias-Primas	15.874	9.624
Mercadorias para Revenda	2.525	1.247
Materiais de Consumo e Outros	3.910	2.982
Total	26.942	17.615

NOTA 4 – IMPOSTOS A RECUPERAR

	2016	2017
Antecipações de Imp. Renda e C. Social	9.138	10.436
I.R. Fonte sobre Aplicações Financeiras	8.584	6.373
COFINS a Compensar	780	–
ICMS e IPI a Recuperar	1.981	518
Outros Valores a Recuperar	19	19
Total	20.502	17.346

NOTA 5 – INVESTIMENTOS

	2016	2017
Investimentos em Controladas	11.447	5.900
Incentivos Fiscais	11.007	9.247
Participações Societárias	1.008	921
Provisão para Perdas	(7.772)	(6.638)
Total	15.690	9.430

NOTA 6 – IMOBILIZADO

	2016	2017
Terrenos e Construções	48.096	31.662
Maquinários e Instalações	71.190	48.347
Móveis, Utensílios e Outros	18.443	16.074
Veículos	21.252	20.728
Imobilizado em Andamento	12.409	40.089
Depreciação Acumulada	(61.320)	(54.895)
Total	110.070	102.005

NOTA 7 – CAPITAL SOCIAL

Representado por 29.000.000 Ações, Ordinárias e Nominativas, do valor nominal de R$ 1,00 cada uma, das quais 26.850.359 ações pertencem a Acionistas domiciliados no exterior.

CONSELHO DE ADMINISTRAÇÃO

....

DIRETORIA

....

....

....

CONTADOR

....

7. A seguir, apresentamos os dados da revista *Exame* "Melhores e Maiores" de 2018, referentes às demonstrações de 2017. Analise os destaques por ramo de atividade, considerando Rentabilidade, Lucratividade e Liquidez.

RENTABILIDADE DO PATRIMÔNIO
Lucro Líquido ajustado após Imposto de Renda sobre
Patrimônio Líquido ajustado – em %

	SETOR	2014	2015	2016	2017
1	Atacado	17,3	15,6	17,1	15,9
2	Autoindústria	6,0	– 6,2	3,0	5,8
3	Bens de Capital	10,6	3,2	6,0	8,2
4	Bens de Consumo	16,7	14,1	11,6	10,8
5	Eletroeletrônicos	3,5	7,5	1,8	13,8
6	Energia	12,6	11,0	11,8	10,2
7	Farmacêutico	12,0	7,4	19,0	18,9
8	Indústria da Construção	2,3	2,0	3,3	– 3,3
9	Indústria Digital	5,1	8,6	6,8	10,8
10	Infraestrutura	11,5	7,9	8,8	9,0
11	Mineração	2,5	– 3,4	7,6	2,5
12	Papel e Celulose	5,5	5,1	11,7	7,8
13	Química e Petroquímica	15,0	5,9	13,2	6,9
14	Serviços	14,2	24,9	18,6	20,1
15	Serviços de Saúde	6,5	8,0	15,8	16,8
16	Siderurgia e Metalurgia	2,9	– 1,7	– 1,3	1,4
17	Telecomunicações	6,5	0,7	6,2	10,1
18	Têxtil	11,1	7,6	12,5	16,6
19	Transporte	2,7	0,1	1,2	3,1
20	Varejo	15,2	10,4	11,2	12,1
Mediana dos setores		8,6	7,5	10,0	10,2

MARGEM DAS VENDAS

Lucro Líquido ajustado depois do Imposto de Renda sobre Vendas – em %

	SETOR	2014	2015	2016	2017
1	Atacado	1,3	1,1	1,7	1,5
2	Autoindústria	3,0	– 4,0	2,1	3,4
3	Bens de Capital	2,8	– 0,9	4,4	6,5
4	Bens de Consumo	6,0	3,7	3,2	2,3
5	Eletroeletrônicos	2,4	1,8	3,4	6,0
6	Energia	5,2	3,2	4,8	4,1
7	Farmacêutico	8,4	5,2	12,0	11,4
8	Indústria da Construção	3,5	2,7	3,4	– 6,1
9	Indústria Digital	4,3	2,3	2,5	4,9
10	Infraestrutura	9,8	4,6	10,5	10,7
11	Mineração	8,6	–24,2	14,4	7,1
12	Papel e Celulose	2,7	4,0	11,5	5,8
13	Química e Petroquímica	4,1	3,0	5,8	1,7
14	Serviços	7,3	26,8	23,4	12,0
15	Serviços de Saúde	1,6	1,6	4,2	3,4
16	Siderurgia e Metalurgia	4,3	– 4,7	– 2,1	1,5
17	Telecomunicações	2,0	– 1,0	7,5	9,1
18	Têxtil	9,0	10,0	10,9	13,4
19	Transporte	4,6	2,6	2,9	2,2
20	Varejo	2,5	1,3	1,6	2,1
Mediana dos setores		4,2	2,5	4,3	4,5

LIQUIDEZ CORRENTE

Ativo Circulante sobre o Passivo Circulante – em número de índice*

	SETOR	2014	2015	2016	2017
1	Atacado	1,46	1,34	1,47	1,36
2	Autoindústria	1,86	1,93	1,99	1,91
3	Bens de Capital	1,24	1,11	1,93	1,58
4	Bens de Consumo	1,34	1,36	1,25	1,36
5	Eletroeletrônicos	1,52	1,38	1,72	1,70
6	Energia	1,09	1,04	0,96	1,03
7	Farmacêutico	1,96	2,31	2,52	2,04
8	Indústria da Construção	1,62	1,69	1,93	1,67
9	Indústria Digital	1,70	1,42	1,26	1,46
10	Infraestrutura	0,73	0,65	1,30	0,99
11	Mineração	1,53	1,89	1,54	1,67
12	Papel e Celulose	1,31	1,38	1,81	1,38
13	Química e Petroquímica	1,49	1,28	1,15	1,30
14	Serviços	1,25	1,43	1,25	1,40
15	Serviços de Saúde	1,25	1,31	1,36	1,37
16	Siderurgia e Metalurgia	1,58	1,63	1,72	1,67
17	Teelcomunicações	1,01	0,93	0,94	1,09
18	Têxtil	2,78	2,68	3,24	2,55
19	Transporte	0,70	1,00	0,92	0,67
20	Varejo	1,40	1,45	1,35	1,29
Mediana dos setores		1,43	1,38	1,42	1,39

* Relação entre Ativo Circulante e Passivo Circulante.

Referências

BRASIL ECONÔMICO. Adoção do IFRS no Brasil: uma verdadeira revolução contábil. 15 jun. 2011.

EQUIPE DE PROFESSORES DA FEA/USP. *Contabilidade intermediária*. São Paulo: Atlas, 1981.

EXAME – *Melhores e Maiores*, 2018, 22 ago. 2018.

EXAME. A contabilidade segundo Peter Drucker. São Paulo: Abril, p. 52-53, 24 fev. 1999.

LANA, Marcio. As razões da mortalidade das pequenas empresas. *Gazeta Mercantil*, 18 fev. 2000.

LOPES, Mikhail. Quer que de quanto? Por que as contas não fecham? *Exame*, São Paulo, 17 maio 2000.

MARION, José Carlos. *Contabilidade básica*. 12. ed. 2018.

MARION, José Carlos. *Contabilidade empresarial*. 18. ed. 2018.

MATARAZZO, Dante. *Análise financeira de balanços*. 6. ed. São Paulo: Atlas, 2003.

NAIDITCH, Suzana. A aposta que deu certo. *Exame* – Melhores e Maiores, jun. 2000.

O ESTADO DE S.PAULO. Governo autorizou manobra contábil feita pela Petrobras. 13 maio 2009.

O ESTADO DE S.PAULO. Empresas mantêm rentabilidade. 16 maio 2009, p. B4.

O ESTADO DE S.PAULO. Tendências Estadão PME, 30 nov. 2017, p. 12.

O ESTADO DE S.PAULO. De olho nas *startups* que vão abrir capital. Economia, 28 abr. 2018.

O ESTADO DE S.PAULO. Empresas mais. 28 set. 2018.

WATANABE, Marta. Fisco leva 40,3% do valor adicionado. *Gazeta Mercantil*, São Paulo, 20 dez. 1999.